90년생이 온다

90년생이 온다

임홍택 지음

아날로그와 디지털의 가운데에 선
마지막 20세기 인간

지아, 지연 그리고 지혜에게

새로운 세대를 알아야 미래를 준비할 수 있습니다.
그들의 고민도 해결할 수 있습니다.
누구나 경험한 젊은 시절. 그러나 지금 우리는
20대를 얼마나 알고 있을까요?

– 「90년생이 온다」 도서를 권장하며 –

대한민국 대통령 문재인

추천사

부모도, 선생님도, 상사도 모르는 90년대 출생 세대만의 비밀이 있다. 『90년생이 온다』는 당신에게 그 비밀로 통하는 열쇠를 쥐여줄 것이다.

김영걸_KAIST 경영대학 교수

최근 화두로 떠오르고 있는 밀레니얼 세대가 우리 사회의 주류가 될 날도 멀지 않았다. 문제는 이들의 생각과 생활 방식이 기존의 우리와는 너무나도 다르다는 데 있다. 저자는 자신의 다양한 실무 경험을 녹여 꼭 필요한 이야기를 들려주고 있다. 앞으로 경영의 주체가 될 90년대생에 대한 철저한 이해를 원하는 모두에게 일독을 권한다.

이희석_KAIST 경영대학 교수

90년대생의 생각과 생활 방식은 독특하다. 앞으로 그들을 진정으로 이해하는 것이 비즈니스 성공의 핵심이 될 것이다. 작년 KAIST 경영대학에서 '디지털 컨버전스와 하이텍 경영' 수업을 진행하던 중에 새로운 기술과 융합에 대해 신세대들의 생각이 궁금할 때면 이 책의 저자이자 제자인 임홍택 군에게 의견을 구하곤 했다. 여러분도 이 책에서 새로운 세대의 새로운 생각을 발견하길 바란다.

안재현_KAIST 경영대학 교수

"학생들은 변하고 있다. 나는 그들과 함께 변하고 있는가?" 연구실 책상머리에 이 글귀를 붙여두고 매일 스스로에게 묻는다. 젊은 세대에게 필요한 것은 위로가 아니라 그들의 입장을 이해하고 지지해주는 것이다. 이제 생산의 주체이자 소비자인 90년대생에 대한 이해 없이는 기업 경영도 어렵다. 따뜻하고 친절하고 통찰력 있는 신세대 안내서, 임홍택의 『90년생이 온다』를 권하는 이유다.

정재민_KAIST 인문사회융합과학대학장

한국 경제의 고속 성장기는 끝났다. 게다가 인구 절벽이 닥치고 있다. 그러나 현재 사회와 기업 내에서 주도권을 쥐고 있는 중장년층은 90년대에 태어난 젊은 세대에 대한 이해가 얕고, 그 결과 '요새 젊은 사람들은 노력이 부족하다'는 비판만 앞세운다. 젊은 세대에 대한 이해 없이는 국가도, 기업도 건강한 성장을 할 수 없다. 하물며 급격하게 변화하는 한국과 같은 사회에서는 더욱 그렇다. 이 책은 이들을 고객으로서, 후배 사원으로서 어떻게 이해하고 함께해야 할지에 대한 고민을 진지하게 담고 있다.

박병호_KAIST 경영대학 교수

이 책은 90년대생들과 어떻게 조화를 이루며 성과를 만들어가야 할지에 대한 확실한 실마리를 제공한다. 이제 더 이상 이 세대를 기존의 잣대로만 바라본다면 우리 조직과 사회는 백전백패할 것임이 분명하다. 기성세대들에게 새로운 자각과 희망을 동시에 불러일으키는 책이다.

박종욱_CJ올리브영 영업인사팀장

지금은 비즈니스의 모든 영역이 인공지능, 빅데이터, 사물인터넷 등의 디지털 기술과 융합되는 시대다. 이와 같은 변화는 엔터테인먼트와 미디어 분야에서도 예외가 아니다. 새로운 세상에서 가장 두각을 나타내는 인재들은 이미 디지털 역량을 보유하고 있는 새로운 세대들이다. 이들을 통해 성과를 내야 하는 모든 리더들에게 이 책을 추천한다.

전지석_벌스워크(VERSEWORK) 인사총괄

이 책은 저자가 유머와 열린 마음으로 90년대생들과 직접 부딪히고 관찰함으로써 그들의 본심을 들여다보게 해준다. 기업의 교육 담당자와 마케터를 모두 거친 저자는 많은 기업과 실무자들이 새로운 고객과 효과적인 관계를 만들어갈 수 있는 길을 제시하고 있다.

강성권_Amazon Web Service Korea 시니어 컨설턴트

재출간판을 내며

그저 발버둥 치는 삶

　많은 이들은 이 책이 나의 첫 책인 줄 알고 있겠지만, 사실은 두 번째 책이다. 안타깝게도 나의 첫 책은 출간이 10년 넘은 지금도 초판 1,500권이 다 팔리지 않았다. 이 실패의 경험은 나에게 현실적으로 책이 얼마나 팔기 어려운 것인지를 깨닫게 해주었다. 하지만 이 경험은 나에게 '자신의 시간을 내어 내 책을 읽어주신 한 분 한 분'에 대한 고마움을 깨닫게도 만들었다.
　그런 의미에서 나는 애초에 이 책이 잘 팔릴 것이라는 기대를 전혀 하지 않았다. 그러고 보니 2018년 11월 책이 출간되고 얼마 뒤, 에디터님으로부터 "중쇄를 하게 되었다"는 연락을 받았을 때가 기억난다. 당시 육아휴직 중이었던 나는 혼자 첫째 딸이 타고 있는 유모차를 밀면서 국립중앙박물관을 구경하고 있었다. 그때 한 아이가 이렇게 물었다. "우리 아빠는 회사에 있는데, 왜 아저씨는 여기 있어요?"

나는 인생에 기대치가 크지 않은 사람이다. 가까운 사람들과 웃으며 지내고, 책을 읽고 가끔 내 생각을 끄적이고 살면 된다. 그러한 의미에서 2019년 8월 7일 청와대에서 이 책을 전 직원에게 선물한다고 기자들 앞에서 발표한 날은 나에게 있어서 인생의 기회보다는 위기의 시작이었다. 지나친 관심이 내 일상에 독이 되리라 생각했다. 그 후에 거의 반년 가까이 숨어지냈다. 나는 그저 경제경영 저술가일 뿐, 내가 90년대생 모두를 대변한다고 생각하지 않았기 때문이다.

나는 90년대생을 좋아하지 않는다. 하지만 싫어하지도 않는다. 사실 내게 특정 세대를 좋아하고 싫어하는 개념 따위는 존재하지 않는다. 어떤 세대든 괜찮은 사람과 형편없는 사람은 양극단에 존재하기 마련이다. 하지만 나는 여전히 현세대의 말과 행동은 지금의 시대를 가장 투명하게 보여주는 거울이라고 생각한다.

이 책 한 권으로 다채로운 경험을 한 것 같다. '2018년 올해의 경제경영서', '2019년 올해의 책' 등 평생 책을 써도 얻기 힘든 소중한 경험을 했다. 물론 그 경험이 모두 좋은 것만은 아니었다. 특히 소문으로만 듣던 인세 미지급을 직접 당하고 나니 일종의 각성 상태가 되었다. 물론 이 일로 법정 다툼까지 벌이게 되었지만, 전 출판사에 대한 미움의 감정을 품고 있지는 않다. 책을 함께 만들고 그 과정에서 받은 따스한 호의를 잊지 않을 것이고, 감사의 마음만을 가져갈 것이다.

덕분에 예정에 없었던 새로운 출판사를 만들고 재출간을 할 수 있게 되었다. 물론 이 과정이 순탄하지 않고 번거로운 일도 많았지만, 출판계에서 아무도 하지 않았던 '인세 투명성' 실험을 하기 위해서는 어쩔 수 없었다. 있는 책도 안 팔리는 시점에서 누가 이런 시도에 관심을 줄지는 모르겠지만, 의미 있는 행동을 할 수 있게 되었다는 점에서 만족한다.

나는 운이 좋은 사람이다. 많은 이들이 운도 실력이라고 하지만, 가수 故 신해철이 마지막 강연에서 말한 것처럼 운은 운일 뿐이고, 운이 길러지지도 않는다. 하지만 운이 실력의 영역은 아니라고 하더라도, 내가 무언가를 쓰지 않았으면 이 운을 만나지 못했을 것이다. 그것 하나만은 확실하다.

故 미우라 켄타로 화백의 걸작 『베르세르크』의 주인공 가츠는 정해진 운명의 수레바퀴 안에서 찢겨나간다. 정해진 운명 앞에서 인간은 하찮은 존재일 뿐이다. 하지만 가츠는 정해진 인과의 흐름에 맞서서 투쟁한다. 그래서 극 중에서 스스로를 '발버둥 치는 자'라고 말한다.

40살이 훌쩍 넘는 지금도 나는 인생을 어떻게 살아야 하는지 잘 모르겠다. 걷잡을 수 없이 빠르게 변화하는 시간의 굴레 앞에 나는 오늘도 혼란스럽기만 하다.

하지만 나는 오늘도 내일도 발버둥칠 것이다. 비록 짧은 인생으로 세상을 바꾸지 못하더라도. 이것이 내가 할 수 있는 유일한 그리고 전부이기 때문이다.

들어가는 말

그들은 왜 그 시절 '9급 공무원'을 꿈꾸었을까

90년대생이란 1990년대(1990~1999년)에 태어난 세대를 의미한다. 대한민국을 세상에 알린 방탄소년단(BTS)와 블랙핑크(BLACKPINK)의 멤버들이 바로 이 90년대생에 속한다. 하지만 이 책에서 주인공들은 K팝의 신기원을 이룬 특별난 소수가 아니라 보통의 90년대생 청년들이다. 그들이 20대 청년기를 보낸 2010년대의 일반적인 흐름을 보는 것이 중요하다.

2010년대에 가장 주목할 만한 변화는 공무원 시험을 준비하는, 이른바 '공시생'이 눈에 띄게 증가했다는 사실이다. 2017년 현대경제연구원이 발표한 「공시의 경제적 영향 분석과 시사점」에 따르면 한국의 공시생은 2011년 약 18만 5,000명에서 2016년에는 약 25만 7,000명으로 38.9퍼센트가량 증가했다. 하지만 이들의 공무원 시험 최종 합격률은 2016년 기준 1.8퍼센트에 지나지 않는다. 공시생 100명 중 최종 합격 인원은 약 2명에 그친다는 이야기다. 그렇다면 나머지 98명은? 답은 쉽다. 이듬해에 있을 공무원 시험을 준비한다.

이런 공시생의 증가는 곧 사회적 낭비로 연결되었다. 현대경제연구원은 공시생 양산에 따른 경제적 손실이 연간 17조 원이 넘는다고 분석했다. 분석에 따르면 공시생 때문에 사라진 생산 효과는 15조 4,441억 원, 줄어든 소비 효과는 1조 6,989억 원이다. 하지만 공시생의 증가로 인해 늘어난 사회적 손실보다 중요한 것은 2010년대의 청년들이 도대체 왜 공무원 시험으로 내몰렸는지에 대한 이유를 찾는 것이다.

이 책은 2010년대 9급 공무원 시점을 준비할 수밖에 없었던 1990년대 출생의 20대 청년들에 대한 이야기를 담고 있다. 2000년대 이전에는 '그보다 더 원대한 꿈을 꾸라'고 비판받고, 2020년대 이후에는 '겨우 그 돈을 받고 어떻게 집을 살 수 있냐'는 비아냥을 듣는 그 직무에 청년들이 몰려들게 된 이유를 시대적인 차원에서 밝히는 것이 내가 이 책을 집필한 가장 큰 이유다.

꼰대의 세상에서 살아남기

명문대 출신의 임모 씨(1992년생)는 노량진에서 컵밥을 먹으며 공무원 시험을 준비 중이다. 명문대를 졸업한 그가 공무원의 길을 택한 것은 두 살 많은 친형의 영향이 컸다. 형은 3년 전 어려운 취업 시장을 뚫고 국내 굴지의 대기업 마케팅팀에 입사했지만 1년 만에 그만뒀다. 주변에서는 형의 대기업 입사를 부러워했지만 정작 형은 반복되는 야근에 하루하루 지쳐만 갔고, 회사의 상명하복 문화에 실망해서 사표를 제출했다. 그러고는 곧바로 노량진으로 들어가더니 1년 만에 서울시 9급 공무원이 되었다. 하지만 임 씨의 친척과 주변 어른들은 '명문대 나와서 기껏 준비하는 게 9급 공무원이냐'며 혀를 찼다.

전문대에서 웹 디자인을 전공한 최모 씨(1994년생)는 꿈을 품고 일을 배우기 좋다는 한 온라인 쇼핑 회사에 취직했다. 월급이 적은 것은 괜찮았지만, 문제는 인간관계였다. 첫날 의견을 제시한 그녀에게 '네까짓 게 뭘 안다고'라며 반말을 시작한 그녀의 사수는 걸핏하면 부족한 업무 능력을 탓하며 욕을 했고, 야근은 물론이고 주말 출근을 강요하기도 하였다. 반년 만에 회사를 그만두고 동종의 회사로 이직을 했지만, 그곳도 무료 야근은 일상이었고, 무례하고 고약한 사람들에 실망하기는 마찬가지였다. 그녀는 결국 공무원 시험을 준비하기로 하였다.

9급 공무원 시험을 준비하는 임모 씨와 최모 씨의 이야기에서 공통적으로 등장하는 것은 바로 '꼰대'라는 존재다. 임모 씨 곁에 '명문대 나와서 기껏 준비하는 게 9급 공무원'이라며 무책임한 참견을 하는 꼰대가 있다면, 최모 씨 곁에는 '네까짓 게 뭘 안다고'라며 그를 무시하고 업신여기는 꼰대가 있다.

사전에서 꼰대란 은어로 '늙은이'를 지칭하거나 학생들의 은

어로 '선생님'을 이르는 말이다. 그러나 아거가 2017년 쓴 『꼰대의 발견』에 따르면 오늘날에 꼰대라는 단어는 특정 성별과 세대를 뛰어넘어 '남보다 서열이나 신분이 높다고 여기고, 자기가 옳다는 생각으로 남에게 충고하는 걸, 또 남을 무시하고 멸시하고 등한시하는 걸 당연하게 여기는 자'를 지칭한다.

꼰대들은 본인의 과거 경험에 비춰 현재를 마음대로 판단한다. 그들에게 9급 공무원을 준비하는 요즘 세대는 세상의 힘든 일들은 하기도 전에 포기하고, 도전하고자 하는 의지나 패기도 없으며, 근성 따위는 없고, 편한 직업만 찾는 이들로 비친다.

1990년대생들은 그들이 자라온 학교와 주변에서 이러한 '꼰대질' 속에 살아왔고, 이제는 사회인이 되어 직장의 꼰대들과 직접 마주하게 되었다. 이 책은 1990년대생들이 이 '꼰대의 세상'에서 살아남기 위해 어떤 방식을 취하고 있는지 알아보고 꼰대의 세상은 어떻게 이들을 받아들여야 할지 답을 찾고자 한다.

누구나 기성세대가 된다

스티브 잡스의 2005년 스탠퍼드대학교 졸업 연설은 세계적으로 가장 유명한 연설 중 하나이다. 이 중에서, 사람들의 마음속에 가장 깊이 남았던 말은 바로 'Stay Hungry. Stay Foolish'라는 연설 맺음말이다. 그의 많은 추종자들이 자신의 신조로 삼고 있다고 말하는 이 문장은, 사실 스티브 잡스 본인이 만든 말이 아니라 그가 어렸을 때 읽은 스튜어트 브랜드Stewart Brand의 『지구 백과The Whole Earth Catalog』에 적혀 있던 문장이다. 그러나 내가 2005년 스탠퍼드대학교 졸업 연설에서 더 인상 깊게 느꼈던 것은 바로 아래 문장이다.

"지금 이 순간, 여러분이 바로 새로운 세대입니다. 하지만 머지않아 여러분도 점차 기성세대가 될 것이고 이 세상에서 사라지게 될 것입니다. '너무 심한 말 아닌가'라고 느꼈다면 미안하지만 이것은 엄연한 사실입니다."

스티브 잡스는 시장을 읽고 트렌드를 리드하는 탁월한 능력 외에도, 새로운 세대의 중요성을 그 누구보다 먼저 깨닫고 있었다. 나와 같은 세대 또한 꼭 죽음이라는 단어를 빌리지 않더라도 언젠가는 낡아 사라지고, 다음 세대로 채워지게 될 것이다. 그 시점이 언제인지보다 중요한 것은, 바로 '내가 이제는 새로운 것이 아닐지도 모른다'는 사실을 인정하고, 자연스럽게 새로운 세대를 맞이하며 공존의 길을 찾는 일일 것이다.

2024년 3월 임홍택

목차

추천사   7

재출간판을 내며 그저 발버둥 치는 삶   10

프롤로그 그들은 왜 그 시절 '9급 공무원'을 꿈꾸었을까   13

1부   90년대생의 출현

1장   그들 앞에 펼쳐진 새로운 세상   25

에스컬레이터 대신 놓인 유리계단 | 취준생 10명 중 4명이 공시족인 나라 | 9급 공무원을 원하는 세대가 된 90년대생 | 나 하나 챙기기 어려운 각자도생의 세상 속에서 | 신新 카스트의 출현, 인문계 전공자 취업 현실 | 공무원을 꿈꾸는 어린이들과 공딩족

2장   90년대생들은 어떤 세대인가   46

'82년생 김지영'은 X세대인가? | 대한민국 70년대생의 상징이 된 X세대 | 80년대 출생: 밀레니얼 세대의 시작 | 80년대생과 90년대생은 같은 밀레니얼 세대인가? | 10년 단위로 세대를 구분하는 중국 | 바링허우는 지났다, 주력 세대가 된 쥬링허우 | 그들도 공무원을 원하는가? | 새로운 세대를 어떻게 바라볼 것인가? | 버릇없는 젊은 놈들에게 무엇을 배울 수 있을까?

3장   90년대생의 첫 번째 특징: 간단하거나   75

줄임말이 전방위로 확대된 90년대생들의 언어 | 90년대생 은어의 특징과 유형 | '별걸 다 줄였을 때' 일어나는 일 | 새로운 커뮤니케이션 언어: 이모티콘과 짤방 | "스압으로 다 읽지 못하겠음. 세 줄 요약 바람." | 모바일로의 변화, 90년대생에겐 하나의 삶 | 더 이상 책 읽기를 할 수 없게 된 뇌 | 앱 네이티브의 시대: 비선형적 사고로의 대전환 | 초단편소설의 등장 | 앱 네이티브의 시대, 책은 종말할 것인가?

4장 90년대생의 두 번째 특징: 재미있거나   105

기승전병, 새로운 병맛 문화의 출현 | 90년대생의 새로운 능력: 드립력 | 현실 세계로 넘어온 병맛 문화 | 자아실현을 기본 욕구로 보았던 매슬로 | 재미를 통한 자아실현이 기본이 된 90년대생들

5장 90년대생의 세 번째 특징: 정직하거나   116

공무원 시험을 준비하는 또 하나의 이유 | 그들이 학종에 분노하는 이유 | 신뢰의 시스템화 | 진실의 순간을 잡아라 | 구직자가 면접관을 평가하는 시대 | 이젠 면접 점수도 투명하게 공개되는 시대 | 화이트 불편러와 프로 불편러의 등장

2부 90년대생이 직원이 되었을 때

1장 90년대생, 그들이 몰려온다   137

몰려드는 90년대생들에게 속수무책인 기업들 | 권력은 이미 기업에서 개인으로 | 중국의 마윈, "젊은 세대를 믿어라" | 새로운 세대에 기업의 미래가 달려 있다고 말하는 경영자들 | 그들의 눈을 기업으로 돌리기 위해서는 | 꼰대 조직에서 탈출하는 90년대생들 | 꼰대 제로 조직

2장 90년대생 인재의 특징들   158

로열티: 충성의 대상이 꼭 회사여야 하나요? | 워라밸: 저녁이 있는 삶을 꿈꿀 수 있는가? | 일과 삶의 균형을 적극적으로 요구하는 세대 | 선진국은 이미 30~40년 전부터 일과 삶의 균형 프로그램 운영 | 처참하게 실패한 국내의 워라밸 캠페인 | 칼퇴라는 말부터 잘못된 것 아닌가요 | 휴가를 쓰는 각기 다른 풍경 | 우리도 안식년을 바랍니다 | 보여주기식 업무에 대한 염증 | 형식에 빠져 낭비되는 시간들 | 우리는 회사 안에서의 꿈이 없습니다만

3장 새로운 시대, 새로운 고용   187

2018년 '주 52시간 근무 시대'의 개막 | 주 52시간 근로제가 시행된 이후의 풍경들 | 90년대생들의 퇴근 후 시간을 두고 경쟁해야 하는 기업들 | 일주일에 4일만 일하는 날이 올까 | 변하는 노동 환경과 1930년 켈로그 실험의 시사점 | 눈앞에 다가온 주 4일 근무 유토피아 시대 | 21세기의 고용은 어떻게 될 것인가? | 새로운 세대는 새로운 채용 방식으로

4장 새로운 세대들의 직원 관리 어떻게 할 것인가   211

폭스콘의 연쇄 투신 사건은 왜 일어났을까 | 강한 통제 방식이 통하지 않는 세대 | '참견'이 아닌 '참여'를 원하는 세대 | 적절한 참여를 통한 인정 욕구 충족 | 마시멜로 이야기의 함정 | 버티라 하지 말고 버텨야 하는 기한을 알려야 | 회사가 즐거운 것이 가능한가? | 흥미를 어떻게 이끌 수 있는가 | 그들의 이직을 막지 말고 도와라

3부 90년대생이 소비자가 되었을 때

1장 90년대생, 소비업계를 뒤흔들다   243

호갱의 탄생 그리고 반격 | 스마트 컨슈머와 스튜피드 컨슈머 | 소비를 꿈꾸게 하라 VS 돈은 안 쓰는 것이다 | 간결하게, 더 간결하게 | 가정편의식 성장의 이면 | 고객센터로 전화를 하지 않는 세대 | 연결이 권리가 된 세대의 모습 | 90년대생들이 영화를 극장에서 보지 않는 가장 큰 이유는?

2장 90년대생의 마음 사로잡기   271

제품명까지 짧고 간단하게 | 번거로움을 없애는 기술의 발전 | 20대가 유튜브를 보는 또 다른 이유 | 그들의 시간을 가질 수 있는 유일한 방법, 유머 | 정직한 제품과 서비스만이 살아남는다 | 그들은 광고를 차단하기 바쁘다

3장 90년대생을 보다 깊게 이해하는 방법   291

샤오미가 밝힌 성공의 비밀 | VOC의 변천사 | 듣기 힘들게 된 90년대생들의 VOC | 신뢰할 수 없게 된 기존의 소비자 조사 방식 | 새로운 대안인 관찰조사, 그리고 한계 | 새로운 세대를 관찰할 수 있는 두 가지 방식

4장 90년대생이 기성세대가 된 날   314

아날로그와 디지털 사이에 낀 마지막 세대 | 커뮤니케이션을 반대로 해보자 | 우리는 그렇게 어른이 된다

에필로그 혼자 이룰 수 있는 건 없다   325
주   330

1부
90년대생의 출현

1장
그들 앞에 펼쳐진 새로운 세상

에스컬레이터 대신 놓인 유리계단

한국은 1960년 이후 세계 평균 경제성장률을 훨씬 웃도는 고도성장을 이룩해왔다. 이와 같은 사회에서 성장한 세대에게는 사회에 성공적으로 안착할 수 있는 환경이 조성되었다. 그들은 당시 현대, 삼성, 대우, LG와 같은 굴지의 기업에 평사원으로 고용됨으로써 이 직업 세계에 올라탔다. 그리고 업무 경력이 쌓이면서 조직 내 사다리를 한 단계씩 올라가게 되고, 평사원이라는 직급은 새로 회사에 입사한 야심만만한 대학 졸업생들에게 내주게 되는 나름의 선순환 구조가 작동했다.

이러한 과정은 마치 끊임없이 자동으로 올라가는 에스컬레이터 같았다. 이 에스컬레이터에 올라타기만 하면, 큰 문제 없이 직장 생활을 하는 한 점점 더 높은 자리로 올라가면서 매 단계마다 더 많은 권한과 직업 안정성을 부여받았던 것이다. 암묵적으로 55세 정도가 되면 마침내 에스컬레이터에서 내려오게 되었고, 맡고 있던 고위 임원 자리를 후배 중간관리자들이 차지하게 되었다. 그런 뒤에는 회사와 정부가 제공하는 연금을 받으며 안락한 은퇴 생활로 접어들었다.

하지만 1997년 외환위기를 기점으로 자동으로 움직이던 에스컬레이터의 전기 공급은 끊겼고, 졸지에 멈춰버린 에스컬레이터에 남게 된 자들은 이제 자기의 힘으로 종착지까지 올라가야 했다. 이제 그들이 올라서 있는 곳은 에스컬레이터가 아니다. 언제든 깨질 수 있는 난간 없는 유리계단이다. 오늘도 이러한 직업 세상에 있는 많은 수의 사람들이 구멍으로 빠지고, 옆으로 밀려나서 떨어진다. 두렵다. 하지만 방법은 없다. 위만 보고 더 힘차게 달려 올라가는 방법뿐이다.

취준생 10명 중 4명이 공시족인 나라

"요즘 대학생들은 취업에 도움이 되지 않는 동아리 활동을 잘 안 하려고 해요. 워낙 바빠서 동아리 활동 자체에 부담을 가지고 있는 것 같아요. 물론 제가 학교에 입학했을 때도 이런 분위기가 있었지만, 갈수록 심해지는 것 같아요. 취업에 도움이 되지 않는다고 판단되는 동아리는 위기죠."

서울의 한 사립대에서 만난 동아리 회장은 이런 넋두리를 했다. 사실 이 동아리는 내가 대학교 시절에 활동했던 마술 동아리다. 나는 그 이야기에 적잖은 충격을 받았다. 2000년대 초반에는 이은결과 최현우를 비롯한 마술사들이 국내외에서 두각을 나타내며 대학 내에 마술 붐이 불었다. 이때만 해도 마술 동아리는 가장 인기 있는 동아리 중 하나였다. 마술 동아리 회장은 요즘 대학생들이 동아리에 관심이 없거나 꺼리는 경우가 많아, 일부 취업에 도움이 되는 학술 동아리나 공모전 동아리 혹은 직접 창업에 도움을 줄 수 있는 창업 동아리 정도만 간신히 명맥을 유지하고 있다고 했다. 입학과 동시에 소위 취업 전쟁에 뛰어들어야 하기 때문이다.

이후 나는 주로 대학교 도서관 열람실이나 캠퍼스 주변 커피 전문점에서 서식하며 학생들을 관찰하기 시작했다. 첫 번째로 관찰하고자 했던 것은 그들만의 대화에서 나오는 언어 습관과 행동이었고, 두 번째는 이들이 어떤 부분에 관심이 있고 어떤 공부를 하고 있는지에 관해서였다.

그런데 대학생들을 관찰하러 간 대학교 도서관들은 자리조차 잡을 수 없었다. 물론 시험 기간에 자리를 구하기가 어렵기는 예전에도 마찬가지였지만, 이제는 평소에도 자리 구하기가 어려웠다. 더 놀라운 건 전공, 어학, 자격증이 아니라 국가직 공무원 관련 서적을 공부하는 학생들이 대부분이었다는 것이다.

"저는 지금 2학년 2학기인데, 전공 공부를 하고 난 공강 시간에는 공무원 관련 서적을 보고 있어요. 다음 학기에는 휴학을 하고 노량진으로 들어가서 본격적으로 준비하려고요."

서울 H대 영문과를 다니고 있는 김모 씨(1993년생)는 공무원을 준비하고 있는 일명 공시족이었다. 그녀가 준비하고 있는 부문은 세무 공무원이었는데, 최종 목표는 7급이지만 9급에 붙어도 별 고민 없이 다니겠다고 했다.

나는 그녀에게 원래 희망했던 진로가 무엇이냐고 물어보았다. 그녀는 원래 "삼성전자 같은 국내 대기업에서 마케터가 되는 것이 꿈"이었다고 했다. 그런데 그녀의 진로를 바꾸게 한 것은 바로 언니였다고 했다. 그녀보다 5살이 많았던 언니는 국내 한 화학 관련 대기업의 사무직으로 입사를 했지만, 2년간 야근을 밥 먹듯 하다가 결국 퇴사하고 서울지방고용노동청의 9급 공무원이 되었다고 했다. 여자가 대기업에서 5년을 버티기 어렵다는 언니의 말에 그녀 또한 같은 길을 걷게 되었다고 했다.

2018년 6월 통계청이 발표한 '2018년 5월 고용동향'에 따르면, 전체 실업자는 112만 1,000명으로 전체 실업률은 4.0퍼센트 수준이지만, 청년(15~29세) 실업률은 10.5퍼센트로 2000년 통계 작성 이후 최고치를 기록하였다. 더 놀라운 것은 취업을 준비하는 소위 취준생 10명 중 4명은 김모 씨와 같은 공시족이라는 사실이다. 통계청이 2016년 5월 발표한 '경제활동인구조사 청년층

부가조사 결과'에 따르면 청년층 취업 준비자 65만 2,000명 중에서 일반직 공무원 시험 준비자는 25만 7,000여 명으로 약 40퍼센트에 달했다.

이에 따라 공무원 응시생의 숫자도 매년 늘어나고 있다. 2013년 7월에 열린 9급 공무원 공채 필기시험에 원서를 낸 응시생은 20만 4,698명으로 최초로 20만이 넘어섰다. 2017년도 국가공무원 9급 공채 시험에는 역대 최대인 22만 8,368명이 지원했다. 2011년에 14만 2,732명, 2012년에 15만 715명이었던 것에 비해 급격히 늘어난 것이다. 하지만 정작 공무원 시험에 합격하는 비율은 1.8퍼센트에 불과하다. 2016년 기준으로 보면 약 28만 9,000명이 지원해 약 6,000명만 붙고 나머지 28만 3,000명은 낙방했다. 1.8퍼센트의 바늘구멍을 통과하지 못한 나머지 98.2퍼센트는 어쩔 수 없이 다시 시험을 준비한다. 1년만 더 준비하면 다행이다. 공시생의 세계에서는 이미 삼수, 사수생이 넘쳐난다. 하지만 이러한 현실 속에서도 공무원의 인기는 떨어질 줄 모른다. 요즘 노량진의 공무원 학원 앞에는 두 줄이 서 있다고 한다. 하나가 학원에서 좋은 자리를 맡기 위해 서는 줄이라면, 다른 하나는 공무원 학원에 신규 등록을 하기 위한 줄이라는 것이다. 이는 특히 2017년 문재인 정부가 출범한 이후 발표된 공무원 증원 소식에 따라 '이번이 공무원이 될 마지막이자 절호의 기회'라는 인식이 1990년대생 사이에서 퍼진 결과이기도 하다.

2014년 여성가족부와 통계청이 발표한 '2014 청소년 통계'

에 따르면 1990년도 출생 청소년(당시 16~25세)이 가장 선호하는 직장은 '국가기관(공무원)'으로 조사됐다. 전체 조사 대상 청소년의 28.6퍼센트가 국가기관을 선호 직장으로 손꼽았으며, 이어 대기업(22.1퍼센트)과 공기업(15.4퍼센트) 순으로 나타났다. 당시 조사로부터 4년이 지난 지금, '공무원이 되길 원하던' 16세 청소년(1999년생)들은 이제 20세가 되었다. 이제 한국의 20대는 9급 공무원이 되길 원하는 '9급 공무원 세대'가 된 것이다. 그렇다면 이런 인식의 기원은 어디에 있을까?

9급 공무원을 원하는 세대가 된 90년대생

70년대생들이 IMF 외환위기 시절 정리해고를 당하고 취업의 직격탄을 맞은 모습을 본 80년대생들이 선택한 길은 '자기 계발'이었다. 사회와 기업이라는 울타리가 사라진 현실 속에서 믿을 수 있는 것은 결국 자기 자신밖에 없었고, 자신의 조직 내 경쟁력을 높이기 위한 노력이 시작되었다. 토익은 필수가 되었고, 취업 5종 세트가 등장하였으며, 자기 계발이라는 단어는 사회적인 유행어가 되었다. 80년대생들의 자기 계발에는 안정적인 조직 생활이 전제가 되어 있었다. 비록 사오정(45세면 정년퇴직)이나 오륙도(56세까지 직장을 다니면 도둑놈)라는 신조어가 생겨나긴 했지만, 어찌 되었든 취업 후 한동안은 안정적인 조직

생활이 가능했던 것이다.

하지만 2008년 발생한 글로벌 금융위기는 이러한 안정성조차 사라지게 만들었다. 이는 1997년에 발생한 IMF 외환위기와 다르게 구조조정에 있어서 일종의 성역을 날려버렸다. 기존의 구조조정이 기업 내에서 임금 수준이 높은 임원과 중간관리자에 한정되었던 것에 반해, 2008년 금융위기 이후 발생한 구조조정은 사원을 포함한 전 직급이 대상이 된 것이다. 이러한 상황에서 자기 계발은 더 이상 빛을 볼 수 없었다.

각 세대별 특징 비교

세대	70년대생	80년대생	90년대생
뜻	1997년 IMF 직격탄을 맞은 세대	2008년 글로벌 금융위기 영향 세대	9급 공무원을 원하게 된 90년대생
입사 형태	신입공채 위주	신입공채+경력	경력 위주
구조조정 형태	일시 구조조정 (중간관리자 이상)	수시 구조조정 (사원급 포함 전 직급 대상)	상시 구조조정 및 정규직의 비정규직화

90년대생들은 이렇게 80년대생들이 수시로 진행되는 구조조정의 공포에 떠는 모습을 보았다. 이럴 때 과연 어떤 선택이 가장 합리적일까? 아마도 상시 구조조정의 공포에서 벗어날 수 있고, 향후의 불확실성을 최대한 피할 수 있는, 즉 인생의 기회비용을 최소화하는 선택일 것이다. 그리고 그것은 연공서열과 정년이

보장되는 공기업 혹은 공무원에 올인하는 일이었다.

 이러한 새로운 세대의 합리적인 선택은 각종 조사에서도 확인할 수 있다. 먼저 '직업을 선택할 때 가장 중요하게 고려하는 요소'가 변화했다. 여성가족부에서 실시한 '2017 청소년종합실태결과'에 따르면, 전국 5,086가구의 만 9~24세 청소년 7,676명을 면접하는 방식으로 치러진 조사에서 청소년의 '진로 및 직업관' 영역에서 변화가 두드러졌다.

 만 13~18세 청소년들의 직업 선택 기준은 '청소년 가치관 조사'가 시작된 2008년 이래 일관되게 '능력'과 '적성'이 우선순위를 차지했다. 능력과 적성을 빼면 청소년들은 그동안 직업 선택의 중요한 기준으로 '경제적 수입'을 먼저 꼽았지만, 이 조사에서는 '직업 안정성'이라고 답한 청소년이 더 많은 것으로 나타났다. 5년 전인 2012년 '청소년 가치관 조사'에서 '안정성'을 1순위로 꼽은 청소년(중·고등학생)은 5.5퍼센트에 불과했는데, 2017년 조사에서는 13.6퍼센트로 증가했다. 반면 '경제적 수입'을 1순위로 꼽은 청소년은 2012년 조사에서 14.0퍼센트였으나 이번 조사에서는 9.8퍼센트까지 떨어졌다.[1]

> "월급이 많고 적음은 그다지 중요한 것 같지는 않아요. 그 월급을 언제까지 받을 수 있느냐가 중요한 것 아닌가요? 대기업을 다니는 선배들이 '굶지 않더라도 길게 다니는 게 꿈'이라고 말하는 것을 정말 많이 봤어요. 어차피 사기업을

가서 불안에 떠느니, 굵진 않지만 길게 벌 수 있는 공무원의 길을 택하겠어요."
— 2년째 9급 공무원을 준비하고 있는 김모 씨(1992년생)

김모 씨는 대기업을 들어간 지 얼마 안 되는 선배들이 '길게 다니는 것이 꿈'이라고 말하는 것을 목격하고 기존에 꾸었던 대기업 마케터의 꿈을 접었다고 했다. 꿈도 좋지만 그렇게 쉽게 사라질 꿈이라면 차라리 꾸지 않겠다는 게 그녀의 설명이다.

기간제 일자리는 물론 노동법의 규율에서 벗어난 각종 특수고용 형태 일자리가 넘쳐나는 세상이 된 지 오래다. 전체 노동자의 46퍼센트가 비정규직인 기형적 고용 구조는 일상이 됐다. 지금 산업계를 지배하는 이데올로기는 일은 시키되 고용 책임은 지지 않으려는 '유노동 무책임'이다. 그러니 1990년대 출생 취업 준비생들이 직업을 고를 때 안정성을 가장 큰 가치로 꼽지 않는다면 되레 이상한 일이다. 그래서 이들에게 가장 합리적인 선택은 직업 안정성이 높은 공무원이나 공기업 같은 국가기관이다.

게다가 최근 조사에 따르면, 공무원은 정년이 보장된 덕에 생애소득이 높아서, 기존의 인식과는 다르게 오히려 대기업보다 많은 소득을 기대할 수 있는 것으로 나타났다. 한국경제연구원에 따르면 재학 중 공무원 시험에 합격한 사람은 퇴직할 때까지 사기업 취업자보다 최소 3억 3,605만 원에서 최대 7억 8,058만 원까지 더 많은 누계 소득을 기대할 수 있는 것으로 조사됐다. 조사에 따르면 공무원의 임금인상률은 연평균 7퍼센트대 수준으로 대기업의 6.2퍼센트보다 높고, 공무원 퇴임 연령 역시 평균 56~59세로 대기업 평균인 52세보다 높다.[2] 이제 공무원은 '가늘고 길게'가 아니라 '굵고 길게'가 된 것이다.

무엇보다도 공무원은 구조조정의 공포가 없다. 한국 정부가 수립된 1953년 이래로 단 한 번도 공무원 구조조정을 진행한 적은 없다. 정부가 가장 모범적인 고용주인 셈이다. 공무원으로서 특별한 결격 사유가 생기지 않는 한 직장을 잃을 걱정은 없는 것이다. 그 공포에서의 해방은 현대 사회에서 최소한의 '먹고살 걱정'은 하지 않아도 됨을 의미한다.

> "공무원연금이 어떻게 개혁이 되든 관계없이 저는 계속 이 길을 걸을 겁니다. 공무원들은 퇴직금도 없고 그 대신 연금으로만 연명하는 것인데, 이를 개혁하겠다는 정부의 방침이 어이가 없기는 하지만, 정부의 정책에 관련 없이 저는 하던 공부를 계속할 뿐이지요."
>
> – 공시생 김모 씨

지금까지 공시족들이 공무원을 안정적으로 바라봤던 이유 중 하나는 공무원연금이었다. 물론 국민연금보다 먼저 잔고가 바닥났고 세금으로 그 부족분을 메우고 있긴 하지만 말이다. 그래서 정부가 바뀔 때마다 추진만 되던 공무원연금 개혁은 2016년 마침내 시행되어 공무원 보험료율은 14퍼센트(본인부담 7퍼센트)에서 18퍼센트(본인 부담 9퍼센트)로 인상되었고, 지급률은 1.9퍼센트에서 1.7퍼센트로 인하되었다. 이는 국민연금의 보험료율 9퍼센트(본인 부담 4.5퍼센트), 지급률 1.0퍼센트와 비교해볼 때 수익률에서는 국민연금보다도 낮아졌다는 것을 의미한다. 또한 국민연금과 달리 공무원연금은 소득재분배 요소가 없었으나 2016년부터 바뀐 공무원연금은 소득재분배 요소가 있다. 하지만 앞선 김모 씨의 인터뷰 내용과 같이, 지금의 많은 공시족들이 이 문제로 인하여 공무원을 향한 길을 포기할 가능성은 그렇게 높아 보이지 않는다.

나 하나 챙기기 어려운 각자도생의 세상 속에서

1997년 IMF 외환위기 사태를 기점으로 멈춰버린 에스컬레이터와 이를 대신한 유리계단 위에서 우리 모두에게는 여유라는 단어 대신 조급함과 억울함만이 생겨났다. 이렇게 모두가 억울한 세상에서는 특별히 청년들을 위한 자비를 베풀 여유가 없다.

폴란드의 사회학자 지그문트 바우만Zygmunt Bauman과의 대담에서 리카르도 마체오Riccardo Mazzeo는 소아 혐오Paedophobia라는 표현을 썼다.[3] 여기에서 젊은이에 대한 공포는 그들을 혐오하거나 두려워한다는 뜻이라기보다, 개인의 생존도 버거운 마당에 사회가 그들을 배려할 수 없다는 것이다. 같은 곳에서 바우만은 젊은이에 대한 공포를 '젊은이들을 또 다른 사회적 부담으로 여기는 시각'이라 풀어낸다. 이미 버거운 삶을 짓누르는 불필요한 부담이나 책임을 경계하고 회피한다는 뜻이다. 이렇게 미래를 책임질 젊은이들에 대한 사회적 관심은 사라졌다.

그러다 보니 기업은 청년의 성장이나 미래의 이익을 따지기보다, 현재의 이익만을 따지게 되었다. 기업은 청년 세대의 고용보다는 본인들의 단기 이익에 도움이 되는 선택만 할 뿐이다. 기업은 늘 조급하다. 조금이라도 속도가 떨어지면 경쟁 기업에 뒤처지거나 따라잡힐 것이 뻔하기 때문이다. 그래서 기업은 점차 참을성을 잃고, 이에 따라 일종의 자비심도 기대할 수 없다.

리처드 세넷Richard Sennett은 그의 저서 『뉴캐피털리즘The Culture of the New Capitalism』에서 장기적인 경영 실적보다 단기적인 성과를 원하는 일명 '성마른 자본Impatient Capital'을 말한다. 한 조사 자료에 따르면 미국 연기금의 평균 주식 보유 기간은 1965년 46개월에서 2000년 3.8개월로 크게 줄었다. 더 빨리 더 많은 수익을 채근하는 조급한 자본은 기업 조직의 체질도 변화시켰다. 의사결정이 더디고 경직된 기업은 자본의 조급함을 감당할 수 없다. 유연하고 역동적이며 빠른 기업만이 살아남을 수 있다. 1960년대 미국 자동차산업의 경우, 경영진의 의사결정이 자동차 판매 현장까지 전달되는 데 평균 5개월이 걸렸지만, 요즘은 2주 정도로 줄었다.

이러한 조급함은 학교로 전달됐다. 예를 들어 반도체학과처럼 몇몇 대학에 설치된 주문형 학과의 경우, 기업은 자신들이 원하는 상품을 학교에 구체적으로 주문하고 학교는 그에 부응하여 맞춤형 인재를 생산한다. 조급해진 학교는 학생에게 더 이상 준비와 실험과 미래의 모색 따위를 허락하지 않는다. 성마른 자본과 기업은 노동 현장에 투여할 수 있는 즉시 전력을 원한다. 그러니 학교에 맞춤형 인재를 주문하고, 이러한 주문이 성에 안 차면 경력직 직원을 채용할 수밖에 없다. 이렇게 조급함이 전해진 현실 앞에서 '대학이 일개 취업 학원으로 전락했다'라는 말은 이미 그 설득력이 약해진 지 오래다.

2008년 두산그룹을 새로운 재단으로 맞이하게 된 중앙대학교의 경우, 구조조정과 함께 교양 필수 과목으로 '회계와 사회'라는 회계학 수업을 개설했다. 학생들이 전공과 상관없이 졸업을 위해서 회계학을 필수적으로 이수해야 하는 상황에서 장덕진 서울대학교 교수는 "기업에서만 필요로 하는 학문을 왜 학생들이 자기 돈 내고 배워야 하는가"라고 맹비난했다. 대학이 "학문적 가치가 아닌, 기업에 맞춰진 인재만을 양성하려 한다"는 것이다.

이에 당시 박용성 이사장은 "인문계든 자연계든 대학 졸업 후 직장을 얻게 되면 처음 부닥치는 것이 현금 흐름에 대한 이해"라며 "회계학을 필수 교양 과목으로 한 것은 학생들의 장래를 위한 하나의 변화"라고 강조했다. 학생들의 사회 진출이 대부분 기업과 연계되지만, 모든 학생의 진로가 똑같다고 여긴다는 점에서 기업가의 성향과 입김이 학교 운영에까지 적용된 사례다.[4] 하지만 여러 학내의 비판에도 대졸 실업자들의 지속적인 증가는 대학의 직업교육기관화를 부추기고 있다. '2015 청소년통계'에 따르면 2014년 청소년(9~24세)의 48.6퍼센트가 대학 이상 교육의 주목적이 '좋은 직업을 갖는 것'이라고 답했다. '자신의 능력과 소질개발'은 36퍼센트, '인격이나 교양을 쌓는 것'은 1.8퍼센트에 그쳤다.

기업이 신입에게 경력을 요구하는 것도 같은 맥락이다. 대학이라는 고등교육을 이수한 청년들은 낙타가 된 상태에서 바늘구멍 같은 취업문을 뚫어야 하게 되었다. 설상가상으로 취업 후에도 낮은 직급에 머물거나, 불완전한 고용 상태에 놓이기도 한다. 동시에 60세가 되기도 전에 퇴직한 세대는 '전 세계 최고의 노인 빈곤율'을 몸소 경험하기 전에 고용 시장에 재진입하려 노력하고 있다. 회사에 남아 있는 인력에게도 여전히 승진은 어렵고 고용은 불안정하다.

이렇게 기존의 진로 체계가 무너지면서, 이전 세대들이 기업에서 누렸던 직원 육성 과정도 함께 사라졌다. 이제 더 이상 회사는 직원들에게 의사소통 기술을 향상시키거나, 기술과 지식을 쌓기 위한 교육 훈련 과정을 제공하기가 어렵다. 오히려 회사는 이제 막 입사한 신입 사원들에게조차 그들이 업무에 투입되자마자 실무에 뛰어들기를 기대하거나, 적어도 단 몇 주 만에 업무를 파악해서 빠른 일처리 솜씨를 보여주길 원한다.

그래서 이제 기업은 신입 사원을 뽑을 때 아이러니하게도 '경력 사항'을 가장 많이 고려하게 되었다. 취업포털 잡코리아는 기업 채용 담당자 592명을 대상으로 설문조사(복수응답)한 결과 57.8퍼센트가 서류전형 당락을 좌우하는 요소로 지원자의 경력 사항을 꼽았다고 밝혔다.[5] 그다음으로 자기소개서(27.7퍼센트), 전공(26.0퍼센트), 학력(25.8퍼센트), 자격증(22.8퍼센트), 어학 점수(15.4퍼센트), 출신 학교(14.9퍼센트), 포트폴리오(12.8퍼센트), 학점(11.7퍼센트) 등을 중시하는 것으로 나타났다. 많은 취준생들은 "경력 사항을 볼 거면 경력 사원을 뽑을 것이지, 왜 신입 사원을 뽑는가?" 라고 말한다. 이러한 상황은 90년대생들 사이에서 '경력의 뫼비우스의 띠'라는 말을 유행시키기도 하였다. '경력이 없으니 취업을 할 수 없고, 취업을 못 하니 경력을 쌓을 수 없는 상황을 자조'하는 것이다.[6]

이렇게 기업들이 신입 사원들에게 경력 사항을 요구함에 따라서 기존 회사에서의 경력을 포기하고 다시 신입 사원으로 들어가는 소위 '경력의 하향화'도 일어나고 있다. 이 말은 중소기업이나 중견기업에서 근무하던 직원들의 경력이 이어지지 못하고 대기업 신입 사원으로의 입사에 활용되는 경우가 늘어나고 있다는 말이다. 이는 중소·중견기업에서 근무를 하다가 업무 경력이 증가하면 대기업으로의 이직을 통해 경력을 업그레이드하던, 일종의 '경력 사다리'가 어렵게 되었기 때문이다. 이는 첫 단추부터 대기업에서 시작하려는 분위기가 점차 늘어나는 이유이기도 하다. 이러한 현상은 대기업으로 입사 희망자가 집중되고 실업률이 상승하는 현상을 일으키는 것은 물론, 직장인들이 경력을 정당하게 인정받을 기회마저 박탈하고 있다.

신新 카스트의 출현, 인문계 전공자 취업 현실

문제는 경력뿐만이 아니다. 인문계의 구할(90퍼센트)은 놀고 있다는 의미인 '인구론'을 넘어서 이제는 '문과라서 죄송합니다'라는 의미인 '문송합니다'와 '이과여서 다행입니다'라는 의미인 '이행합니다'라는 말도 유행하고 있다.

교육부가 2017년 12월 발표한 '2016년 고등교육기관 졸업자 건강보험 DB연계 취업통계'에 따르면 인문계열 졸업자의 취업률은 57.6퍼센트로 공학계열 71.6퍼센트에 비해 14퍼센트포인트나 낮았다. 소위 인문계의 취업난은 어제오늘 일이 아니지만, 날이 갈수록 더 그 골은 깊어가고 있다.

최근 국내 기업 인사 담당자 인터뷰 조사 결과를 보면, 신입사원 모집 시 이공계 선호 현상은 더욱 두드러지고 있다. 취업포털 인크루트가 2018년 7월 16일부터 8월 13일까지 상장사 571곳 인사 담당자를 대상으로 한 전화 설문조사 결과에 따르면 신입직 희망 전공으로 공학계열이 53.6퍼센트로 1위를 차지했다. 이어 인문계열(20.2퍼센트), 상경계열(15.2퍼센트), 의약계열(4.5퍼센트), 자연계열(3.3퍼센트), 교육계열(1.4퍼센트), 사회계열(0.9퍼센트),

예체능계열(0.9퍼센트) 순으로 조사됐다. 특히 이 중에서 과반을 차지한 공학계열 선호 비율은 전년(45퍼센트)보다도 8.6퍼센트포인트 높아졌다.[7]

해당 조사 관계자는 앞으로도 이공계 인재 선호 현상은 심화될 것으로 내다봤다. 그는 "오랜 경기침체 속 국내 주요 대기업은 반도체와 디스플레이를 필두로 한 전기·전자, 그리고 신재생에너지를 미래 먹거리로 바라보고 기술과 인력개발 부문에서 지속적인 투자를 해왔다"라며 "자연히 해당 산업에서의 신규 일자리 창출이 늘어나고 4차 산업혁명이라는 흐름과 맞닥뜨려 향후에도 인력 수요가 상당할 전망"이라고 말했다. 이 과정에서 대학생들 사이에서는 '신 카스트 제도'라는 말이 생겼다. 취업률을 기준으로 신분 등급을 매기는 것이다. 여기서 '문과생'은 천민인 반면 이공계는 귀족 등급이다. 그중에서도 '전·화·기'(전기공학, 화학공학, 기계공학) 전공자는 왕족 등급으로 불린다.

이렇게 인문계 외면 현상이 두드러지자 "문과생이 취업하려면 공학을 복수전공해야 한다"는 얘기도 공공연히 하고 있다. 사실 내가 대학교에서 수학을 하던 10여 년 전에도 이공계열이 취업에 유리한 것은 사실이었지만, 인문계열 전체가 이처럼 문제가 심각했던 것은 아니었다. 당시에는 '경영학과를 나와야 취직에 유리하다'는 이유 때문에 많은 대학생들이 경영학과를 복수전공으로 택했다. 하지만 지금은 그 경영학 전공자들마저 자연과학이나 공학을 복수전공하는 분위기가 퍼지고 있다.

사실 이렇게 국내 기업에서 이공계를 많이 뽑을 수밖에 없는 이유는 한국이 제조업에 기반한 산업구조를 가지고 있기 때문이다. 현재 한국의 대표 기업이라고 할 수 있는 삼성전자와 현대자동차의 경우도 이공계에 그 기반을 두고 있다. 서울 시내 한 대학의 인재개발센터장은 이러한 현상을 두고 "많은 기업이 직급이 높아질수록 인원이 적어지는 피라미드 구조를 활용하는데, 이처럼 관리자 수를 줄이는 데 이공계열이 적합하기 때문"이라고 말하기도 하였다. 실제로 이러한 공급과 수요의 불균형을 해결하기 위해서는 대학이 문과와 이과의 정원을 국내 산업구조와 맞는 방향으로 조정해야 한다는 의견도 지속적으로 나오고 있다. 그러나 대학이 기업의 인력 생산을 위해 존재하는 곳이냐는 비판도 함께 나타나고 있으며, 실제 이와 같은 대학 구조조정은 단기적으로 진행하기 어렵다는 문제점도 있다.

공무원을 꿈꾸는 어린이들과 공딩족

> 옛날에는 많은 아이들이 과학자를 꿈꿨었죠. 언제부터 아이들이 같은 꿈을 꾸게 된 걸까요? 아이돌도 필요하지만 우리에겐 과학자가 더 많이 필요합니다. 아이들에게 과학을 돌려주자.
>
> — 현대모비스 노벨 프로젝트 광고 중

나는 1982년생으로 국민학교의 최후를 함께한 세대이다. 나 또한 정확한 이유는 기억나지 않지만 당시 장래 희망을 묻는 설문에서 과감하게 '과학자'를 꼽았다. 위의 광고 문구처럼 국민학생들의 장래 희망 1순위는 단연 과학자였다. 그렇다면 2012년 광고 방영 당시 초등학생들의 장래 희망은 무엇이었을까?

2012년 방송된 SBS 〈세대공감 1억 퀴즈쇼〉에서 있었던 장래 희망에 대한 설문 조사 결과에서 1위는 공무원이 차지했다. 해당 조사는 전국 초등학생 1,000명을 대상으로 이루어졌다. 조사 결과 공무원은 전체의 42.5퍼센트, 연예인은 38.8퍼센트, 운동선수는 10.6퍼센트, 기타 8.1퍼센트로 집계되었다.

다른 조사에서도 비슷한 결과가 있다. 2013년 경남 초등학생의 가정생활 및 학교생활 설문조사 보고서에서 설문 대상 921명 중 교사 및 공무원을 희망한 학생은 29.3퍼센트에 달했다. 예술가가 16.9퍼센트, 연예인이 12.5퍼센트, 정치인이 7.8퍼센트였다. 운동선수, 의사, 요리사, 과학자, 변호사, 조종사, 프로게이머, 법조인, 농업인 등은 기타(33.4퍼센트)로 나타났다.

당시 초등학생들은 중·고등학생으로 진학해 장래 희망이 바뀌었을까? 아니다. 2016년 JTBC가 서울 시내 초·중·고등학생 830명을 대상으로 '청소년 장래 희망'을 조사한 결과에서 고등학생들이 꿈꾸는 직업 1위로 여전히 공무원(22.6퍼센트)이 꼽혔다. 변화가 있다면 2위에 건물주와 임대업자(16.1퍼센트)라는 새로운 직업이 나타났을 뿐이다.

이러한 장래 희망에 대한 생각의 변화는 대학 진학률을 변화시키기에 이르렀다. 2016년 국내 고교생들의 대학 진학률은 69.8퍼센트를 기록하여, 오랜 기간 유지되었던 70퍼센트의 벽이 깨졌다. 2008년 대학 진학률이 84퍼센트였던 것과 비교하면 14퍼센트포인트가량 줄어든 수치다.

한때 세계 최고 수준을 자랑하던 우리나라의 대학 진학률이 떨어진 것은 높은 대학 등록금으로 인한 부담 때문이다. 2016년 기준 20대 1인당 평균 가계 부채는 약 2,400만 원이었다.[8] 갈수록 낮아지는 취업률도 대학 진학을 주저하게 만드는 원인이다. 대학 졸업과 동시에 어마어마한 빚을 안고, 나와도 취업이 안 될 바에는 다른 길을 택하겠다는 것이다. 그리고 그 길 중 하나는 바로 이들이 장래 희망으로 꼽은 공무원 준비다. 어차피 최종 목표가 9급 공무원이라면 헛되이 대학에서 시간과 돈을 낭비할 이유가 없는 것이다.

이렇게 일찌감치 공무원 시험을 준비하는 고교생은 부쩍 늘어났다. 인터넷에서는 '공무원 시험을 준비하는 고등학생 및 재수생'을 이르는 '공딩족'이란 신조어도 생겨날 정도이다.[9] 이러한 공딩족 증가에 기폭제 역할을 한 것은 2013년 9급 공무원 시험 개정이었다. 필수과목이었던 행정법총론과 행정학개론이 선택과목으로 바뀌었고, 고등학교 교과목인 사회·과학·수학 등이 선택과목에 추가됐다. 학교 수업과 중복되는 과목이 늘어나면서 고교생들의 9급 공무원 시험 준비가 더욱 용이해진 것이다.

어린이를 포함한 청소년들의 장래 희망은 그 시대의 사회의 모습을 그대로 보여주는 자화상과 같은 역할을 한다. 이들은 어른들이 만들어놓은 세상의 틀에서 가장 합리적이고 이상적인 목표를 향해 정진하게 된다. 작가로도 활동 중인 문유석 부장판사는 '변한 것은 세대가 아니라 시대'라는 말을 통해 인간은 누구나 주어진 여건하에서 행복을 추구하는 존재이며, 요즘의 젊은 이들 또한 저성장 시대에 맞는 생존 전략, 행복 전략을 본능적으로 찾게 되는 것이라고 말했다.[10] 지구상의 모든 생명체와 같이 인간 또한 생존을 위해 환경에 적응하고, 이를 위한 최선의 결정을 내리기 위해 노력한다. 변해버린 시대에 적응하려는 선택은 어찌 보면 당연한 것이다.

2장
90년대생들은 어떤 세대인가?

　세대는 시간, 집단, 사회구조 등의 요인이 복합적으로 작용하여 형성된다. 일반적으로 세대라는 말은 사람이나 상황에 따라 다양한 의미로 사용되고 있는데, 세대 문제를 연구하는 사람들이 사용하는 세대라는 말의 의미는 크게 네 가지다. 첫째, 시간이 지남에 따라 함께 연령층을 이동하는 '동시 출생 집단'을 의미하는 경우다. 둘째, '부모 세대'와 '자식 세대'로 구분하는 것처럼 가계 계승의 원리로 사용하는 경우다. 셋째, '청소년 세대'나 '대학생 세대'라고 부를 때처럼 생애주기의 어느 단계에 있는 사람들을 통틀어 지칭하는 경우다. 마지막으로 넷째는 '전후세대'나 '4·19세대' 등과 같이 어떤 특정한 역사적 경험을 공유한 사람들을 총칭하는 경우다.

　이 책에서는 세대의 개념을 첫 번째 분류인 같은 시기에 출생한 집단으로 한정하고자 한다. 동년배들은 같은 시기에 출생하여 나이를 먹고 살아가는 동안 비슷한 생애 과정을 경험하게 된다. 예를 들면, 중학교 의무교육을 실시하고 있는 우리나라는 8세가 되면 초등학교에 입학하고, 14세가 되면 중학교에 입학을 하고, 이후에도 대학교를 포함한 고등교육기관의 진학과 취업, 결혼, 출산, 퇴직 등의 과정을 함께하게 된다. 하지만 이러한 '생애 과정의 제도화'[11]만으로 '세대의 동일한 정체성'이 부여되는 것이 아니다.

이들이 동일한 세대가 되기 위해서 필요한 조각 중 하나는 '동일한 경험'이다. 이러한 세대의 경험은 국가적인 단위의 제도 변화 혹은 대형 사건을 통해 일어나게 된다. 예를 들어 1987년의 민주항쟁을 통한 직선제 개헌과 같은 정치적인 변화나 1997년 일어난 IMF 외환위기 같은 경제적인 변화가 이에 해당한다. 이러한 대형 사건은 사회를 변화시키는 동시에 특정 세대의 경험에도 큰 영향을 끼친다. 어떤 동년배 집단이 이러한 대형 사건과 사회적 변화로 고유한 사유, 감정, 행동을 가지게 될 때, 비로소 그들은 같은 의식을 지닌 세대가 될 조건을 갖추게 된다.[12] 그리고 '선후배 집단과 구별'되는 동시대 집단 효과 혹은 동년배 효과Cohort Effect가 나타난다. 동시 출생 집단은 사회적·문화적·역사적으로도 비슷한 경험을 하며 살아가기 때문에 가치관, 인생관, 교육 수준이나 문화적 혜택 등에서 유사점을 가지게 된다. 중요한 것은 젊은 시절의 경험이 각인되면 시간이 지나서도 그것이 유지된다는 것이다. 그러므로 비슷한 시기에 출생했다는 것은 어떤 역사적 사건과 상황을 생애주기의 동일한 단계에서 유사한 방식으로 경험할 가능성을 높인다. 한 세대의 역사적, 문화적 경험의 공유는 다른 세대와 구분되는 그 세대 특유의 사고방식이나 행위 유형을 형성하는 기초로 작용한다.

이 장에서는 위와 같은 세대 구분 방식에 기초하여 1990년대에 출생한 세대에 대한 이야기를 할 것이다. 하지만 이것은 세대론에 관한 이야기가 아니다. 386세대, 88만원 세대로 대표되는 세대론은 사전적으로 '각 세대의 사회적 성격의 상위相違를 강조하여 거기에서 사회의 역사적 변화의 반영 또는 사회발전의 원동력을 찾는 이론'을 뜻한다. 이를 위해 전제되는 것은 민주화와 근대화와 같은 미래의 이상에 대한 성취 혹은 이를 위한 진보다.[13] 그러나 지금의 90년대생들은 자신들을 사회 발전의 원동력으로 여기지 않고 특정 이상을 실현할 필요성도 느끼지 못한다. 단지 그들은 현 시대에서 적응하고 살아남기 위해 노력할 뿐이다. 우리가 알아야 할 것은 1990년대생 동년배들이 살아오면서 어떤 경험을 공유했으며, 이를 통해 어떻게 생존 전략을 택했는지 확인하는 것이다. 이는 1990년대생을 1997년 IMF 외환위기를 직접 겪은 1970년대생, 2008년 글로벌 외환위기를 직접 겪은 세대인 1980년대생과 비교하면 명확해질 수 있다.

'82년생 김지영'은 X세대인가?

2012년 그룹의 신입 사원 입문 교육의 지도 선배로 차출되어 신입 사원 교육을 진행하던 시절의 일이다. 쉬는 시간에 이야기를 나누던 중 한 신입 사원이 나에게 물었다. "임홍택 님! 혹시 X세대 아닙니까?" 이 질문이 나오자 주변 신입 사원들은 낄낄대며 웃었다. 내가 나이를 많이 먹었다며 웃었던 것이다. 그런데 정작 내가 혼란에 빠졌던 건 다른 이유에서였다. 나는 당시까지만 하더라도 'X세대'가 최신 트렌드에 민감한 신세대를 뜻한다고 생각하고 있었기 때문이다. 그러다가 "1982년생인 내가 X세대에 속할까? 그럼 나랑 동갑인 82년생 김지영은?"이라는 생각까지 다다르자 머릿속이 조금 복잡해지기 시작했다.

X세대는 1990년대 중반에 당시 20대 신세대를 이르는 말로 가장 많이 쓰였던 명칭이다. 이들을 대표하는 상품으로는 '삐삐', '워크맨', '슬램덩크' 등이 있으며, tvN 드라마 〈응답하라 1994〉의 칠봉이(유연석 분)를 비롯한 그 친구들과 2012년 개봉한 영화 〈건축학개론〉의 주인공과 납득이(조정석 분)와 같은 모습으로 매체에 등장하곤 한다. 당시 신세대로 불렸던 X세대가 지금은 복고의 향수를 불러일으키는 단어로 쓰이고 있다.

하지만 "과연 언제부터 언제까지가 X세대인가?"라는 질문에 정확한 대답은 찾아보기 어렵다. 만약 주변에 X세대로 불릴 만한 지인이 있다면 한 번쯤 물어보는 것도 좋겠다. 나와 같은

1980년 전후로 태어난 세대에게 "님도 X세대인가요?"라고 물어보면 대부분은 신속한 대답을 하지 못하고 고개를 갸우뚱할 것이다. 그들이 이에 대해서 바로 답을 못 하는 첫 번째 이유는 X세대의 경계를 생각해본 적이 없기 때문이고, 두 번째 이유는 X세대라는 단어가 국내 기업이 마케팅을 위해 외국에서 차용한 것이기 때문이다.

X세대라는 단어는 1991년 캐나다 작가 더글러스 코플런드Douglas Coupland의 소설『X세대Generation X』가 발표된 후 정의를 획득했다. 소설『X세대』는 1960년대에 태어난 3명의 젊은이들의 이야기를 다루고 있으며, 삶에 대한 의욕을 상실하고 방향을 찾지 못해 방황하는 젊은이들이 답답하고 단조로운 고향 생활에서 벗어나 캘리포니아주의 외진 사막으로 탈출하여 구속의 끈을 풀어 던져버리고 좌절과 번민에 대해 밤낮없이 토론한다는 것이 주된 내용이다.

출판 당시만 해도 주목받지 못했던 이 소설에 관심을 보인 것은 바로 미국의 기업이었다. 당시 미국의 마케팅 담당자와 광고 제작자들은 베이비붐 세대 이후의 세대에게 기존의 판매 전략이 더 이상 통하지 않게 되자 이들에 대한 연구를 시작했다. 무엇보다 딱히 규정할 수 없고, 명확하게 잘 파악되지 않는 이 정체불명의 세대를 어떻게 부를지 고민했다. 새로운 세대를 표현해줄 새로운 단어의 출현을 갈망하고 있던 바로 그때, 그들에게도 소설『X세대』가 눈에 띄었다. 곧이어 매스컴은 이 표현을 차용해 새로운 세대를 지칭하기 시작했다. X세대라는 단어야말로 정의 내리기 어려운 이 세대를 묘사하는 데 최적의 명칭이었던 것이다. 'X'라는 글자도 기성세대와는 상당히 이질적이지만 마땅히 정의할 용어가 없다는 뜻에서 붙여졌다. 1895년에 빌헬름 콘라트 뢴트겐이 새로운 방사선을 발견하고, 그 정체를 알 수 없어 미지수인 X를 넣어 이름을 붙였던 엑스레이X-ray와 같은 작명 방식이었다.

미국에서도 이 X세대의 출생 범위에 대해서는 다양한 정의가 있지만, 통상적으로는 인구통계학적 구분에 따라, 제2차 세계 대전 이후에 태어난 베이비붐 세대(1946~1964년 출생) 이후인 1965년에서 1976년 사이에 출생한 세대를 의미한다.[14] 이해하기 힘들다는 의미를 가진 X세대는 구속이나 관념의 틀에 얽매이지 않고, 자유롭게 생각하고 자신의 뜻대로 행동하는 특성을 보였다. 그래서 이들은 어디로 튈지 모르는 럭비공에 비유되기도 했다. 또한 X세대는 자기중심적이고 소비에 민감하며, 컴퓨터와 인터넷 사용이 가능한 세대 중 비교적 나이가 많은 연령층을 의미했다.

미국의 경우, 제2차 세계대전 이후 태어난 베이비붐 세대는 일하는 남편과 전업주부 사이에서 성장했던 반면, X세대는 대개 맞벌이 부부에 의해 키워졌다. 그래서 X세대는 때로 '부모 모두가 직장에서 일을 하는 동안 학교에서 집까지 걸어와 직접 열쇠로 문을 열고 빈집에 들어가는 어린이들'이란 의미에서 '열쇠 세대Key Generation'라고 불리기도 했다. 상당히 안정된 가정에서 자란 베이비붐 세대는 가정과 가족의 가치를 중요하게 여기는 데 비해, 50퍼센트가량이 이혼 또는 별거한 부모 밑에서 자란 X세대는 가정에 대한 동경과 반발 심리를 동시에 갖고 있었다. 또한 베이비붐 세대가 베트남 전쟁 등 역사적인 일들을 함께 겪으며 공통된 가치관과 신념을 키워왔던 반면 X세대는 그런 공감대가 적고, 사회 공통의 문제보다는 개인의 삶에 더 큰 의미를 부여했다. 또한 베이비붐 세대가 꿈꾸는 대로 이뤄진다는 소위 아메리칸 드림을 가지고 있었던 것에 반해 X세대는 높은 실업률과 낮은 경제 자립을 보이기 시작했는데, 이 때문에 X세대는 직업관에 있어서도 기성세대와는 커다란 차이를 보였다.

무엇보다도 이들 X세대는 이전 세대에 비해 직장에 대한 소속감이나 충성심이 약하고, 한 직장에 오래 머물지 않는다는 특징을 보였다. 당시에는 미국의 경기침체가 이어지고 있었고, 지난 20여 년 동안 기업이 비용 절감을 위해 대규모의 해고를 단행하는 과정을 보면서 자랐기 때문이다. 그들은 고용 시장의 불안정으로 인해 직장에 대한 충성이 자신에게 대가를 줄 것이라는 생각은 하지 않게 되었다. 한 직장에서 오랫동안 일하겠다는 약속도 주저하는 성향이 강했다. X세대의 직장에 대한 신뢰 부족은 현실에 대한 합리적인 대응이라고 볼 수 있으며, 기업이 일방적으로 약속을 깨는 직장 풍토에 그들이 적응해나가고 있다는 것을 보여줬다.[15] 이러한 모습은 지금 대한민국의 90년대생이 처한 상황과 비슷해 보인다.

또한 X세대는 기업의 제품 광고에 대한 불신감도 강해 일단

의심부터 하는 소비자이기도 했다. 이들은 "이 상품을 구입하면 꿈 같은 생활이 가능할 것"이라는 등의 사탕발림 같은 말은 믿지 않았고, "소비자가 잘 판단하라"는 말에 더 귀를 기울였다. 이 때문에 기존까지 상징적인 광고 이미지로 시장을 압도했던 담배 말보로는 더 이상 팔리지 않아 가격을 절반으로 내려서 파는 지경에 이르렀다. 이러한 판매 부진 현상은 코카콜라와 같은 일상 소비재 시장에도 그대로 적용되었다. 세대의 변화가 소비 시장의 변화를 이끈 타이밍이었다.

대한민국 70년대생의 상징이 된 X세대

한국에서 X세대라는 단어를 처음으로 사용한 것은 1993년 11월 태평양화학(현 아모레퍼시픽)의 남성화장품 '아모레 트윈엑스' 광고였다. 요즘은 '그루밍족'과 같은 외모를 가꾸는 젊은 남자가 일종의 대세가 되었지만, 1990년대 초반까지만 하더라도 젊은 남성들을 위한 화장품은 전무하던 시절이었다. 트윈엑스라는 제품명에서 보이듯 미국의 X세대론을 기민하게 수입했고, 당시 젊은 신세대 남성들을 위한 제품임을 알리기 위해 배우 이병헌과 가수 김원준을 모델로 기용하고 '나는 누구인가?', '나 X세대?'라는 문구를 넣었다.

1993년 당시 이 광고는 너무 파격적이어서 광고 시사회 당시 모든 간부진이 침묵했다고 한다. 한참 후에 20대 후반부터 30대 초반의 젊은 사원들을 수십 명 불러서 광고를 보여주었을 때도 반응은 마찬가지였다. 하지만 그보다 어린 20대 초반의 어린 사원들은 기존 사원들과 조금은 다른 반응을 보였다고 한다. 그 반응은 한마디로 '뭔지 잘 모르겠지만 좋은 것 같다'는 것이었다. 이렇게 태평양화학은 '뭔지 잘 모르겠지만 좋은 것 같다'라는 말만을 믿고 모험을 단행했고, 결과는 성공적이었다.[16]

이런 방식으로 X세대론이 시작된 관계로 90년대 당시 '과연 대한민국에 X세대론의 적용이 가능하느냐?'라는 논란이 있었다. 반대 측이 'X세대란 제품을 팔아먹기 위해 사용한 광고 용어일 뿐 그 이상도 그 이하도 아니다'라는 논리를 내세운 반면, 이와 같은 광고는 '원인이 아니라 결과'라며 X세대가 허상이거나 인위적으로 창출된 세대가 아니며, 자연발생적으로 만들어졌거나 스스로 형성된 세대라는 주장도 있었다. 현시점에서 보면 X세대가 존재했는지, 존재하지 않았는지에 대한 논쟁은 중요하지 않다. 지금의 사람들이 이미 X세대를 90년대 복고의 상징이자, 국내의 대표적인 세대 명칭 중 하나로 인식하고 있다는 것이 중요하다.

결론적으로 국내에서의 X세대는 90년대를 풍미했던 신세대로서, 정치적 이슈에서 벗어나 경제적인 풍요 속에서 각자의 개성을 중시했던 세대라고 정리할 수 있겠다. 연령으로 보면 기존 1960년대 출생 세대를 대표하는 386세대의 이후에 등장했다는 점에서 그 범위를 1970년대생으로 볼 수도 있겠다. 그러니 국내에서 X세대라는 말은 70년대생이 '포스트 386' 등 수동적이고 정체 또한 불분명한 이름으로 불리기보다는 90년대를 주체적으로 풍미했음을 보여주는 말이기도 하다.

80년대 출생: 밀레니얼 세대의 시작

전 세계에서 1980년대 이후 출생자를 부르는 가장 유명한 단어는 '밀레니얼 세대Millennial Generation'이다. 밀레니얼 세대라는 단어가 처음 등장한 건 1991년으로, 이는 아이러니하게 소설『X세대』가 발간된 연도와 같다. 인구통계학자인 닐 하우Neil Howe와 윌리엄 스트라우스William Strauss는 1991년 저서『세대Generations』를 통해 밀레니얼이란 단어를 처음 사용하였고, 2000년에는『밀레니얼 세대의 부상Millennials Rising』이 출간되면서 널리 알려지게 되었다.

그들은 이 책에서 밀레니얼 세대가 앞선 세대들보다 덜 반항적이며, 더 실용적인 생각을 갖고, 개인의 가치보다는 집단의 가치를, 권리보다는 의무를, 감정보다는 명예를, 말보다는 행동을 중시하는 경향이 있다고 특징지었다. 그에 따르면 이들은 메이저리그보다 스케이트보드 대회에 열광하고, 비틀스보다 스파이스걸스를 좋아하며, 코카콜라 대신 마운틴듀를 마시고, 정치 참여보다는 자원봉사를 미덕으로 여긴다고 서술했다.[17]

밀레니얼 세대가 미국 내에서 특히 주목을 받았던 것은 이들의 부모 세대가 바로 베이비붐 세대라는 것이다. 밀레니얼 세대는 미국의 베이비붐 세대가 낳았다고 해서 '에코Echo 세대'라고도 불린다. 베이비붐 세대가 일으킨 출산율 메아리를 일컫는 이 말은 그들의 수도 많다는 것을 의미했다. 여기서 숫자가 중요한 이유는 간단하다. '강력한 소비층'이 될 수 있기 때문이다. 실제 2016년 기준 미국 내 밀레니얼 세대는 총 9,300만 명으로 베이비붐 세대(7,400만 명)보다 많다.[18] 백악관 분석에 따르면 밀레니얼 세대는 2013년 이미 미국 인구의 3분의 1을 차지하고 있다. 2025년에는 미국 생산 인구의 75퍼센트를 차지할 전망이다.

1980년도 이후 출생 세대를 부르는 다른 말로는 'Y세대'가 있다. Y세대라는 용어는 미국의 잡지 《Advertising Age》의 1993년 8월 사설에서 처음 등장했다. 하지만 Y세대라는 말이 X세대와 구분하기 위해 쓰였던 탓에 밀레니얼 세대라는 표현에 밀려 점차 사용되지 않게 되었다. 미국의 언론인 브루스 호로비츠Bruce Horovitz에 따르면 Y세대란 용어를 최초로 사용한 잡지조차 2012년에 밀레니엄 세대가 Y세대보다 더 나은 단어임을 인정하며 Y세대의 명칭을 버렸다고 한다. 사실 앞서 언급했듯이 X세대의 X는 미지수를 의미하기 때문에 그다음 세대에 Y를 붙이는 것은 얼토당토않은 일이었다. 이러한 의미로 최근 1995년 이후 출생한 세대를 지칭하는 'Z세대' 역시 같은 이유로 비판의 대상이 되고 있다.

80년대생과 90년대생은 같은 밀레니얼 세대인가?

미국에서 밀레니얼 세대는 통상적으로 1980년부터 2000년대까지의 출생자를 가리킨다. 하지만 X세대의 경우와 마찬가지로 출생 연도에 대한 정의가 명확하지 않고, 정의를 내리는 단체마다 차이가 있어 이를 활용하는 미국의 통계 및 마케팅 분야는 혼란을 겪어왔다. 밀레니얼이라는 단어를 널리 알린 닐 하우와 윌리엄 스트라우스는 1982년부터 2004년까지 태어난 세대라고 정의하고 있는 반면, 1970년대 중반부터 X세대 이후를 연구해온 미국의 보험회사 메트라이프MetLife의 경우 1977~1995년으로 정의하고 있다.[19] 가장 최근인 2018년 퓨리서치센터Pew Research Center는 밀레니얼 세대를 1981년생부터 1996년생까지로 정의했다. 특히 퓨리서치센터가 1996년생을 밀레니얼 세대의 마지막으로 구분한 이유는 2001년 당시 6~20세여서 9·11테러에 대한 기억이 있으며 인터넷, 모바일 기기, 소셜미디어가 급속히 성장해 신기술에 적응하면서 자랐다는 것이다.[20]

위와 같이 밀레니얼 세대의 출생 범위에 대한 여러 가지 정의가 넘쳐나고 있지만, 정작 중요한 점은 1980년대생들과 1990년대생들을 한 그룹으로 묶어서 일반화하기 어렵다는 것이다. 기존의 세대 구분과는 다르게, 1980년대에 태어난 사람들과 1990년대에 태어난 사람들 사이에는 큰 차이가 나타났다. 바로 빠르게 발전하는 IT기술 때문이다. 1983년에 태어난 미국의 작가 줄

리엣 라피도스Juliet Lapidos는 2015년《뉴욕 타임스》에 기고한 글에서 "20대 중반의 사람들과 달리 나는 진정한 디지털 태생이 아니다"라며 "내가 19세가 되기 전까지는 휴대 전화가 없었다"라고 말했다. 스마트폰과 같은 디지털 디바이스에 익숙한 1990년대생들과 자신들의 차이점을 이야기한 것이다.[21]

『#i세대iGen』의 저자이자 세대 연구 전문가 진 트웬지Jean Twenge의 경우도 마찬가지다. 밀레니얼 세대를 1980년도에서 1994년으로 정의하기는 하였지만, "이들이 같은 세대에 속하긴 하지만 엄밀하게 말해서 출생 연도가 10년 정도 차이가 나는 사람들이 경험하는 문화는 서로 다르다"면서 1980년대생과 1990년대생이 같은 세대군에서도 차이를 보인다는 것을 언급했다. 그녀는 1980년대 초반 출생자들을 늙은 밀레니얼로, 1990년대생들은 젊은 밀레니얼로 부르기도 했다.

국내에서는 1980년대생과 1990년대생을 하나로 묶어서 분석하는 경우가 많다. 특히, 2018년 밀레니얼 세대와 Z세대를 묶어 MZ세대로 부르기 시작하면서(넓게는 2000년대생까지 묶어서) 이들에 대한 분석이 넘쳐나게 되었다. 물론 대한민국의 1980년대생과 1990년대생은 하나의 공통점이 있다. 그것은 바로 기존 세대에 비해서 출생률이 떨어졌다는 것이다. 기존 세대에 비해서 출생률이 떨어졌다는 것은 미국의 밀레니얼 세대와 비교해 굉장히 큰 차이다. 미국의 밀레니얼 세대가 그 숫자를 바탕으로 강력한 소비층으로 성장한 것에 반해 한국은 그렇지 못했기 때문이다.

통상적으로 세대가 이전 세대에서 새로운 세대로 교체될 수 있을 것인지 명확하게 보여주는 지표는 바로 합계 출산율이다. 세대가 교체되는 데에 필요한 대체출산율은 선진국의 경우 2.1명이다. 하지만 미국이 2000년대 후반까지 2.05명 수준을 유지한 것에 반해, 한국은 1983년 2.06명을 나타낸 이후 지금까지 단 한 번도 2.0명을 넘어선 적이 없다.

이러한 현상이 벌어진 이유는 출산 제한 정책 때문이다. 한국은 6·25전쟁 전후인 1955년 합계 출산율이 6.33명을 기록하기도 했다. 1970년 합계 출산율이 4.53명을 기록하는 등 지속적으로 한 가정에서 평균 4명 이상의 아이를 낳기도 했다. 이에 정부는 강력한 출산 억제 정책을 폈다. 정책의 캐치프레이즈는 '둘만 낳아 잘 기르자'에서 '아들 딸 구별 말고 하나만 낳아 잘 기르자'로, 이마저도 다시 '하나씩만 낳아도 삼천리는 초만원'으로 바뀌었다. 1981년에는 인구증가억제 종합시책이 채택되었고, 1985년도에도 자녀 수에 따른 주민세, 의료보험료 등이 차등으로 부과됐다. 이런 정부 정책의 결과였을까? 지금의 현실은 OECD 국가 중 가장 낮은 출산율을 기록하고 있고, 이에 따라 정부는 출산 장려 정책을 적극 추진하고 있는 판국이다. 1970년 이후 한국의 출산율은 지속적으로 하락하여 1984년 최초로 합계 출산율이 2명 이하(1.74명)로 줄어들었다. 그나마 1980년대생들은 둘 이상의 형제자매를 가진 것이 보통이었다. 하지만 1990년대생들은 더 이상 그렇지 않다. 강력한 소비층이 될 밀레니얼 세대의 기본적인 조건을 충족시키지 못한 것이다.

그러므로 미국의 세대 구분을 국내에 그대로 적용해 부를 필요는 없다. 게다가 1980년대생들과 1990년대생들은 낮은 출산율이라는 하나의 공통점 외에 같은 점이 하나도 없다. 특히 2008년 글로벌 금융위기를 기점으로 낮아진 취업률과 관련된 취업 기조의 변화는 1980년대생과 1990년대생의 차이를 더욱 뚜렷하게 만들었다. 이 책에서 10년 단위로 세대를 구분하는 이유다.

10년 단위로 세대를 구분하는 중국

중국은 세대의 개념을 동시 출생 집단, 즉 같은 시기에 출생한 집단으로 파악하고 해당 세대들을 비교하는 연구를 활발하게 하고 있다. 중국은 링허우零後라는 이름으로 세대를 10년 단위로 나눠서 본다. 2000년대 이후 국내 언론 보도에 자주 등장한 바링허우80后와 쥬링허우90后는 각각 1980년과 1990년 이후에 태어난 이들을 뜻한다. 이러한 구분은 인구통계학적인 것이지만 각 시기가 갖는 의미에 따라 문화적이고 사회적인 것이기도 하다.

링허우라는 명칭은 보통 1950년대에 태어난 우링허우50后부터 시작되며, 제대로 호칭이 자리 잡게 된 것은 1970년 이후에 태어난 치링허우70后부터라고 할 수 있다. 이 세대의 특징은 공산화로 억제됐던 중국인들의 본능이 살아나 키워진 세대라는 것이다. 이들은 부모들이 가진 교육열이나 부자가 되려는 욕망을 고스란히 물려받았다. 대학 정원도 늘어나면서 고학력자들도 생겨났다. 유학도 본격화돼 일본, 한국, 미국이나 유럽 등으로 유학을 떠나는 숫자 또한 급속히 늘어났다.[22]

중국의 링허우가 국내에 본격적으로 알려진 것은 바링허우80后 때부터다. 바링허우는 중국 정부가 1979년 내놓은 '1가구 1자녀' 산아제한정책 이후 1980년대에 태어난 세대를 지칭한다. 이들은 흔히 소황제小皇帝라고 불리는데, 개혁개방과 산아제한정책으로 외동아들, 외동딸로 태어나 물질적으로 풍요로운 혜택과 부모의 사랑을 집중적으로 받고 자랐다. 이들은 시장경제가 피어나는 시기에 물질적으로 풍요롭게 성장하긴 했지만, 기성세대의 어려운 시절을 보고 자랐기 때문에 전통적인 사고와 개방적인 사고를 동시에 가지고 있는 것이 특징이다. 이들은 유명 브랜드를 접해서 충성도가 높고 인터넷에 대한 의존도가 높은 반면, 충동소비 성향이 크다고 평가받는다. 그리고 20대에 2008년 베이징 올림픽과 엑스포를 본 덕에 중국에 대한 자부심도 강하다. 유학생들도 급격히 늘었고, 사업에 대한 열망도 기존 세대에 비해 높다.

무엇보다 바링허우가 주목을 받은 이유는 거대한 인구 규모 때문이었다. 중국의 제6차 인구센서스에 따르면 이들은 약 2억 2,800만 명으로, 잠재적 소비자인 이들을 이해하고 그들을 잡지 못한다면 중국에서 장사할 생각은 접어야 한다는 말이 나올 정도였다. 보스턴컨설팅그룹이 발간한 보고서에서는 바링허우를 기반으로 한 중국의 신흥 부유층이 오는 2020년에는 2억 8,000만 명에 달하고, 구매력도 3조 1,000억 달러로 전 세계 소비 총액의 5퍼센트를 차지할 것으로 전망했다. 뤼황呂晃 보스턴컨설팅 파트너는 "2020년에는 이들의 구매력이 일본 소비총액과 맞먹고, 한국의 3배에 달할 것"이라고 말했다.[23]

이러한 중국의 바링허우와 대한민국의 80년대생들은 유사한 점이 있다. 첫 번째는 출산율이 1명 이하로 떨어진 최초의 세대라는 것이다. 물론 중국 정부의 1가구 1자녀 산아제한정책과 대한민국의 출산율 억제 캠페인은 다르지만, 결과적으로 1명 이하의 출산율이 된 것은 동일하다. 실제로 한국에서도 1980년 이후 자녀가 하나 있는 가정이 보편화되면서, 한 자녀에게 많은 자원들이 집중되기 시작하였다. 두 번째는 개인주의적이면서 높은 소비 지향적 성향을 보인다는 것이다. 교육 수준 또한 부모 세대보다 월등히 높은 편이고, 외국 문화를 쉽게 받아들이며, 기존 세대와는 다르게 자기 나름의 개성을 따른다.

세 번째는 소비 성향이다. 개혁개방 이전 세대인 치링허우가 근검절약하고 수입에 맞춰 지출하는 경향이 강했다면, 대부분 독자로 자란 바링허우들은 남과 다른 특별함을 추구하는 특성이 있다. 좋아하는 것은 바로 사야 한다는 심리는 과소비로 이어지기도 한다. 명품 구매에 월급을 다 써버리고 부모에게 용돈을 받아 생활하는 일명 월광족月光族이 대표적이다. 국내에서는 이와 똑같은 의미의 신조어는 없지만, '티끌 모아 티끌'이라는 풍자적인 격언이 유행하고, 재물을 써서 없앤다는 뜻의 탕진과 재미의 잼이 합성된 '탕진잼'이란 말이 최근 생겨나는 등 2000년대 후반 이후 소비의 중심으로 떠오른 80년대생들은 기존 세대보다 강한 소비 성향을 보이기도 한다.

점점 먹고살기 힘들어지는 세상에서 살고 있다는 것도 동일하다. 이들이 대학에 가기 시작한 21세기 초반에는 대학 등록금이 상승했고, 주택 가격을 비롯한 물가 상승 등으로 결혼과 출산 등이 점차 어려워지고 있다. 한국에 연애, 결혼, 출산 3가지를 포기한 삼포세대를 시작으로 N포세대가 있다면, 중국에서는 '아무것도 없다'는 자괴감을 표현한 말이 생겨났다. 취업을 못한 채 맞이하는 졸업을 뜻하는 뤄비裸畢가 그것이다.

바링허우는 지났다, 주력 세대가 된 쥬링허우

2013년 나는 회사 동기가 주재원으로 나가 있는 중국 베이징으로 여름 휴가를 갔다. 당시 바링허우 세대에 대해서 들은 적이 있었던 나는 바링허우 세대가 소비주체로서 어느 정도 위치를 차지하는지 물었다. 그런데 그 대답은 조금 충격적이었다. 그는 "지금 바링허우들이 뭘 하고 있을 것 같아? 우리랑 똑같아. 많은 수가 이미 결혼해서 아기를 키우지. 이제 중국 기업들은 쥬링허우가 관심사야"라고 답했다.

쥬링허우90后는 1990년대 출생자들로 제2기 소황제 세대로 불리기도 한다. 중국의 제6차 인구센서스에 따르면, 쥬링허우의 인구는 약 1억 7,400만 명으로 바링허우(약 2억 2,800만 명)의 76퍼센트 정도다. 이는 중국 내 두 번째 규모의 인구군이며, 2014년 ComScore가 발표한 '중국 쥬링허우 인터넷행위보고서中国90后网络行为查报告'에 따르면 중국의 생산가능 인구(15~60세) 내에서 쥬링허우가 차지하는 비중은 29.5퍼센트로 세계 평균보다 약 2.8퍼센트가 높은 수준이다. 이는 쥬링허우 또한 거대한 소비력을 지닌 소비층이라는 것을 의미한다. 2015년 11월 중국투자포럼의 분석에 따르면, 2020년까지 쥬링허우가 중국 소비 전체 금액 중 35퍼센트 정도에 공헌할 것으로 예측되기도 하였다.[24]

중국의 쥬링허우는 한국의 90년대생처럼 디지털 디바이스의 사용에 익숙하고, 인터넷 정보를 활용하는 것에 능하다. 그래서 중국에서는 이들을 '마우스 세대'로 부르기도 한다. 새로운 것과 유행을 추구하며 특이한 것에 강한 관심을 보이는 것도 공통점이다. 또한 SNS 등으로 자기 자신을 과시하는 행위를 보이기도 하며 이에 따라 때로 논란을 일으키기 한다. 중국의 '궈메이메이郭美美 사건'은 쥬링허우의 과시욕을 보여주는 대표적 사례로서, 궈메이메이라는 당시 20세 여성은 중국판 트위터인 시나웨이보新浪微博에 자신이 갖고 있는 별장과 명품 가방 및 고급 자동차 등을 올리면서 물의를 일으키기도 하였다.[25]

특히 PC세대로 대두되던 바링허우와 달리 모바일 세대로 불리는 쥬링허우는 모바일 주도 시장에서 두각을 나타내고 있다. 중국 내 포털 업체 360이 실시한 설문조사 결과에 따르면 쥬링허우의 76.4퍼센트가 전자결제 시스템인 알리페이Alipay를 이용해본 경험이 있는 것으로 나타났다. 또 이 중 25퍼센트는 최소 한 차례 이상 모바일 결제를 이용하고 34.4퍼센트는 매월 1~3차례 이를 사용하고 있는 것으로 집계됐다.[26] 동시에 모바일 구매가 증가하고 쥬링허우를 겨냥한 새로운 비즈니스 모델이 나타나면서, 마케팅 방식 역시 기존의 TV 광고를 중심으로 한 전통적인 광고에서 모바일 SNS를 이용한 방식으로 변화하고 있다. 이제 바링허우들이 30대가 되고, 쥬링허우들이 20대가 되면서 주요 온라인 쇼핑몰의 고객층은 쥬링허우가 되었다. 이와 같은 변화 또한 대한민국의 1980년대생과 1990년대생 사이에서 보이는 주된 차이점과 같다. 이처럼 중국의 10년 단위의 세대 구분은 한국에 적용해도 비교적 유용하다고 볼 수 있겠다.

그들도 공무원을 원하는가?

그렇다면 중국의 쥬링허우 세대도 한국의 90년대생들과 마찬가지로 정부가 고용주인 '공무원'을 원하고 있을까? 결론부터 말하자면, 공무원 시험 자체는 인기지만, 공무원이 되고자 하는 열망은 그리 높지 않다고 할 수 있다.

중국에서 궈카오國考라고 불리는 국가공무원 시험은 매년 11월 네 번째 일요일에 실시된다. 중앙정부와 정부 직속기관의 신규 공무원을 뽑는 국가고시다. 각 부처와 기관이 국가고시를 주관하는 인력자원부에 신규 임용이 필요한 직위와 인원을 통보하면 인력자원부가 이를 취합해 인터넷에 공고를 낸다. 수험생들은 자신이 희망하는 직위에 원서를 낸 뒤 시험 자격이 있다는 통보를 받으면 응시할 수 있다. 성과 직할시 등 지방정부는 국가고시와는 별도로 매년 4월에 지방고시를 통해 공무원을 뽑는다.

2018년 궈카오 응시 마감 결과 총 156만여 명이 접수했고, 이 중 138만 3,000명이 서류 심사를 통과했다. 이는 지난해 서류 심사 통과자보다 4만 5,000여 명이 많은 역대 최대 규모로 평균 경쟁률은 49 대 1이었다. 궈카오 응시자는 2010년도 144만 명, 2013년도 150만 명, 2014년도 152만 명으로 늘었다가 2015년도 140만 9,000명, 2016년도 139만 5,000명으로 하락세를 보인 뒤 2017년도에 148만 6,000명으로 다시 늘었다.

중국의 궈카오 열기는 한 해 대학 졸업자가 무려 750만 명에 달하는 현실에 기인한 측면이 크다. 베이징이나 상하이 등 대도시에서 좋은 직장에 취직하기가 점차 어려워지니 젊은이들이 점차 안정적인 직장을 선호하게 된 것이다. 시진핑 주석 취임 후 강력한 부패 척결로 공무원의 인기가 다소 시드는 듯했지만 지난해부터는 다시 응시자 수가 늘어나고 있다.[27]

그러나 중국에서 공무원이 좋은 일자리라 하더라도 한국처럼 재수, 삼수를 마다하지 않고 계속해서 공무원 시험에 매달리는 공시족은 찾아보기 어렵다. 이유는 세 가지 정도로 압축된다. 첫째, 국가고시가 재수, 삼수를 해서 통과할 정도로 어렵지가 않다. 둘째, 국가고시를 통과하더라도 각 부처가 요구하는 별도의 시험을 봐야 한다. 셋째, 공무원보다 월급을 많이 주는 직장이 널려 있다.

무엇보다 중국의 궈카오는 객관식 문제로 이뤄진 행정공직능력평가와 주관식의 논술로 구성된다. 공직 수행을 위한 기본적인 소양과 지식을 묻기 때문에 1년 정도 혼자 공부를 하거나 학원에서 속성으로 기출 문제를 풀면 합격할 수 있다. 문제는 국가고시에 합격하더라도 해당 부처의 별도 시험이라는 2차 관문을 뚫어야 공무원이 될 수 있다는 것이다. 예를 들어 외교부를 지원한 응시자는 영어와 희망 근무 지역의 언어 시험을 별도로 쳐야 한다. 논술과 직무 면접 등도 거쳐야 한다. 힘이 센 부처인 국가발전개혁위원회, 상무부, 재정부, 공안부 등은 경쟁률이 500 대 1 이상인데 이 부처도 국가고시 후 별도 시험을 통해 신규 인원을 선발한다. 한국의 행정고시, 기술고시, 외무고시와 같은 고등고시를 부처마다 모두 실시한다고 보면 된다.

중국 외교부에 근무하는 10년 차 공무원은 "부처마다 재수생보다는 대학을 갓 졸업한 인력을 선호하기 때문에 한 번 탈락하면 미련 없이 다른 일자리를 알아보는 경우가 많다"면서 "유능한 학생들은 아직도 사기업을 더 선호한다"고 설명했다.[28] 중국 학부에서 한국어학을 전공한 후, 한국으로 넘어와 한 대기업에 근무하고 있는 조모 씨(1990년생)는 중국 내에서 공무원은 안정적이라는 이유로 아직까진 '중국 여학생들의 꿈의 직장'이라고 말했다. 하지만 지역별로 편차가 크고, 한국에서처럼 모두가 공무원을 원하는 분위기는 아니라고 했다.

또한 중국에서는 반드시 공무원이 아니라도 좋은 직장을 가질 수 있다고 덧붙였다. 그녀의 말처럼 중국과 한국의 공무원 선호에 대한 차이는 그들 자신의 미래를 어떻게 바라보는지에 따라 다를 수 있다. 중국의 쥬링허우와 한국의 20대의 가치관을 비교 분석한 보고서에는 그 차이가 잘 드러나 있다. 미래에 대한 기대와 도전하는 삶에 대한 선호는 중국 20대가 한국 20대보다 더 높은 수준을 보였다. '미래는 희망적이다'에 대한 긍정적 응답은 중국의 20대가 85퍼센트, 한국의 20대가 81퍼센트였으며, '평범한 삶보다 도전과 기회로 가득 찬 삶이 바람직하다'에 대한 긍정적 응답도 중국 20대는 60퍼센트로 한국 20대의 51퍼센트에 비해 높았다.[29]

또한 중국의 공무원이 인기가 있었던 비공식적인 이유는 비위 행위 때문이었다. 중국 공무원의 비위 행위 규모는 지금껏 현지 언론을 통해 수차례 보도된 바 있다. 언론 보도에 따르면 주로 베이징, 상하이 등 대도시는 물론 지방 향촌직에서도 수천억 원 규모의 돈이 오갔다고 한다. 특히 공무원의 비위 행위가 해당 지역

경제와 밀접한 연관성을 가지고 있다는 점에서 쉽게 척결될 수 없을 것이라는 분석도 단골로 등장하곤 했다. 하지만 시진핑 정부가 들어선 이후에 공무원의 비위 행위에 대한 대대적인 단속이 이뤄지고 있고, 앞으로도 당 간부들의 부정행위를 철저히 단속할 것이라고 추가 발표한 상황이기 때문에 이러한 비위 행위의 꿀맛으로 인해 공무원을 원하는 경우는 점차 사라질 예정이다.[30]

미국의 경우는 또 다르다. 젊은이들은 공무원에 몰리지 않는다. 그 첫째 이유는 공무원을 뽑을 때 전문성과 경험을 중시하기 때문이다. 신입보다는 경력을 뽑는 경우가 많고, 신입 사원을 많이 뽑지 않는다. 다시 말해 기회의 문이 좁다. 두 번째 이유는 안정적이지 않다는 것이다. 미국도 공무원이 한때 '철밥통'으로 통했지만, 2008년 금융위기 이후 재정이 악화되면서 공무원까지 정리해고나 임금 삭감을 당하는 일이 벌어졌다. 여전히 정년은 없지만 중간에 해고당할 위험은 있는 것이다.

실제 2014년 기준 미국 연방 공무원은 271만 1,000명으로 2011년 340만 명보다 크게 줄었다. 이는 1966년 7월 이후 최저치다. 《월스트리트 저널》은 "금융위기 이후 유일하게 고용률이 줄어든 분야가 공직"이라고 보도했다.[31] 금융위기를 민간 기업 위주로 빠르게 회복해가며 최고의 호황기를 보이고 있는 미국 경제의 분위기가 영향을 끼치는 것이다.

새로운 세대를 어떻게 바라볼 것인가?

그럼 앞으로 새롭게 주역이 될 세대를 어떻게 바라봐야 할 것인가? 예로부터 새로운 세대에 대한 기성세대의 시각은 두 가지로 나뉘어 있었다. 흔히 청년은 에너지와 삶의 기쁨, 자연스러움, 새로운 출발, 혁신, 희망을 상징한다. 특히 근대에 접어들며 나타나는 젊음에 대한 숭배는 그러한 집합적 소망의 표현이기도 하다. 하지만 청년은 희망인 동시에 우려의 대상이기도 하였다.[32] 젊음은 인정했으나 사회의 기본 가치를 송두리째 뒤흔들 수 있다고 두려워하고 염려했던 것이다. 혹시 그들이 사회가 요구하는 역할들을 거부하지 않을까 말이다.

한국의 경우, 20세기 들어 근대로 진입하고 나라의 주권을 상실하는 과정에서 청년은 '미래에 대한 낙관과 희망의 상징'으로 정착해갔다. 더 구체적으로는 '문명의 유도자이며 사회를 혁신'하는 역할이 부여되었다. 물론 그러한 청년의 역할은 현실이라기보다 이상이었고, 소수의 엘리트 청년만을 겨냥한 것이었다. 일본의 식민지로 전락하는 과정에서도 이런 인식에 변화는 있었지만 적어도 1920년대 중반까지는 유지되었다. 그러나 1930년 이후부터 청년은 우려의 대상이 되었다. 특히 1930년대 중반에는 "청년이란 자신의 문화와 가치를 실현하기보다는 기존의 가치관, 특히 국가권력이 제시하는 가치관에 매몰되는 존재였다"는 평가를 받았다.[33]

이런 양가적인 평가는 우리가 논하는 90년대생에게도 해당된다. 하나는 '무엇 하나 제대로 하지 못하는 아이들'이라는 부정적인 시각이다. 9급 공무원을 원하는 청년에게 기성세대가 보이는 가장 흔한 반응은 '열정이 사라지고 도전정신이 없어서, 그저 편한 복지부동의 일만 하려는 나약한 세대'라는 부정적인 평가이다. 또 다른 하나는 '기성세대가 도저히 따라갈 수 없는 영역을 개척하는 세대'라는 긍정적인 시각이다.

문제는 이러한 두 가지 시각 모두 기성세대들이 새로운 세대를 '이해'하기보다는 '방관'하는 자세에서 비롯됐다는 데 있다. 팔짱을 끼고 앉아 평가만 내리고 있었던 것이다. 게다가 20세기 말부터 청년상은 다른 나라와 비슷해졌다. 이는 청년이나 청년 세대에게 부여된 명칭이 전 세계적으로 유사하다는 것에서 확인할 수 있다. 20세기 말부터 유행하는 청년 세대의 명칭은 거의 예외 없이 수동적이고 부정적이다.

젊은 세대는 그 특성이 긍정적이든 부정적이든 간에 기성세대와의 조화로운 관계 속에서 자라나야 한다. 그런 의미에서 새로운 세대를 제대로 알기 위한 기성세대의 노력이 절실하다. 세대 간의 갈등이라는 것은 동서고금을 막론하고 존재해왔다. 세상이 변하고 사람이 변함에 따라 생각도 변하는 것은 너무나 당연한 일이기 때문이다. 그런데 우리 사회처럼 짧은 시간에 급격한 변화를 겪은 곳에서는 세대 간의 갈등의 골은 더 깊어질 수 있다. 각 세대가 서로의 차이를 인정할 여유가 없었기 때문이다. 그러다 보니 기성세대는 자신들이 이룩해놓은 업적과 논리를 젊은 세대에게 강요하고 싶어 하고, 젊은 세대들은 이러한 기성세대의 강요를 고리타분한 것으로 여기게만 된다.

그러니 무엇보다도 기성세대는 젊은 세대를 이해하기 위한 다양한 노력을 보여야 하고, 젊은이들의 사고와 행동을 탓하기에 앞서 젊은 세대의 저항과 도전에 의해 기성세대의 실책이 들추어지고 있다는 점을 인식해야 할 것이다. 아울러 기성세대는 현대 사회의 문화는 과거와 다르다는 점과 새로운 문화의 담당자는 그들 자신이 아니라 새로운 세대라는 점을 인정해야 한다.

기성세대가 젊은 세대의 창조적 가치를 적극적으로 받아들이는 포용력 있고 열린 자세로 그들과 적극적으로 만날 때에만, 젊은 세대에 대한 모든 편향된 평가와 논의들이 사라질 것이다. 이와 함께 젊은 세대의 문제는 더 이상 그들의 문제가 아닌, 하나의 사회적 현실이라는 인식을 갖는 것이 중요하다. 세대론은 그렇게 세대 간의 포용력 있는 공감대를 만드는 데 쓰여야 한다.

버릇없는 젊은 놈들에게 무엇을 배울 수 있을까?

"요즘 젊은 놈들은 버릇이 없다"라는 말은 아마도 인류가 멸망할 때까지 사라지지 않을 것 같다. 4,000년 전 바빌로니아 점토판 문자를 비롯해 동서고금을 막론하고 등장하니 말이다. 호메

로스의 『일리아스』에도 "고대의 장수들은 혼자서도 가뿐히 돌을 들어 적에게 던졌지만, 요즘 젊은이들 같으면 두 명이서도 들지 못할 정도로 나약하다"라는 표현이 쉬지 않고 나온다. "폴리스의 미래가 걱정된다"라는 말도 나온다. 소크라테스도 "젊은이들은 아무 데서나 먹을 것을 씹고 다니며, 버릇이 없다"라는 말을 남기기도 했다. 이는 동양에서도 마찬가지였는데, 『한비자』의 「오두」에서는 "지금 덜떨어진 젊은 녀석이 있어 부모가 화를 내도 고치지 않고, 동네 사람들이 욕해도 움직이지 않고, 스승이 가르쳐도 변할 줄을 모른다. 이처럼 '부모의 사랑', '동네 사람들의 행실', '스승의 지혜'라는 세 가지 도움이 더해져도 끝내 미동도 하지 않아, 그 정강이에 난 한 가닥 털조차도 바뀌지 않는 것이다"라며 당시 젊은이에 대한 부정적인 평을 했다.

그러나 앞서도 이야기했지만 세대라는 영어 단어의 어원에는 새로이 출현한다는 의미가 있다. 변화가 그 전제가 되는 것이다. 이 변화는 구세대가 만들어놓은 틀과 마주칠 수밖에 없는데, 그 변화의 끝에서 틀은 깨지기 마련이다. 구세대로서는 그 틀이 깨지면 의식적으로, 혹은 경제적으로 불안해질 수밖에 없다. 그러니 "어른들의 말을 왜 안 듣냐?"라고 비난하는 것이다.

미국의 인류학자 마거릿 미드Margaret Mead는 반세기 전, 청년이 미래를 선도하는 사회를 전망했다. 기성세대가 청년에게 배워야만 하는 상황이 도래하리라는 것이었다. 증거는 당시 미국의 경험이었다. 미국으로 이주해온 사람들은 세대별로 상이한 적응력을 보였다. 다른 문화권에서 성장하여 이주해온 기성세대(이주 1세대)들은 새로운 환경에 적응하는 데 어려움이 컸지만, 미국에서 성장한 자녀(이주 2세대)들은 부모보다 더 빨리 적응했다. 이런 사실에 착안하여 미드는 과거의 경험에 집착하는 기성세대보다 그로부터 자유로운 청년이 더 빠른 적응력을 보이고, 따라서 젊은 세대에게 삶의 방식을 배워야 할 때가 올 것이라 전망하였다. 살아본 적 없는 미래의 세계에서 우리는 모두 '시간 속의 이주민'인 셈이다. 이제 청년이 스승이 될 수 있다.[34]

《한겨레》 인터뷰에서 "노인들이 저 모양이란 걸 잘 봐두어라"라는 촌철살인으로 화제가 된 채현국 효암학원 이사장은 오늘날 이 '먼저 안 게 오류가 되는 시대'라고 말했다. 그는 "농경사회에서는 나이 먹을수록 지혜로워지는데, 자본주의 사회에서는 지혜보다는 노욕의 덩어리가 될 염려가 더 크다는 겁니다"라며, "지금은 경험이 다 고정관념이고 경험이 다 틀린 시대입니다. 먼저 안 건 전부 오류가 되는 시대입니다. 정보도 지식도 먼저 것은 다 틀리게 되죠"라고 말했다.[35] 그의 말처럼 과거 경험이 이젠 판단의 기초 혹은 가르침의 근거가 되지 못하는 시대가 되었는지도 모른다.

3장
90년대생의 첫 번째 특징: 간단하거나

90년대생의 공통적인 특징을 파악하기는 쉽지 않다. 사실 1990년에서 1999년 사이의 '동시 출생 집단'이라고 할지라도 이들 모두가 같은 생각을 하고 같은 행동을 하지는 않기 때문이다. 특히 더글러스 코플런드가 이야기했던 X세대 특징인, 종잡을 수 없이 다원화된 문화와 다채로운 성격은 더 뚜렷해졌다.

하지만 그중에 한 가지 일관된 것이 있다. 바로 모든 '길고 복잡한' 것들을 좋아하지 않는다는 사실이다. 심지어 피해야 할 일종의 악으로 여기기도 한다. 이 세대를 이해할 수 있는 첫 번째 키워드는 바로 '간단함'이다. 이와 같은 특징을 이해하기 위해서는 그들의 언어 습관을 살펴볼 필요가 있다. 어떤 문화에서 의미를 찾아낼 수 있는 열쇠는 언어에 있게 마련이다. 생각과 느낌을 남과 주고받기 위해 동원하는 수단이 바로 언어이기 때문이다. 그리고 간단함을 추구하는 90년대생들의 언어 습관에서는 축약형 은어인 '줄임말'이 자주 나타난다.

> "이제야 조금은 학생들의 언어에 익숙해졌지만, 처음에는 내가 외국에서 아이들을 가르치고 있는 줄 알았어. 아이들이 죄다 줄임말로 대화를 하다 보니 알아들을 수가 있어야지. 정말 별다줄('별걸 다 줄이네'의 줄임말)이야."

서울 모 고등학교에서 교사로 근무하고 있는 대학교 동기는 오랜만에 만난 자리에서 위와 같은 푸념을 했다. 새로운 세대의 언어 세계에 충격을 받은 건 역시 나뿐만이 아니었던 것 같다. 하지만 그 또한 학생들에게서 영향을 받았는지, 본인 또한 대화 중간에 간간이 줄임말을 사용하곤 했다.

우리가 흔히 사용하는 '줄임말'이란 '줄임'이라는 단어와 '말'이라는 단어가 합쳐진 말이다. 여기서 말하는 대부분의 줄임말은 비표준어이며, 사실 줄임말이라는 단어도 국립국어원의 표준국어대사전에는 등재되어 있지 않다. 줄임말은 준말 혹은 약어와 마찬가지로 낱말 혹은 문장의 길이를 줄이기 위하여 정상적인 표기의 일부분을 생략한 형태다.

중요한 사실은 이렇게 말을 줄이는 것이 동서고금을 막론하고 공식, 비공식적으로 빈번하게 이뤄지고 있다는 것이다. 특히 우리나라와 같은 한자 문화권에서 빈번하게 이뤄지며 시간이 지남에 따라 비표준어가 표준어로 굳어지기도 한다. 그렇다면 오늘

날처럼 광범위한 줄임말 사용은 이전과 어떤 차이가 있을까?

줄임말이 전방위로 확대된 90년대생들의 언어

먼저, 70년대생이 10대 청소년기를 보냈던 1980년대에는 TV 속 CM송 같은 광고 문구 등을 인용한 줄임말이 생겨났다. 예를 들어 당시 '뻥'이라는 말은 처음 거짓말이라는 의미로 쓰이기 시작했다. 이것은 당시 일부 과자 상품의 광고 문구를 흉내 낸 것이었으며,[36] 이 외에도 '천재(천하의 재수없는 놈)', 'ET(이쁘지도 않은 게 튕겨)', '껌바(껌둥이 바로)'와 같은 말이 유행하기도 했다.[37]

80년대생들이 10대 청소년이었던 1990년대의 경우는 PC통신과 휴대폰, 호출기(삐삐) 등의 등장과 함께 이와 관련한 줄임말이 늘어났다. 대표적으로 '어솨요(어서 오세요)', '방가(반가워요)', '일케(이렇게)', '쟈철(지하철)', '125(이리 와)' 등이 있다. 당시 한 신문기사에서는 이를 'IMF시대 절약정신을 반영한 축약형, 통신요금을 최대한 줄여보자는 취지에서 만들어진 것'이라 평하기도 하였다.[38] 그런데 이들이 주로 사용했던 줄임말은 어디까지나 오직 10대들만이 사용하는 은어의 범주에서 벗어나지 않았다.

하지만 90년대생들의 줄임말은 기존의 청소년 교실 은어와 PC통신 문화를 넘어서 전방위적으로 확산되기에 이른다. 90년대생들의 줄임말은 기존의 PC통신과 채팅 문화가 인터넷과 게임 문화로 확대되어 전승되었다는 것이 특징이다. 특히 온라인 중심의 가상 세계와 오프라인 중심의 현실 세계가 결합한 줄임 말들이 생겨나기 시작했다. 한 예로, '뉴비'라는 단어는 온라인 게임에서 새롭게 게임을 시작하는 신규 유저를 지칭했는데, 현실에서는 새로운 영역의 초짜들을 통칭하는 언어가 되었다. 새로운 취미를 시작한 이들이나 대학교 신입생, 사회 초년생도 뉴비라고 불리게 되었던 것이다. 온라인 세계가 너무나도 익숙한 90년대생들은 특히 온라인 게임의 언어를 빠르게 현실로 가져왔다. 부모님의 갑작스러운 기습은 게임 용어들과 합쳐져 '마덜어택', '파덜크리' 등으로 변형되었고, 지인이 연락이 안 되는 경우는 '버로우', 구하기 힘든 상품의 경우는 '레어템', 이 상품을 얻을 경우는 '득템', 누군가를 변호해준다고 할 경우는 '쉴드친다'고 표현한다.

무엇보다 초·중·고 중심의 청소년 은어에서 대학생 은어로, 다시 우리의 일상 언어에 이르기까지 전방위적으로 확대되었다는 점은 눈여겨볼 만하다. 예를 들어, 대학교 공강 시간이 매우 긴 상태는 '우주공강'이라고 불리고, 같은 목표를 가진 취업 준비생들이 하루의 거의 모든 일과를 함께하며 지식과 정보를 공유하는 생활 스터디의 경우는 '생스'라고 불린다. 외톨이 정도로 이해할 수 있는 '아웃사이더'라는 말도 '아싸'라고 불린다. 반대로 인사이더는 '인싸'라고 부른다.

"저는 아싸라는 말을 처음 듣고, 무슨 노래방 기기 이름인 줄 알았어요. 요즘에 그런 말이 쓰이는 줄은 전혀 몰랐어요. 그리고 또 후배들은 저를 '어사'라고 부르더군요."

2012년 오랜만에 대학교를 놀러 갔던 07학번 김모 군은 재학생 후배들과 이야기를 나누다가 충격을 받았다고 했다. 먼저 후배들이 그의 대학 생활 이야기를 듣고 "선배님 아싸셨나 봐요?"라고 이야기했던 것이다. 처음 듣는 말에 어리둥절했던 그에게 말이 안 통한다고 느낀 후배들은 김 군과 '어사'라고 했다고 한다. '어색한 사이'라는 말이다.

90년대생들이 경험하고 활동하는 모든 영역에서 이러한 줄임말 현상은 이어지고 있다. 특정 카테고리를 넘어서 기업의 고유 브랜드까지 모든 것은 이미 모조리 줄여서 불리고 있다고 봐도 무방하다. 파리바게뜨를 '빠바'라고 부르고, 미스터피자를 '미피'라고 부르는 것은 너무도 당연한 것이며, 고기뷔페와 초밥뷔페의 경우도 '고부', '초부'로 부르고 있으며, 문화상품권도 '문상'으로 부른다. 이미 모든 카테고리와 브랜드는 조금이라도 부르기 쉬운 단어로 불리고, 만약 이를 모르고 있다고 해도 몇 번 카톡이 오가는 순간 익숙해지기 마련이다.

중요한 것은 이 세대의 줄임말들은 그 범위가 무한대로 확장되면서, 기존의 모든 단어에 급속하게 영향을 미치고 있다는 것이다. 그리고 이러한 줄임말은 단순히 그들만이 공유하는 문화를 넘어 전체 언어에 영향을 미치고 있다. 심지어 이제는 한국인 뿐만 아니라 외국인들도 한국어 줄임말을 배우고 익히는 시대가 되었다.

"한국에 거주한 지 8년이 넘어서 어느 정도 한국어에 익숙한 저도 친구들이 하는 말이 무슨 뜻인지 몰라서 나중에 인터넷을 검색해본 적이 많습니다. 그중에서 특히 친구들이 습관처럼 쓰는 '헐'이란 단어가 뭔지 몰라서 곤란했던 적이 있습니다."

한국에서 대학교를 졸업하고 한국의 대기업에서 3년째 일하고 있는 미국인 마크의 말이다. 한국에서 어학당도 다니고, 대학을 졸업하고 한국 기업에 다니고 있는 그도 한국어 사전에 없는 단어들이 들릴 때면 지금도 당황한다고 한다. 외국인들이 얼마나 한국어 줄임말에 궁금증을 가지고 있는지를 확인하고 싶으면, 지금 스마트폰을 켜고 구글 검색창에 '헐'이라고 쳐보면 된다. 그러면 '헐 meaning'이라는 자동 완성어가 뜨게 된다. '헐'이 어떤 뜻인지 궁금해하는 영어권 사용자들이 많다는 뜻이다. 국내 거주 외국인 200만 시대인 지금, 외국인들의 입장에서는 기존 사전에 나와 있지 않은 단어들로 한국어가 변해가고 있는 상황이 당황스러운 게 당연할 것이다.

상황이 이러하다 보니, 2010년대 중반부터 매년 미디어를 포함한 다양한 기업에서 해당 연도에 가장 핫한 신조어 및 줄임말 테스트를 진행하는 콘텐츠도 많아지고 있다. 이에 2017년 서울의 한 대학교에서는 교수를 대상으로 'ㅇㄱㄹㅇ', 'ㅇㅈ', 'N포세대', '헬조선', 'YOLO', '츤데레', '사이다', '할많하않', '아아', '취존'까지 총 10개의 신조어를 선택해 테스트를 진행하기도 하였다.

신조어 10문제 중에서 교수들은 대체로 헬조선이나 사이다, N포세대처럼 사회 현실을 반영하는 단어에서 높은 정답률을 보였다. 특히 헬조선과 사이다는 모든 교수가 그 단어의 의미를 알고 있었고 몇몇 교수들은 이와 같은 단어가 청년들이 힘든 시간을 겪고 있음을 대변한다며 안타깝다고 말했다. 반면 'ㅇㄱㄹㅇ(이거 레알)'이나 '아아(아이스 아메리카노)'와 같이 자음만 있는 신조어나 긴 단어를 축약한 신조어에는 취약한 모습을 보였고, 특히 '할많하않(할 말은 많지만 하지 않겠다)'은 단 한 명의 교수도 맞히지 못했다고 한다.[39]

90년대생 은어의 특징과 유형

앞서 보았던 90년대생들의 은어는 그 특징을 크게 세 가지로 나누어볼 수 있다. 첫 번째로는 줄임말의 비중이 절대적으로 높다는 것이다. 특히 기존 세대의 줄임말의 경우는 문장이나 단어를 2~3음절로 줄이는 것에 반해, 이들은 극단적인 1음절 혹은 초성만을 사용하기도 한다. 두 번째 특징은 신규 은어의 생성 및 쇠퇴가 빠르다는 것이다. 앞서 언급했던 2012년의 줄임말 중 일부는 지금의 기준으로는 이미 소실되거나 유행에서 멀어졌다. 90년대생들의 줄임말은 이렇게 빠르게 생성되고 사라진다. 마지막 특징은 그들의 줄임말은 더 다양하고 창의적인 방식으로 지속해서 이뤄지고 있다는 것이다. 단순한 축약 및 합성의 형태로 이뤄지지 않기 때문에 줄임말만을 보고 의미를 유추하기는 힘들다. 그러니 이 세대를 이해하고 싶다고 그들이 쓰는 말들을 알아두는 것은 큰 의미가 없다. 언제든 사라지거나 다른 신조어로 대체될 수 있으니 말이다.

그보다 우리가 알아야 할 것은 이들이 언어를 사용하는 원리다. 줄임말이 생성되고 확장되는 방식에는 크게 네 가지가 있다.

첫째는 고전적이고 일반적인 방식인 '축약형'이다. 이는 줄임말 생성에 있어서 일반적인 방식이다. 기존의 단어 또는 문장의 길이를 줄이고자 정상적인 표기의 일부분을 생략하는 방법이다. 대부분의 경우는 기존의 단어와 문장을 단순 축약하는 형태이지만, 기존 축약형을 다시 변형하는 형태도 있다. 예를 들어, 경우에 따라 다르다는 '케이스 바이 케이스(Case by Case)'를 줄인 '케바케'의 경우, '사바사(사람 바이 사람)'라는 변형을 낳았다. 이는 반려동물 커뮤니티에서 '개바개', '냥바냥' 등의 다양한 변형으로 이어졌다.

이러한 축약형은 특정 문장을 줄이는 경우에 자주 쓰이는데, 축약어 자체가 의미를 담는 경우가 많다. 예를 들어, '낄끼빠빠(낄 때 끼고 빠질 때 빠져라)'나 '할많하않'의 경우는, 해당 축약어만으로 대화를 종결하거나 상황을 설명할 수 있다.

두 번째는 극단적인 축약형 방식인 '초성형'이다. 초성형 줄임말의 경우, 1999년대 초부터 시작되었지만 이는 사용이 매우 제한적이었다. 예를 들어, '고고(Go Go)'를 줄인 'ㄱㄱ', '축하'를 줄인 'ㅊㅋ', 그리고 '응응'을 줄인 'ㅇㅇ'의 경우가 대표적이다. 하지만 지금은 'ㅇㅈ(인정)', 'ㄱㄲ(개꿀)' 등 초성으로 축약될 수 있는 모든 단어가 빠르게 초성형 줄임말로 바뀌고 있다.

현재 20대인 90년대생 중 많은 수는 초성만으로 카톡 대화를 하기도 한다. 기존에 단순하고 유추가 가능했던 초성형 줄임말의 경우, 최근에 종류가 다양해지고 길이도 길어지면서 다른 세대들은 전혀 이해하지 못하는 수준이 되었다. 'ㅇㄱㄹㅇ ㅂㅂㅂㄱ(이거 리얼 반박불가)'나, 'ㅁㅊㄷ ㅁㅊㅇ(미쳤다 미쳤어)' 등이 여기에 해당한다.

세 번째는 문장과 단어를 더한 '합성형'이다. 2018년 Olive에서 방영된 〈밥블레스유〉는 '밥', 'bless', 'you'가 합쳐진 단어로 '밥이 너희를 평온케 하리라'를 의미한다. 이는 '법 때문에 참는다'는 의미의 합성어이자 유행어인 '법블레스유'의 변형이다. 이는 90년대생들이 직접 제작진으로서 아이디어를 내지 않았으면 나오지 못했을 제목이다. 방송 중에서 출연진이 프로그램명을 정하지 못해 제작진이 대신 만들었다는 이야기가 나온다.

합성형은 기존에 있는 단어 및 용어를 둘 이상 합쳐서 새로운 단어 및 용어를 만들어내는 작성법으로 축약형과는 달리 원 용어의 의미를 잃어버리는 경우가 있다. 예를 들어, '나일리지'의 경우 '나이', '마일리지'의 합성어로 '나이가 많아지면 권력이 마일리지처럼 쌓인다'라는 의미인데, 속칭 꼰대를 비판하는 맥락으로 사용된다.

네 번째는 흔한 실수가 만들어내는 방식인 '오타형'이다. 오타형 줄임말의 경우 다양한 형태가 있는데, 첫 번째는 명칭 그대로 PC 키보드를 잘못 치는 오타를 통해 파생된 단어들이다. 예를 들어 '고나리'나 '오나전' 같은 단어가 대표적이다. 한글 키보드로 '관리'와 '완전'을 빠르게 입력하다 보면 위와 같은 오타가 난 경험이 누구나 있을 것이다. 이처럼 보편적인 실수를 그대로 사용한 경우가 이에 해당한다.

두 번째는 흔히 '야민정음'이라고 불린다. 인터넷 커뮤니티 디시인사이드의 '국내야구 갤러리'와 '훈민정음'을 더한 말이다. 이는 모양이 비슷한 글자들을 서로 바꿔서 의도적인 오타를 내어 사용하는 것이다. 초·중·고생이 주로 사용한다고 하는 '급식체'의 대표적인 형태로 꼽히기도 한다. '대' 자와 '머' 자를 바꾸는 형태, 예를 들어 '머장(대장)', '머머리(대머리)'가 있다. '귀'와 '커'를 바꾸는 형태로, '커엽다(귀엽다)', '방커(방귀)' 등도 있다.

'별걸 다 줄였을 때' 일어나는 일

90년대생들이 20대인 지금 줄임말이 난무하다 보니 소통의 즐거움을 넘어서 세대 간의 언어 단절 및 갈등의 씨앗이 되고 있다는 지적도 있다. 현 세대의 줄임말의 사용과 관련하여 한글학회 성기지 학술부장은 "10년 전만 해도 학자들 사이에선 줄임말이라는 게 유행했다가 사라지는 것이니 크게 걱정하지 않아도 된다는 견해가 많았지만, 최근에는 그 양상이 많이 달라졌다"고 했다. 예전 줄임말은 초등학생을 '초딩', 선생님을 '쌤'으로 줄여 부르는 식으로 누구나 발음만 들으면 대충 그 뜻을 짐작할 수 있는 수준이었지만, 이젠 특정 집단이 아니면 전혀 짐작할 수 없는 기괴한 형태로 바뀌고 있다는 것이다. 성 학술부장은 "줄임말이 재미와 즐거움을 주는 정도를 넘어 소통의 장애까지 낳고 있다면 큰 문제"라고 평하기도 하였다.[40]

하지만 은어란 본래 '어떤 계층이나 부류의 사람들이 다른 사람들이 알아듣지 못하도록 자기네 구성원들끼리만 빈번하게 사용하는 말'이다. 세대 간 어느 정도의 소통의 장애는 일어나기 마련이고, 은어가 TV 시청을 통해 제한적으로 퍼지던 기존 세대와 다르게, 실시간으로 퍼지는 지금의 시대에서는 이러한 확장을 막을 수도 없을 것이다.

특히 2010년 이후 스마트폰이 급속도로 보급되면서 90년대생들에게 줄임말은 무한대로 확장됐다. 무엇보다 스마트폰과 함께 널리 퍼진 카카오톡은 커뮤니케이션의 방식을 전면적으로 바꿔놓는 계기가 되었다. 기존 세대의 커뮤니케이션은 일대일로 이어지는 것이 보통이었는데, 이러한 주된 소통의 핵심은 빠른 문자 입력과 적절한 이모티콘의 사용에 달려 있었다. 그래서 피처폰의 SMS 소통에 익숙한 80년대생을 '엄지족'으로 부르기도 했다. 1990년도 후반부터 2000년대 후반까지는 손가락이 안 보일 정도로 빠르게 키패드를 입력하는 것이 하나의 능력으로 여겨졌다. 이와 같은 분위기에 따라 '문자 빨리 입력하기 대회'가 열리기도 했다.

하지만 2010년 모바일 메신저가 확장되면서 이러한 문자 키패드를 빨리 입력하는 능력은 더 이상 인정받지 못하게 되었다. 실제로 2010년 이후에 문자 빨리 입력하기 대회는 종적을 감췄다. 그리고 카카오톡으로 대표되는 모바일 메신저가 주된 소통 수단인 90년대생들에게 커뮤니케이션 방식은 일대다의 방식으로 변화했다. 문자를 단순히 입력하는 것이 소통에 큰 의미가 없게 된 것이다.

만약 20명이 있는 단체 카톡방에서 두 문장 이상의 말을 입력하려다 보면 어느새 빠른 대화의 흐름을 놓치기 십상이다. 이러한 상황들이 지속되면서 빠른 문자 입력을 대신한 새로운 도구들을 찾게 되었다.

새로운 커뮤니케이션 언어: 이모티콘과 짤방

2010년 이전에도 이모티콘이란 단어는 존재했지만, 그때에는 기존의 문자 조합으로 이뤄진 문자 이모티콘을 뜻했다. 하지만 2010년 이후에 이모티콘은 카카오톡이나 라인 등의 모바일 메신저에서 무료 혹은 유료로 제공하는 이모티콘을 말한다.

카카오프렌즈로 대표되는 이모티콘은 새로운 커뮤니케이션 언어가 되었다. 기존 세대들이 문자를 입력하여 본인의 기분을 설명했다면, 새로운 세대는 한두 번의 스크린 터치로 이모티콘과 간단한 단어를 합쳐서 커뮤니케이션을 한다. 누가 어떤 이모티콘을 어떤 상황에서 사용했는지, 이와 더불어 어떤 신상 이모티콘을 소유했는지는 센스를 나타내는 수단이 되기도 한다.

이러한 현상이 나타나다 보니, 모바일 서비스를 새롭게 론칭할 때 가장 많이 쓰는 프로모션 문구는 '이 게임(서비스)을 다운받을 시, 무료 이모티콘을 드립니다'가 되었다. 특정 이모티콘을 제공하는 방식의 프로모션이 이모티콘으로 커뮤니케이션을 하는 세대에게 가장 강력하고도 효율적이라는 것이 입증되었기 때문이다.

여기에 또 하나 강력한 커뮤니케이션 언어가 등장했는데, 그것은 바로 '짤방'이다. 짤방은 원래 '짤림 방지'의 줄임말이다. 2000년대 초 디시인사이드 커뮤니티의 게시판에서는 이미지를 첨부하지 않은 글은 삭제되었다. 따라서 사람들은 자신이 올린

게시물이 삭제되는 것을 방지하기 위해 임의로 아무 이미지나 첨부하여 글을 올렸다. 이렇게 시작된 짤방이라는 말은 온라인상에 올리는 모든 이미지를 뜻하는 말로 의미가 확장되었다. 최근에는 이러한 변화와 맞물려 짤방이라는 말도 줄어서 '짤'이라는 한 단어로 표현된다.

짤을 통한 소통은 콘텐츠 제공자 혹은 메신저 업체가 있어 소재가 제한되는 이모티콘에 비하여 그 소재와 확장성이 매우 넓다. 만화를 비롯한 TV 프로그램의 캡처 장면, 포털 및 온라인 커뮤니티의 댓글 등 그 모든 것이 짤의 소재가 된다. 또한 하나의 짤이 통용된 이후에도 해당 짤의 패러디물이 꼬리에 꼬리를 물고 만들어지기 때문에 그 생성은 끝이 없다.

그러니 매우 많은 짤을 소유하고 적절한 상황에서 사용하는 일명 '짤신' 혹은 '짤부자'들은 많은 이들의 부러움을 받기도 한다. 짤은 사용자 자신이 직접 생성해내기도 하지만 보통은 다양한 경로를 통해서 스마트폰에 저장한다. 이렇게 여러 경로를 통해 짤을 모으는 사람을 일명 '짤줍이(짤을 주워서 저장하는 사람)'라고 한다.

새로운 세대는 더 이상 긴 텍스트로 커뮤니케이션을 하지 않는다. 고로 이 세대에게는 문자를 빨리 쓰는 능력보다 적절한 타이밍에 보유한 이모티콘이나 짤을 보내는 것이 더 인정받는다. 그중에서도 움직이는 이미지인 GIF파일은 '움짤'로 불리는데, 이를 제대로 활용하여 커뮤니케이션하는 사람을 고수 중에 고수로

칭하기도 한다.

"스압으로 다 읽지 못하겠음. 세 줄 요약 바람."

최근 온라인 커뮤니티와 포털 사이트의 게시물에는 이런 종류의 댓글을 심심치 않게 볼 수 있다. '스압'이란 '스크롤 압박'의 준말로서, 주로 온라인 게시물을 볼 때 스크롤바가 얇아질 정도로 글이 길다는 것을 예고하는 말이다. 이는 온라인 게시글이 길어지면 보기가 힘들다는 것을 함축하고 있으며, 글쓴이는 이와 같은 네티즌들의 반응을 사전에 예측하여 부득이하게 긴 글을 쓸 때는 '스압주의'라는 문구를 사용해서 열람자들의 양해를 구하곤 한다. 그러니 여기서 '세 줄 요약'이란 글의 처음이나 마지막에 "세 줄로 간단히 내용을 요약해서 설명을 해주길 바란다"는 것이다.

하지만 이를 단순히 젊은 90년대생들이 게으르다는 증거라든가, 깊은 내용을 알지 못하는 신세대의 어리석음으로 몰아붙이는 것은 적절하지 못하다. 왜냐하면 기존 출판물의 선형적인 방식에 비해 온라인 게시물은 비선형적 방식이고, 이에 익숙한 이들에게는 이와 같은 요약에 대한 요청이 전혀 무례한 것이 아니기 때문이다.

비선형적 읽기 시대에 긴 글을 내려가면서 읽어주는 참을성을 기대하는 것은 무리다. 예를 들어, 이들은 긴 글을 읽는 데 투자할 시간에 여러 인터넷 기사와 그곳에서 파생된 링크를 넘나들면서 그보다 훨씬 많은 정보를 얻으리라는 사실을 알고 있다. 그렇다면 '투자 대비 회수'라는 경제학적인 선택의 관점에서 이들은 단일 글에 10분 이상 투자를 할 리가 없다.

이와 같은 트렌드는 90년대생들의 읽기 패턴과 콘텐츠 소비 형태를 바꿔놓았다. 우선 'F 자 형태'의 웹사이트 읽기 패턴이 강화되었다. 제이콥 닐슨Jakob Nielsen은 2006년 자신의 홈페이지에 232명의 사용자에 대한 아이트래킹 조사를 했다. 그리고 사람들은 빠르게 웹사이트를 훑어보는 데 일정한 F 자 형태를 보였다. 필요한 정보만 얻기 위해 머리 부분만 제대로 읽고 중간은 듬성듬성 내려 읽는 것이다. 이런 식의 읽기는 온라인상의 넘쳐나는 정보에 익숙해지고, 이를 빠르게 처리하기 위해 뇌가 선택한 적응 방식 중에 하나이다. 가장 급진적인 방식은 인터넷 기사 등을 읽을 때, 오로지 상단의 제목만으로 내용을 추측하고 최하단의 댓글을 통해 다른 사람들의 의견을 훑어보는 것이다. 많은 90년대생들은 이처럼 수많은 정보를 빠른 시간에 습득하는 방식으로 콘텐츠를 소비한다.

모바일로의 변화, 90년대생에겐 하나의 삶

2000년대부터 인터넷 사용과 함께 인쇄된 출판물을 읽는 데 투자하는 시간은 줄어들었다. 특히 신문과 잡지를 읽는 시간은 줄고 있으며 책을 읽는 시간도 마찬가지다. 인쇄물, 텔레비전, 컴퓨터, 라디오라는 네 가지 미디어 가운데 인쇄물은 사용량이 가장 적다. 물론 2000년대에도 모바일이 전 세대에 걸쳐 보급되었던 것은 사실이고, 피처폰으로도 인터넷 접속은 가능했다. 하지만 "인터넷에 잘못 접속했다고 요금 폭탄을 맞게 된 소비자"에 대한 기사들이 심심치 않게 나올 정도로 사용이 제한적이었다.

인터넷과 함께 전통 산업과 미디어는 급속하게 디지털화되기 시작했다. 모든 미디어는 인터넷을 통해 디지털 형태의 생산물을 제공하기 시작했다. 신문사들은 본격적으로 기사를 온라인으로 제공했다. 전통 산업도 인터넷으로의 확장을 시도했다. 의류나 식료품 등이 인터넷을 통해서 판매되기 시작했다. 이 시기에는 소수의 승자들이 배출됐다. 인터넷 쇼핑몰 창업으로 돈을 벌고, 억대의 돈을 버는 사람들이 등장했으며, 기존의 산업을 인터넷으로 확장하는 신규 비즈니스 모델로 돈을 버는 사람들도 등장했다.

하지만 그 수는 그렇게 많지는 않았고, 특정 산업에서 변화가 일어났을 뿐, 모든 산업이 위기를 겪지는 않았다. 전통적인 미디어라고 할 수 있는 방송과 음악, 신문 등의 시장은 축소되었지만 소멸되지는 않았다. 80년대생들은 웹서핑에 많은 시간을 보내고 있었지만, 여전히 책을 사고 잡지를 구독했다. 점점 미디어의 소비는 온라인으로 편중되긴 했지만 여전히 CD로 음악을, DVD로 영화를 구입했다. 종이신문을 구독하는 집도 눈에 띄게 줄어들지는 않았다.

하지만 2010년대에는 모바일이 그 중심이 되면서, 이전과는 꽤나 다른 양상이 펼쳐지게 되었다. 인터넷 접속이 가능한 컴퓨터 앞에 앉아야만 온라인에 접속할 수 있었던 한계를 넘어서게 된 것이다. 그렇게 한국의 모바일 주도형 생활은 전 세대에 걸쳐서 지대한 영향을 끼쳤다. 그러나 2010년부터 본격적으로 20대의 삶을 맞이하게 된 이들에 끼친 영향에 비할 바는 아니다.

아일랜드 출신 경영컨설턴트 찰스 핸디Charles Handy는 그의 저서 『코끼리와 벼룩The Elephant and the Flea』에서 "신기술의 변화는 35세가 되기 전까지는 우리를 흥분시키는 데 반해 35세 이상에겐 당황하고 난처하게 만든다"라고 했다. 이를 2010년 이후 급격한 변화에 따라 맞춰서 생각해보면, 모바일로의 급격한 변화는 70년대생들에게는 일종의 재앙과 같았고, 80년대생들에게는 일종의 도전이었으며, 90년대생들에게는 새로운 삶으로 다가왔음에 틀림없다.

15세에서 20세 사이에 겪는 생활과 가치관의 변화는 한 개인의 일생에 가장 큰 영향을 미친다. 그리고 90년대생은 10대 청소년 시기와 막 성인의 삶을 시작하는 시점에서 모바일이라는 큰 파도를 만나게 된 것이다.

더 이상 책 읽기를 할 수 없게 된 뇌

문화체육관광부가 발표한 '2017년 국민독서실태조사'에 따르면 성인 중 지난 1년간 교과서, 학습참고서, 수험서, 잡지, 만화를 제외한 일반 종이책을 1권 이상 읽은 사람의 비율이 59.9퍼센트로 나타났다. '책을 읽지 않는 한국'은 어제오늘의 이야기가 아니지만, 지난 2007년 성인 연간 독서율이 76.7퍼센트였던 것에 비교해본다면 10년 만에 무려 16.8퍼센트포인트나 줄어든 것을 확인할 수 있다. 이제 '어제 무슨 책을 읽었느냐'고 묻는 것보다 '작년에 책을 몇 권 읽었느냐'고 묻는 것이 더 자연스러워졌다. 대체 어떤 일이 일어나고 있는 것일까?

니콜라스 카Nicholas Carr는 그의 저서 『생각하지 않는 사람들The Shallows』에서 "이제 어떤 사람들에게 책을 읽는다는 것은 마치 셔츠를 직접 만들어 입거나 짐승을 직접 도살하는 것만큼이나 구식이고, 심지어는 멍청한 일로 받아들여질 것이다"라고 이야기한다. 책에 등장하는 조 오셔Joe O'Shea는 플로리다 주립대학교 학생회장 출신이다. 로즈 장학생인 그는 책을 읽지 않는다며, 대신 구글에 들어가 관련 정보를 신속히 찾는다고 말한다. 철학을 전공하는 오셔는 구글 북 서치를 통해 1~2분이면 필요한 정보를 골라낼 수 있는데, 굳이 문자로 가득한 책장을 넘길 필요를 느끼지 못한다고 말한다. 그는 "가만히 앉아서 첫 장에서 마지막 장까지 책을 읽는다는 것은 말도 안 되는 일"이라며, "시간을 효과적으로 사용하지도 못하거니와 웹을 통해서는 필요한 모든 정보를 더 빨리 찾을 수 있기 때문"이라고 말했다. 그는 또한 온라인에서 "능숙한 사냥꾼"이 되는 법을 배우면 책은 불필요하다고 주장했다.

니콜라스 카는 조 오셔를 "아마 예외적이라기보다 보편적인 인물일 것이다"라고 평가했다. 이러한 그의 평가는 정확할까? 2008년 조사 컨설팅 회사인 엔제네라nGenera는 인터넷 사용이 젊은이들에게 미치는 영향에 대한 연구 결과를 발표했다. 이 연구에서는 인터넷을 사용하면서 성장한 6,000여 명의 청소년을 넷세대Net Generation라고 이름 붙이고 인터뷰했다. 연구자는 "디지털 기기에 대한 몰입은 청소년이 정보를 습득하는 방식에까지 영향을 주었다"며, "그들은 한 페이지를 읽을 때 왼쪽에서 오른쪽으로, 위에서 아래로 읽는 방식만을 취하지 않는다. 대신 이리저리 건너뛰며 관심 있는 정보만 훑는다"고 말했다.

이처럼 새로운 세대가 기존과 다른 방식으로 책의 콘텐츠를 소비한다는 것은 한국에서만 일어나는 이슈가 아니다. 미국 듀크대학교 교수 캐서린 헤일스Katherine Hayles의 고백은 이를 다시 확인시켜준다. 그는 미국 대학생 수재클럽인 파이 베타 카파Phi

Beta Kappa에서 "더 이상 학생들에게 책 한 권을 다 읽게 할 수 없어요"라고 고백했다. 21세기가 시작되면서 인터넷은 커뮤니케이션과 정보 획득을 위한 핵심 수단으로 자리 잡았다. 그 활용 범위는 전례가 없을 정도로 넓다. 이에 따라서 우리는 기존의 정보 취득 방식을 점차 잃어버리고 "필요와 선택에 의해 정보를 모으고 처리하는 인터넷만의 고유한 속사포 모드"를 자연스럽게 체득하게 되었다.

90년대생들은 기존의 세대들과 달리 더 이상 정보를 책에서 찾지 않는다. 심지어 웹검색을 통해 정보를 찾지도 않으며, 유튜브나 소셜미디어에서 빠르게 효과적으로 정보를 찾아낸다. 하지만 유튜브를 비롯한 영상 매체와 소셜미디어는 기본적으로 반응 미디어라는 점이 하나의 문제점으로 꼽힌다. 이는 시청자가 화면으로 보고 바로 반응하도록 한다는 의미다. 니콜라스 카는 이와 같은 반응미디어가 그들의 뇌를 바꾸고 생각을 증발시킨다고 주장했다. 물론 생각을 증발시켜버렸다는 그의 주장에 무조건 동의할 수는 없지만, 그들이 생각하는 방식에 변화가 오고 있음은 분명하다.

앱 네이티브의 시대: 비선형적 사고로의 대전환

80년대생들이 주로 10대 청소년기에서 20대 청년기로 넘어오면서 인터넷을 접하고 온라인에 익숙해진 웹 네이티브Web Native였다면, 90년대생들은 이미 유아기를 넘으면서 인터넷에 능숙해지고, 20대 청년기로 넘어오면서 스마트폰을 위시한 모바일 라이프를 중심으로 두는 앱 네이티브App Native 세대라고 볼 수 있다. 웹 네이티브인 80년대생들과 앱 네이티브인 90년대생들은 사고방식에서 큰 차이를 보인다.

어렸을 때부터 인터넷이 주는 풍요를 누리고 이후 24시간 온라인에 연결되어 있는 앱 네이티브들에게는 어느 때보다 유연한 사고방식이 필요하게 되었다. 그들에게 조용하고 집중적인 기존의 선형적 사고는 구식에 지나지 않는다. 그들에게는 온라인상으로 제공되는 축약된 정보를 빠르게 흡수하고, 필요할 때 바로 찾는 비선형적인 사고방식이 중요하게 되었다. 그리고 이전의 시기로 돌아가기는 어려울 것이다. 이제 우리는 디지털 네이티브의 시작점을 알렸던 웹 네이티브를 넘어서, 그 정점을 찍고 있는 앱 네이티브 세대로 주도권을 넘기고 있다. 새로운 지적·문화적 역사를 여는 중요한 단계를 지나고 있는 것이다.

앱 네이티브인 90년대생들에게는 이젠 종이보다 모바일 화면이 더 익숙하다. 그들은 여가 시간뿐만 아니라, 학교 수업 시간 때부터 태블릿PC 등을 활용한 첫 번째 세대이다. 종이에서 스크린으로의 변화는 단순히 글이 담긴 문서를 살펴보는 방식만이 아니라 문서에 집중하는 정도에도 영향을 미쳤다. 이들은 데스크톱이나 모바일을 통해 온라인 저작물 등을 쉽고 빠르게 검색하고, 그 디지털 문서 사이를 자유자재로 넘나들 수 있다. 이러한 과정이 일상이 되면서 이들은 문서에 대한 유연하고 빠른 이동에는 익숙해졌지만 문서에 대한 집중력은 약해졌다. 특히 검색 엔진은 종종 우리가 찾는 내용과 연관이 있는 문서의 일부분이나 키워드를 보여주며 우리의 관심을 끌지만, 저작물을 전체적으로 파악할 만한 근거는 거의 제공하지 않는다. 그러니 웹에서 검색을 하면 숲을 보지 못한다. 심지어 나무조차도 보지 못한다. 잔가지와 나뭇잎만 볼 뿐이다.

게다가 모바일 화면에는 디지털 문서만 있는 것이 아니다. 이 화면은 비디오와 오디오, 검색을 위한 도구들, 수많은 앱과 위젯 등 사용자가 원하는 모든 정보를 하나로 모아서 보여준다. 이렇게 정보가 하나로 모이다 보니 집중을 방해하고, 수없이 많은 자극들은 산만함을 만들어내는 것이다. 또한 우리는 모바일을 통해 24시간 인터넷과 연결되는 생태계에 놓이게 되었다. 항상 누군가와 연락이 가능한 상태가 되면서, 항상 무언가와 연결되어 있다는 느낌을 갖고 싶게 되었다. 이는 잠시라도 연결이 끊기는 것을 두렵게 만들기도 한다. 잠시라도 모바일의 배터리가 없거나 잔여 데이터가 떨어지면 안절부절못하는 이유 중 하나다.

이러한 단절의 두려움은 기존 세대들에게는 익숙하지 않은 상황을 많이 만들어냈고, 이는 새로운 비즈니스의 기회를 만들어주기도 했다. 예를 들어 피처폰을 주로 사용하던 80년대생들이 대학생 시절 MT를 갈 때 필수 품목은 술과 음식 등이었다. 그런데 지금 더 필수적인 것은 모든 구성원들이 연결에서 단절되지 않도록 해줄 모바일 충전기와 멀티탭이다. 이러한 모습들은 우리 주변의 모든 장소에서 나타나고 있다. 요즘 음식점과 커피 전문점 등에서 모든 전기 콘센트는 전에 없는 호황을 누리고 있다. 전기 콘센트에 스마트폰을 꽂아놓고 쭈그려 앉아서 모바일 라이프를 즐기고 있는 90년대생들의 모습도 심심치 않게 발견할 수 있다.

초단편소설의 등장

90년대생들이 성인이 된 이 시대에는 문학도 '더 짧고 간단하게'를 지향한다. 이는 모바일과 온라인에 철저하게 적응해버린 90년대생들의 뇌 구조가 더 이상 기존의 소설을 소화하지 못하기 때문이다. 이렇게 등장한 것이 바로 '짧은 소설'이다. 이는 여러 이름으로 불린다. 서든 픽션, 마이크로 픽션, 마이크로 스토리, 쇼트-쇼트 스토리, 엽서소설, 프로즈트리, 플래시 픽션 등이다. 가장 대표적인 용어는 '초단편소설'이다.

초단편소설의 대표 작가로 일본에서 쇼트-쇼트short-short를 유행시키고 발전시킨 호시 신이치星新一를 들 수 있다. 쇼트-쇼트란 200자 원고지 10매 안팎의 아주 짧은 소설을 일컫는 말이다. 기존 단편소설의 분량이 원고지 50~100매 정도였던 것을 감안

하면 매우 짧은 분량이다. 쇼트-쇼트의 특징은 주로 짧은 한 가지 사건을 통해 의미 있는 이야기를 한다는 데에 있다. 그래서 인물의 성격이나 고뇌보다는 하나의 짧은 사건이 던져주는 상징에 더 많은 무게를 두는 경향이 있다.

2014년 7월 국내에도 초단편소설이 등장했다. 페이스북에 사회비판적인 짧은 소설을 올리던 장주원 씨는 그의 글 69편을 모아서 『ㅋㅋㅋ』라는 소설집을 출판했다. 기존의 국내 단편소설은 원고지 80매 정도였지만, 그의 단편은 고작 원고지 6~7매 정도다. 물론 작가는 이렇게 짧은 글을 올릴 수밖에 없었던 이유를 '순전히 무언가에 진득하게 매달리지 못하는 타입'이기 때문이라고 말하고 있지만, 이 책이 국내에서 초단편소설의 시작을 알린 것은 분명하다.

해학과 풍자가 가득한 그의 글이 초단편소설이라는 이름을 달고 책으로 출간되기까지는 그를 SNS 스타 작가로 만든 페이스북 친구들이 있었다. 물론 그의 페이스북 친구들은 80년대생들과 90년대생들이 대부분이다. 그의 글은 특유의 해학을 담아 재미도 있지만, 무엇보다 중요한 점은 짧은 글이라는 것이다. 만약 애초 그의 페이스북 담벼락에 올라온 글들이 스크롤의 압박을 안 겨주는 글이었다면 재미의 유무를 떠나서 많은 사람들에게 읽히지도 못했을 것이다.

이제 이와 같은 초단편소설들이 한 편 한 편씩 모여 하나의 서비스가 정착되기도 하였다. 2017년 스튜디오봄봄은 네이버 책

문화판 모바일과 판다플립 서비스 홈페이지에서 '초단편 서비스'를 정식 출시했다. 이곳에는 3분 안팎에 읽을 수 있는 2,000자 분량의 초단편소설이 연재된다. 조남주, 장강명, 성석제, 손보미, 김연수, 천명관, 듀나, 배명훈, 김사과, 남궁인 등 주목할 만한 작가들이 참여해 초단편소설을 선보인다.[41]

앱 네이티브의 시대, 책은 종말할 것인가?

서기 105년에 발명된 종이는 지금까지 2,000년 가까이 인류와 함께하고 있다. 하지만 이는 동서를 막론하고 일부 지식층과 권력층에 집중되어 있었으며, 이들은 오랜 기간 동안 책을 일반인들에게 감추려 노력해왔다. 쓰고 읽는 것이 소수의 사람들에 의해서 독점되는 시대에는 진실이 숨겨지고 거짓된 이야기와 근거 없는 신화가 판을 쳤다.

서양의 경우, 오랜 기간 성경은 라틴어처럼 일반인들이 읽기 어려운 언어로 쓰였고 모든 성경이 집대성되어 출판되지 않았던 시절에 성직자들은 자신들이 하는 말은 뭐든지 성경에 나온다고 말할 수 있었다. 배우지 못한 사람들은 성경을 읽을 수도 없었다. 그러다가 출판이 보편화되고 독일어 같은 일반 언어로 성경이 번역 출판되자 기독교는 혁신을 피할 수 없었다. 마틴 루터는 1517년에 95개조 반박문을 써서 종교개혁을 촉발했고, 이 글은 2주 만에 유럽 전역에 퍼졌다. 구텐베르크가 발명한 인쇄술이 보편화되지 않았더라면 가능하지 않았을 일이다. 이후 인쇄술의 발달로 인하여, 인류는 점차 책에 익숙해지게 되었다.

그러다 책은 19~20세기에 걸쳐서 강력한 위협을 받게 된다. 그 위협이란 신문, 축음기, 텔레비전, 영화, 인터넷의 등장 등이었다. 19세기 초 신문은 대중적으로 퍼졌고, 런던에서만 100개가 족히 넘는 신문이 발행되었다. 많은 사람들은 책이 사라질 위기에 처했다고 여기기에 이르렀다. 하지만 그 생각들은 잘못되었음이 판명되었다. 토머스 에디슨이 축음기를 발명했을 때도 책이 곧 사라질 것이라는 믿음은 가득했다. 하지만 책은 신문을 극복했듯 축음기를 극복해냈다. 듣기는 읽기를 대체하지 못했다. 에디슨의 발명품은 시나 산문을 읊는 것보다는 음악을 연주하는 데 사용되었다. 텔레비전과 영화 또한 마찬가지였다.

21세기 구텐베르크 혁명이라고 불리는 전자책이 등장했을 때, 기존의 종이책이 사라진다고 생각한 사람은 극히 드물었다. 전자책은 전용단말기, PC, 휴대폰 등을 통해 읽을 수 있도록 디지털화된 도서나 문서, 혹은 독서 전용단말기를 일컫는다. 인쇄되어 가지런히 묶인 종이들은 500년 넘게 대중적인 위치를 지켜온 놀랍도록 견고하고 유용한 기술로 인정받아왔다. 그러다 보니 종이의 생명력이 향후 수백 년 이상 이어지리라는 '종이 맹신자' 또한 적지 않았다.

사실 모든 대중매체 중에서 인터넷의 영향을 지금까지 가장 잘 버텨낸 것이 책일 것이다. 인터넷의 등장 이후, 읽기 대상이 인쇄된 종이에서 스크린으로 넘어가면서 책 출판인들은 약간의 수익 감소는 겪었을 테지만, 책의 형태는 그리 크게 변하지 않았다. 디지털 시대로의 전환에 있어 유독 책은 그 속도가 느렸다. 무엇보다 읽는 도구로서 책은 컴퓨터에 비해 몇 가지 강점을 가지고 있다. 먼저 모래가 묻을 걱정 없이 해변에 들고 갈 수 있다. 졸다가 바닥에 떨어뜨려도 걱정도 없고 잠자기 전 침대에 들고 갈 수 있다. 커피를 쏟을 수도 있고 깔고 앉아도 무방하다. 테이블 위에 읽던 페이지 그대로 두었다가 며칠 뒤에 다시 집어 든다 해도 그 상태대로 있다. 콘센트를 꽂아야 하거나 배터리가 방전될 걱정을 할 필요도 없다.

또한 종이에 검은색 잉크로 찍힌 문자들은 깜빡이는 스크린 위에 여러 개의 픽셀로 만들어진 문자보다 읽기가 편하다. 온라인에서는 잠시만 읽어도 눈에 피로를 느끼지만 책으로는 수십 장 또는 수백 장을 읽어도 끄떡없다. 페이지도 더욱 빠르고 유연하게 넘길 수 있다. 따라서 수많은 사람들은 비록 전자책이 책과 비슷한 느낌을 주기 위해 갖은 노력과 효과를 첨가했음에도 불구하고, 여전히 책의 느낌이 들지 않는다고 말한다. 책은 모서리에 메모를 할 수도 있고 감명 깊게 읽은 부분에 밑줄을 칠 수도 있다. 책 앞면에 저자의 사인을 받을 수도 있다. 책꽂이에 꽂아 빈 공간을 채울 수도 있고, 친구에게 빌려줄 수도 있다.

이렇게 수년 동안 전자책에 대한 다소 과장된 반응이 존재해왔음에도 대부분의 사람들은 전자책에 큰 흥미를 보이지 않고 있다. 구식 책을 사고 읽는 것이 손쉽고 또 즐겁다는 점을 고려할 때 특정한 목적을 위한 '디지털 리더기'에 수백 달러를 투자하는 것은 멍청한 일인 것처럼 여겨왔다.

하지만 미래에도 책이 디지털 미디어 혁명에서 비켜나 있지는 않을 것이다. 출판사와 유통업자들도 디지털 생산과 유통에 따른 경제적 이득을 다른 미디어 회사들이 그랬던 것만큼이나 거부할 수 없을 것이다. 그 이득이란 잉크와 종이를 대량으로 구매하지 않아도 되고, 인쇄 비용이 들거나 트럭에 무거운 책들을 실어 보낼 필요도 없으며, 재고 문제도 없다는 것이다.

비용 절감은 곧 가격 하락으로 이어진다. 전자책이 인쇄된 책의 절반 가격에 판매되는 상황이 드문 일은 아닌데, 이는 일정 부분 전자책 리더기 생산 업체들에 주어지는 보조금 때문이기도 하다. 이 엄청난 할인 혜택은 사람들이 종이에서 픽셀로 옮겨 가도록 하는 강력한 유인책으로 작용했다.

구텐베르크의 발명으로 대중화된 깊이 읽기의 관행은 점차 사라지고, 소수의 엘리트만의 영역이 될 가능성이 크다. 다시 말해 우리는 역사적인 표준으로 되돌아가게 될 것이다. 노스웨스턴대학교 교수 그룹은 2005년 《Annual Review of Sociology》에서 우리의 독서 습관에 있어 최근의 변화들은 '대중적인 독서의 시대'가 우리 지적 역사에 있어 짧은 '예외'였음을 암시한다고 썼다. 대중적인 독서는 예전의 사회적 기반, 즉 독서 계층이라 부를 수 있는 소수의 것으로 돌아가고 있다는 것이다. 장대익 서울대 교수가 2017년 국회에서 발표한 「독서와 시민의 품격」에서도 이와 비슷하게 사람의 뇌는 본래 독서에 적합하게 진화하지 않았다고 하였다. 독서는 비교적 최근에 생겨났기 때문이다. 진화론적으로 반드시 필요하지 않은 독서를 사람들이 계속하는 이유는 독서가 가져다주는 이득 때문일 뿐이라는 것이다.

아마존의 최고 경영자인 제프 베조스Jeff bezos는 킨들을 소개할 당시 스스로를 찬양하는 듯이 말했다. "책과 같이 매우 진화한 물건을 택해 개선하는 것은 참으로 진취적인 일이다. 이것은 사람들이 읽는 방식까지 바꿀 것이다." 이는 거의 확실하다. 사람들이 읽고 쓰는 방식은 이미 인터넷을 통해 바뀌었다. 그리고 이 변화는 글이 인쇄된 종이에서 빠져나와 기술의 생태계 속에 정착됨에 따라 계속될 것이다.

4장
90년대생의 두 번째 특징: 재미있거나

기승전병, 새로운 병맛 문화의 출현

90년대생의 두 번째 특징은 바로 '재미'다. 80년대생 이전의 세대들이 소위 '삶의 목적'을 추구했다면, 90년대생들은 '삶의 유희'를 추구한다. 이들은 내용 여하를 막론하고 질서라는 것을 답답하고 숨 막히는 것이라고 생각한다. 그러다 보니 질서를 요구하거나 진중해지는 모습을 보면 바로 "어디서 진지국 끓이는 소리가 들리는데?"라며 응수한다. 진지한 척하지 말라는 의미다. 문화 현상이라고 불릴 정도로 이들이 재미를 중시한다는 것을 보여주는 사례는 많다. 그리고 그 사례들은 90년대생들이 이 세상을 어떤 방식으로 살고 있는지 보여준다.

대표적인 사례가 '기승전병'이다. 기승전병이란 기승전결起承轉結에 '병맛'이라는 신조어가 결합된 또 다른 신조어다. 병맛이란 대체로 어떤 대상이 '맥락 없고 형편없으며 어이없음'을 뜻하는 신조어다. 주로 대상에 대한 조롱의 의미를 내포하고 있다. 인터넷상에서 병맛의 개념을 가장 널리 표방하는 방식은 웹툰으로, '병맛 만화'로도 불린다. 병맛 만화의 특징은 대충 그린 듯한 그림체, 비정상적인 이야기 구성 및 내용이다. 그러니 기승전병을 말 그대로 해석하면 이야기가 시작되고 전개되다가 절정 및 새로운 전환을 보여주고, 병맛스러운 결말을 짓는다는 뜻이다.[42]

병맛은 처음에 디시인사이드의 카툰-연재갤러리에서 생겨난 말로, 시초는 카연갤에서 '정재황'이란 만화를 연재하던 '무악공고'다. 점차 '카연갤 병맛 본좌'로 불리는 '잉위'에 의하여 발전된다. 처음엔 '병신 같으나 재미있다'는 뜻으로 쓰였으나, 병맛 만화들이 늘어나게 되면서 부정적 의미가 강해졌다. 이후 네티즌들은 인터넷상에 올라온 다양한 창작물뿐 아니라 기사, 칼럼 등이 수준 이하라고 생각되면 이 말을 사용했다.

병맛이라는 개념이 유행하게 된 이유를 완전무결함만 살아남는 답답함에서 벗어나고자 하는 욕구와 스스로를 패배자라고 인식하는 사람들의 증가라고 보는 시각이 있다. 경기침체로 자기 비하에 빠진 청년층이 스스로를 병맛으로 규정하기 때문이라는 것이다. 획일화된 기성품만을 내놓는 교육 제도에 대한 반동 또는 일반적이지 않은 자신의 취향에 대한 소극적인 표현이라는 분석도 있다. 또한 1980년대까지는 비범한 인물의 성공 스토리가 공감을 얻어냈다면, 2000년 이후는 패배의식을 지닌 청년들의 정서를 반영하는 병맛 개념이 공감을 얻어내고 있다는 주장도 있다.

그러나 그 이유가 무엇이든, 중요한 것은 초기에 만화와 인터넷 커뮤니티에 한정되던 병맛 문화가 빠르게 주류 문화로 편입되고 있다는 것이다.

90년대생의 새로운 능력: 드립력

'드립' 혹은 '개드립'이란 단어에 익숙한가? 이 말은 주로 임기응변이라는 의미로 사용되는 애드리브ad lib가 변형된 인터넷 은어다. 본래 이 단어도 '자유롭게'를 의미하는 라틴어 아드 리비툼 ad libitum을 줄인 단어다. 드립 역시 디시인사이드에서 나온 단어로서, 부정적인 의미의 즉흥적 발언을 뜻한다.

드립이라는 표현은 이제 더 확장되어 '특정한 상황이나 행동에 대한 발언'이라는 의미로 접미사처럼 쓰인다. 어떤 대상에 대해 하는 헛소리나 실언, 막말이라는 뜻까지 포함한다. 이 말의 효용은 계속 넓어져 많은 90년대생들은 실생활에서도 이 단어를 쓰고 있다. 그러다 보니 '드립력'이라는 신조어도 등장했다. '드립을 치는 능력'을 뜻한다. 이는 일종의 개그 능력이라고 볼 수 있는데, 기존의 개그 능력이란 것이 단순히 남을 웃기는 능력을 뜻했다면, 드립력은 그 상황에 어울리는 짧은 말이나 글로써 촌

철살인의 웃음을 주는 것이라고 말할 수 있다.

대표적인 사례가 나무위키다. 20세기 백과사전의 대명사로 불리던 '브리태니커'를 21세기가 시작되자마자 역사의 뒤편으로 보내버린 것은 바로 인터넷 기반 개방형 백과사전인 '위키피디아'였다. 위키피디아는 집단지성의 강력함을 보여주었고 인터넷의 상호 협력적인 지식의 생산 방식으로 기존의 막대하고 웅대한 역사를 가진 백과사전을 압도할 수 있다는 사실을 보여주었다.

하지만 90년대생들에게는 한국판 위키피디아가 인기가 없다. 간단히 말해서 재미가 없기 때문이다. 그들에게 필요한 것은 단순한 정보가 아니다. 하지만 위키피디아는 기본적인 정보의 전달에 충실하고 개인적인 견해 서술이 금지되어 있다. 이와 반대로 개인적인 견해가 기본적인 정보에 덕지덕지 붙어 있는 위키가 있으니 바로 한국의 '나무위키'다.

나무위키는 2007년 3월 1일 엔하위키라는 이름으로 태어났다. 엔하위키는 일본 애니메이션 〈건담〉 팬들의 커뮤니티 사이트인 '엔젤하이로'의 산하 위키 사전에서 출발했다. 처음에는 일본 애니메이션 등 하위문화 분야의 정보 사이트로 출발해 점차 과학·학술·시사 등 여러 분야를 다루는 대안 사전으로 자랐다. 그렇게 출발한 나무위키는 10년이 지난 2017년 국내 인기 웹사이트 순위에서 11위를 차지하면서 33위인 한국판 위키피디아를 크게 앞질렀다. 그래서 요즘은 구글이나 네이버 등 사용자 선호도를 반영하는 포털사이트 검색창에서 특정 키워드를 검색하면,

위키피디아보다 나무위키가 상단에 위치하는 경우가 많다.

엔하위키는 말장난 등 농담을 섞어 쓰는 특유의 서술 방식으로, 딱딱한 설명을 싫어하는 독자층을 대거 선점했고, 다양한 마니아층이 글을 쓰고 내용을 업데이트하면서 콘텐츠 규모가 금세 커졌다. 2012년 리그베다 위키로 명칭을 바꾸면서 종합 사전으로서의 성격이 강해졌다. 문학·국제·역사·정치·시사·교육 등 정규 백과사전이 도맡던 영역까지 대거 항목을 확장했다.[44]

나무위키는 스스로를 오타쿠 관련 정보와 트리비아(하찮고 쓸데없는 것)로 가득 찬 공간으로 정의하고 있다. 그 말처럼 누가 보기에 이곳은 '쓸데없는 곳'이다. 그리고 하위문화와 관련한 정보 외의 것들은 신뢰하지 못할 내용으로 가득하다. 서술 규정 또한 느슨하기 때문에 정보의 편향성에서도 자유로울 수 없다. 하지만 90년대생들은 이 '쓸데없는' 공간인 나무위키를 즐긴다. 그들에게 이 공간은 정보의 곳간인 동시에 오락거리를 제공하는 유희의 공간이다.

일반인들이 본인의 드립력을 만방에 보여주고, 이를 통해 모두의 즐거움을 나눌 수 있는 새로운 형태의 드립 저장소도 있다. 바로 페이스북 페이지 '제목학원'이다. 이 페이지는 70만 개의 좋아요(2018년 기준) 수를 자랑하는 페이지로 특정 짤에 페이스북 회원이 직접 댓글로 이에 어울리는 제목을 단다. 페이지에서 최고의 드립력을 선보인 댓글은 선정되어 모두에게 공유된다. 이렇게 지어진 센스 있는 짤에는 친구를 태그하여 속 깊은 한 마디를 해주기도 한다.

　제목학원의 인기는 다른 온라인 매체에도 영향을 끼치고 있다. 《대학내일》에서는 '대학내일 제목왕'이라는 코너를 신설했다. 대학내일 페이스북에서 '제목 아이디어' 게시물에 댓글을 달면, 가장 재치 있는 제목을 달아준 3명에게 선물을 주고 이를 지면에 실어준다. 해당 코너의 설명에 따르면 대학내일 에디터들도 제목학원에 댓글을 등록한다. 제목에 대한 고뇌의 과정은 기자들도 예외가 아닌 것이다. 센스 있는 제목을 찾지 못해 기사를 다 써놓고도 마감 버튼을 누르지 못하는 경우가 허다하다고 하니 말이다.

현실 세계로 넘어온 병맛 문화

　웹툰과 온라인 커뮤니티에서 시작한 병맛 문화는 이제 오프라인으로 확장되고 있다. 가장 먼저 영향을 받은 것은 그들이 주로 활동하는 대학교였다. 학교 게시판의 동아리 신입생 모집 포스터들은 인터넷상의 유명한 짤을 패러디하는 경우가 많았다.

　"병맛 포스터 같은 것들은 몇 년 전부터 계속 유행이었죠. 이젠 너무 많아서 웬만한 병맛은 크게 눈길도 안 가요. 올해 동아리 모집은 죄다 병맛으로 물들었더라고요!"

서강대학교 4학년에 재학 중이던 김모 씨의 말이다. 이와 같은 병맛은 동아리 홍보물뿐 아니라 각종 과제물에도 광범위하게 퍼졌다. 이를 바라보는 시선도 부정적이지 않다. 단지 그 수가 너무도 많아 수위가 낮으면 눈길을 끌지 못할 뿐이다. 이 대학생들은 취업 준비생이 되고, 점차 사회에 유입되면서 병맛 문화를 조직에도 퍼뜨렸다.

2014년 하반기에는 한 기획업체의 공고가 화제가 되었다. 인사 담당자가 아닌 기획운영팀장이 직접 올렸다고 하는 이 공고는 '병맛 채용 공고'라는 제목으로 여러 온라인 커뮤니티와 블로그에 게재되었다. 물론 이러한 공고로는 제대로 된 인재를 뽑을 수 없다는 반대도 만만치 않았지만, 많은 취업 준비생들은 솔직한 형식의 공고가 입사 욕구를 끌어올렸다고 평가했다.

이 회사는 '신입부하'라는 용어에서부터 범상치 않음을 드러내면서, 우대조건에 '돈까스 좋아하는 분, 순대국 좋아하는 분, 카레도 좋아하면 더 좋음'과 같은 황당한 조건들을 나열했다. 담당 업무에서도 마케팅 컨설팅, 광고 컨설팅, 고객관리, 영업관리 등 일반적 업무 영역에 단전호흡, R&B 소울 같은 항목을 은근슬쩍 끼워 넣고, 접수 방법에는 채용사이트 온라인 입사지원과 함께 '텔레파시(가능한 분들에 한함)'를 기재하는 드립력을 선보였다. 해당 회사는 이러한 재기발랄한 채용 공고로 작은 규모와 낮은 인지도에도 많은 이들의 지원을 이끌었다.

자아실현을 기본 욕구로 보았던 매슬로

미국의 심리학자 에이브러햄 매슬로Abraham H. Maslow는 욕구 5단계설을 주창했다. 인간의 욕구는 타고난 것이라고 보고, 그 욕구를 강도와 중요성에 따라 5단계로 분류한 이론이다. 이론에 따르면 계층적으로 배열된 욕구 단계에서 하위 단계의 욕구가 충족되어야 상위 단계의 욕구가 발생한다.

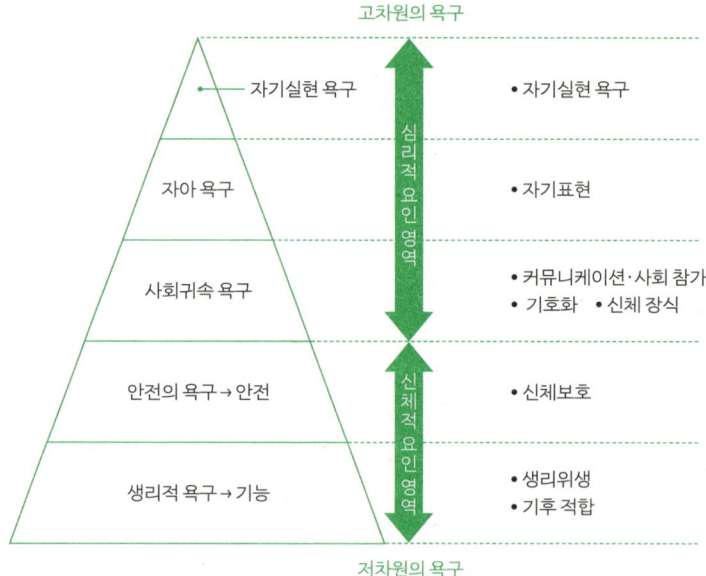

매슬로의 욕구 5단계설

5단계 중에서 1, 2단계는 신체적 영역에 해당한다. 1단계 욕구는 생리적 욕구로 먹고, 자고, 종족을 보존하는 등 최하위 단계의 욕구이고, 2단계 욕구는 안전에 대한 욕구로 추위, 질병, 위험 등으로부터 자신을 보호하는 욕구이다. 장래를 위해 저축하는 것도 안전에 대한 욕구의 표출이라 할 수 있다.

　반면 3단계부터 5단계까지는 심리적 요인 영역에 해당한다. 3단계 욕구는 애정과 소속에 대한 욕구로 가정을 이루거나 친구를 사귀는 등 어떤 단체에 소속되어 애정을 주고받는 욕구이다. 4단계 욕구는 자기존중의 욕구로 집단의 구성원으로 명예나 권력을 누리려는 욕구이다. 5단계 욕구는 자아실현의 욕구로 자신의 재능과 잠재력을 충분히 발휘해서 자기가 이룰 수 있는 모든 것을 성취하려는 최고 수준의 욕구이다. 자신의 잠재력을 발휘해서 최선을 다하는 것은 자아실현 욕구의 표출이다.

　이 욕구단계설은 전 세계적으로 지난 50여 년간 신봉되어온 이론이었다. 국내 대학의 교육 또한 이와 크게 다르지 않아서, 교양이나 경영학, 심리학, 교육학의 조직행동이나 인사관리 과목에서 매슬로의 이론을 자연스럽게 가르친다.

　하지만 대부분의 사람들은 매슬로가 말년에 이러한 자신의 주장을 바꿨다는 사실을 모른다. 욕구단계설에서 자아실현의 욕구를 가장 꼭대기에 올려놓았던 매슬로는 말년에 인생 최고 경험을 '자기초월', 즉 자아보다 더 높은 목적을 위한 삶에서 찾았다.

재미를 통한 자아실현이 기본이 된 90년대생들

　90년대생들에게 매슬로의 가장 기본적인 욕구인 생리적 욕구와 안전에 대한 욕구는 너무도 당연한 것이어서 욕구라는 이름을 붙일 것도 없는 단계로 넘어왔다. 90년대생들에게 자아실현의 즐거움은 가장 기본적인 욕구 단계로 들어왔다.

　국내 한 유명 정육점에는 자그마한 설명이 붙어 있다. "산업혁명 이후 식량 생산량이 폭발적으로 증가한 후 인류 최대의 고민거리는 바로 '오늘 뭐 먹을까'이다. 그리고 언제나 최선의 해답은 고기이다." 이를 현대 직장인들에게 대입해보자. 현대 직장인의 지상 최대 고민은 정확히 다시 고쳐 말하면 '오늘 점심은 뭐 먹지?'이다. 그러나 그 고민의 중심은 '끼니를 때울 수 있을까?'가 아니다. 우리는 더 이상 배고픔을 달래기 위해서 식사를 하지 않는다. 무엇을 먹어서 즐거울지가 중요한 것이다. 그리고 이와 같은 경향은 새로운 세대로 넘어갈수록 더 두드러진다.

　최근 유행하는 '먹방'과 '맛집 투어'도 같은 맥락이다. 먹방은 '먹는 방송'의 줄임말로, 배우 하정우가 영화 〈황해〉에서 김을 먹음직스럽게 먹는 장면이 그 시초이며, TV의 여러 프로그램에서 맛있는 음식을 맛깔나게 먹는 장면들이 인기를 끌면서 발전을 이뤘다. 지금은 방송뿐 아니라 '먹짤' 등으로도 발전하였으며, 먹음직스러운 음식이나 식욕을 자극하는 사진들은 영어로 'Food Porn'이라고도 불린다.

중요한 것은 이러한 맛집 투어와 먹방을 즐기는 새로운 세대들의 기본적인 욕구가 자아실현 욕구와 맞닿아 있다고 볼 수 있다는 것이다. 기존 세대들은 특히 카메라 앞에서 누가 음식을 먹고 있는 장면을 보고 대리만족을 하는 모습을 이해할 수 없었다. 하지만 90년대생들은 이렇게 '먹는 행위'를 단순히 배를 채우는 행위를 넘어선 일종의 유희로 보기 때문에 이러한 모습을 보고 대리만족을 느낀다고 이야기한다.

90년대생들의 의식은 기본적인 자아실현의 충족을 위해 힘쓰는 '유희 정신'에 기울어져 있다. 이념적 세계보다 연극적 세계가 더 중요하다. 물론 이들도 앞선 세대들과 마찬가지로 적자생존의 경쟁이 치열한 세상에서 살아가야 한다는 사실에는 변함이 없다. 그러나 이전 세대들과 다른 욕구를 가지고 있다는 점, 유희를 추구하며 살아간다는 점은 이들의 세계를 다르게 만든다. 이들은 스스로를 어떤 세대보다 자율적이고 주체적이라고 생각하고 살아갈 것이다.

90년대생의 세 번째 특징: 정직하거나

공무원 시험을 준비하는 또 하나의 이유

90년대생을 대표하는 마지막 특징은 '정직함'이다. 사실 정직함은 예부터 이어져 내려온 보편적인 가치 중 하나로 특히 신세대를 지칭하는 표현 중 하나였다. 하지만 90년대생들에게 정직함이란 기존 세대의 정직함과는 그 성격이 다르다. 그들이 이야기하는 정직함이란 성품이 정직하다거나, 어떤 사실에 대해 솔직하거나 순수하다는 'Honest'와 다르다. 나누지 않고 완전한 상태, 온전함이라는 뜻의 'Integrity'에 가깝다. 그들은 이제 정치, 사회, 경제 모든 분야에서 완전무결한 정직을 요구한다. 당연히 혈연, 지연, 학연은 일종의 적폐다.

작년까지 기업체 취업을 준비하다가 올해부터 방향을 바꿔 노량진에서 공무원을 준비하고 있는 전모 씨(1993년생)는 최근 언론을 통해 불거진 공기업과 은행권의 채용 비리 관련 기사들을 보고 자신의 선택에 더욱 확신을 가지게 되었다고 한다. 그는 공개채용에 대한 신뢰가 사라졌다며 자기와 같은 보통의 존재가 정직하게 노력해 인정받을 수 있는 방법은 공무원밖에 없다고 결론을 내렸다.

소위 공채는 우리나라에서 주된 채용 방식으로 활용되는데 국제적으로 보았을 때는 상당히 희귀한 형태다. 주요 선진국을 보더라도 우리나라 이외에 대규모 공채를 통해서 신입 직원을 채용하는 나라는 일본뿐이다.[45] 미국과 독일 같은 경우는 인력이 필요할 경우 수시로 채용한다. 한국과 같이 업무상 필요와 무관하게 지원자 모두를 모아서 지필고사를 실시하는 사례는 찾기 힘들다.

우리나라에서 공채가 최초로 실시된 것은 1957년 삼성물산공사(현 삼성물산)였다. 중요한 것은 당시 제도 도입의 목표가 '학연·지연·혈연을 배제한 공정한 인사 제도'였다는 사실이다.[46] 이 말은 공채란 원래 투명성을 전제로 운용되어야 한다는 것이다. 이런 상황에서 최근 지속적으로 고개를 들고 있는 우리나라의 심각한 채용 비리는 90년대생들에게 상대적 박탈감과 더불어, 공채 제도 자체에 대한 신뢰를 잃게 만들었다.

앞서 보았듯 90년대생들이 공무원을 원하는 이유는 많지만, 또 하나의 중요한 이유는 완전무결한 정직을 요구하고 있는 새로운 세대에게 유일하게 남아 있는 공정한 채용 시스템이라는 점이다. 이처럼 90년대생들이 정직함을 요구하는 대상은 특정 개인에서 그치지 않는다. 그들은 정직함을 담보할 수 있는 시스템을 요구한다.

그들이 학종에 분노하는 이유

2018년 수험생과 그들 학부모를 떠들썩하게 만들어놓은 '서울 S여고 쌍둥이 전교 1등' 사건을 잠시 살펴보자. 2018년 7월 중순에 치러진 S여고의 2학년 1학기 기말고사에서, 시험지 검토 및 결재 권한을 가진 해당 학교 교무부장(미술 교사)의 두 딸이자 2학년 문·이과 재학생인 쌍둥이 자매가 나란히 전교 1등을 차지했다. 사건의 쟁점은 당사자인 교무부장이 자신의 쌍둥이 딸들을 위해서 시험지를 유출했느냐 여부였다. 하지만 사실 해당 사건에 대한 젊은 세대의 분노의 이면에는 바로 '학생부종합전형(이하 학종)'이라는 대학 입시 방식이 있다.

학종의 원래 이름은 '입학사정관제'로 본래 수능시험 위주의 대입 제도를 고치고 공교육을 살리자는 취지에서 2007년 처음 시행된 제도이다. 하지만 학교 외부에서 상을 남발하는 등 비리가 커지자 2013년 명칭을 바꾸고 평가 내용을 고교 교육과정 내 활동으로 제한했다. 학교 밖의 수상 실적은 기재를 금지했다.[47] 그러자 일선 고교에서는 각종 대회를 만드는 방식으로 제도를 변질시켰다. 국회에서 한 의원이 발표한 '2016년 고교별 교내 상 수여현황'에 따르면 한 해에 교내 대회를 단 한 차례도 열지 않은 학교(전국 5곳)가 있는 반면, 글쓰기나 영어 논술 등의 대회를 224차례나 열어 상을 수여한 곳도 있었다. 편차가 커진 것이다. 경기도의 한 고등학교는 2017년 총 104회의 교내 대회를 개최해 6,364명에게 상을 수여해 가장 많은 수를 기록하기도 했다. 또 한 부모의 개입까지 늘어나 교수인 부모가 자신의 논문에 자녀를 공저자로 등록하는 경우가 발생하기도 하였다. 도입 취지가 사라진 학종은 깜깜이 전형, 로또 전형 등을 넘어서 '현대판 음서제'라고까지 불린다.

하지만 수많은 문제점에도 불구하고 여전히 학종은 건재하다. 서울대를 비롯한 상위권 대학이 이 방식을 선호할뿐더러 2019학년도에는 무려 대학 신입생 4명 중 1명(24.4퍼센트)을 학종으로 선발한다. 그래서 많은 학생들은 '정시(수능 상대평가) 100퍼센트 반영', '학생부종합전형 폐지'를 외친다. 두 가지 이유에서다. 학종을 못 믿겠다는 것과 있는 자에게만 유리하다는 것이다. 그들에게는 온전한 정직함을 담보하지 못할 대안은 없는 편이 낫다.

신뢰의 시스템화

2017년 대한민국을 코인 광풍으로 이끈 비트코인의 시작은

2008년 미국 금융위기로 거슬러 올라간다. 중앙에서 발행한 법정화폐와 금융시스템에 대한 신뢰가 붕괴되었기 때문이다. 미국 금융위기를 해결하기 위해 미국 연방준비위원회는 대규모 양적완화를 실시했다. 이에 유일하게 달러를 공급할 수 있는 당시 연방준비은행을 더 이상 신뢰할 수 없다고 생각한 사토시 나카모토中本哲史는 2008년 10월에 「Bitcoin: A Peer-to-Peer Electronic Cash System」이라는 논문을 통해 탈중앙화된 화폐를 세상에 알리게 되었다.

비트코인의 핵심 기술인 블록체인Block-chain은 비트코인에 대한 부정적인 여론 때문에 거부감을 일으키는 단어가 되었지만, 블록체인이라는 기술에 담긴 의미는 '해킹을 당하거나 조작할 수 없는 신뢰'이다. 그래서 블록체인은 종종 '트루스 머신Truth Machine'으로 불리기도 한다.[48] 중앙화된 기술이나 재화, 서비스는 언제든 조작되거나 신뢰가 깨질 수 있으므로, 신뢰를 강제하는 블록체인 기술은 각광받았다.

여기서 중요한 것은 코인 광풍의 교훈이나 4차 산업혁명과 관련된 논의보다 새로운 세대가 블록체인이라는 기술을 통해 어떠한 가치를 얻고자 했느냐다. 90년대생들에게 이제 정직함과 신뢰는 말로써 약속되어야 할 것이 아니다. 명문화되거나 강제되어야 하는 것이다. '신뢰의 시스템화'를 원하는 것이다.

앞서 언급한 '서울 S여고 쌍둥이 전교 1등' 사건에서도 "교무부장과 쌍둥이에게 제대로 된 처벌을 내리라"는 여론도 있었지만, 그만큼 "신뢰받는 시스템을 구축하라"는 목소리도 컸다. 교사와 자녀가 동시에 같은 학교에 다닐 수 없는 시스템을 만들라는 것이다. 가까운 친척끼리 같은 관청에 근무하지 못하게 하고, 고향에서 근무하지 못하게 했던 고려와 조선 시대의 상피제相避制처럼 말이다.

앞으로 이러한 신뢰의 시스템화 요구는 점차 커질 것이다. 그 범위도 진학과 취업을 넘어서 사회 전방위적으로 확대될 것이다. 실제로 최근에는 올림픽과 월드컵과 같은 대형 스포츠 이벤트에서 선수 선발 시 '인맥 논란'이 일곤 한다. 선수 선발에 공정성을 기하기 위한 신뢰의 시스템이 요구되는 것이다. 이는 철저한 선수 기록 통계와 데이터 등을 통해 모두가 납득할 수 있는 선발 방식으로 이어질 것이다.

또한 신뢰의 시스템화는 스타트업 업계에서 새로운 비즈니스의 기회를 만들어내고 있다. 예를 들어, 부동산 거래에 있어서 신뢰가 있는 지수는 '나는 이 가격에 집을 팔고 싶다', 혹은 '사고 싶다'와 같은 호가가 아니라 실제 거래 가격이다. 실제로 '호갱노노'라는 애플리케이션은 호가를 기준으로 한 부동산 거래가 아닌 실제 거래 가격을 기준으로 부동산 거래 플랫폼을 만들었다. '집 구할 때 호구가 되지 말자'를 캐치프레이즈로 삼고 있는 호갱노노는 허위매물로 이용자들이 겪는 불편을 해결하자는 취지에서 서비스를 시작했다. 호갱노노가 네이버 부동산이라는 강력한 경쟁자와 직방이나 다방과 같은 부동산 정보 서비스 사이에서 성공할 수 있었던 것은 바로 이러한 신뢰도 높은 데이터 덕분이었다(2018년 4월 호갱노노는 직방에 인수합병 되었다).

또한 '화장품을 해석하다'를 줄인 모바일 애플리케이션 '화해'는 한국에서 출시된 화장품들의 제품 정보와 화장품에 포함된 전체 성분을 보여준다. 검색창에 제품명을 검색하면 제품이 함유하고 있는 성분과 그 위험도에 대해 알려주며, 20가지 피해야 할 성분과 알레르기 유발 성분을 중점적으로 다룬다. 이를 통해 젊은 세대의 폭발적인 반응을 이끌어낸 화해는 다운로드 600만 건, 월 사용자 120만 명에 달하는 국내 최대 화장품 정보 제공 플랫폼으로 성장했다. 화장품을 구매하기 전에 꼭 화해를 참조한다는 대학생 윤모 씨(1996년생)는 "기존에 화장품을 쓸 때는 피부 트러블이 일어나도 정확한 정보가 없으니, 단순히 브랜드만을 믿고 구매를 했다. 이제는 정확한 정보를 통해서 믿고 구매할 수 있어서 좋다. 여기에 추가적으로 화장품 관련 리뷰를 비교해가면서 구매할 수 있다는 것도 좋다"라고 말했다.

물론 위에서 언급한 몇몇 서비스들이 계속해서 소비자들의 사랑을 받으리라는 보장은 없다. 하지만 90년대생들이 원하는 완전무결한 정직의 감성을 제대로 건드리는 방식이 하나의 성공 포인트로 떠올랐다는 점은 부인하기 어렵다.

진실의 순간을 잡아라

90년대생을 대표하는 마지막 특징은 '솔직함'이다. 사실 솔직함은 예부터 신세대를 지칭하는 가장 보편적인 표현 중에 하나였다. 하지만 90년대생들에게 솔직함이란 기존 세대의 솔직함과는 그 범위가 다르다. 그들에게 솔직함이란 자신의 솔직함뿐 아니라 남들의 솔직함도 포함한다는 것이 그 특징이다. 예를 들어 본인들을 고용한 기업이라든가 소비재를 파는 기업들에서 솔직함이 보이지 않는다면 인정하지 못한다는 이야기다.

> "CEO도 자기 말을 아래까지 도달하게 하고 싶으면 평소에 자신이 한 말을 지켜야 한다. 휴가 마음대로 써도 된다고 했으면 휴가 가도 문제 없어야 하고, 직원들에게 '내 앞에서 담배 피워도 된다'고 했으면 회의하다가도 맞담배 피워도 괜찮아야 한다. 그런 사람에게 '왜 그렇게 눈치가 없어?' 이런 분위기면 안 된다."
> - 정태영 현대카드캐피탈 사장 《중앙일보》 인터뷰 중

소비자 마케팅 용어로 MOT(Moment of Truth)라는 단어가 있다. 진실의 순간이라는 뜻으로 소비자가 기업들의 상품과 서비스를 만나는 접점, 즉 영업과 커뮤니케이션의 현장을 말한다. 위의 인터뷰에서 정태영 사장은 점차 새로운 세대가 진실의 순간

에 집중하리란 사실을 정확히 꿰뚫고 있는 것 같다. 그는 "기업의 신뢰란 작은 거짓말을 하지 않는 것"이라고 이야기한다. 예를 들어, 한 기업의 임원이 앞으로 회의석상에서는 계급장을 떼고 솔직하게 말하라고 했다면, 그 자율성을 지켜줘야 한다는 것이다.

금융권 회사에 다니는 1991년생 신입 사원 이모 씨는 최근 회의 석상에서 상사의 실망스러운 모습을 자주 본다고 한다. 상사의 별명은 '라디오'다. 24시간 꺼지지 않고 생방송 중인 라디오와 같다는 것이다. 하지만 중요한 것은 그의 상사가 말이 많다는 것이 아니었다. 오히려 회의 때마다 "앞으로는 내가 말을 좀 줄이고, 다른 사람들에게 발언 기회를 주겠다"라고 말하는 것이었다. 물론 그 상사는 여전히 본인의 이야기만 하는 것에 열중하고 전혀 남의 이야기를 듣지 않는다. 그녀는 선배들이 이러한 상황에 아무런 대꾸 없이 묵묵히 있는 현실이 더 황당하다. 그녀는 이런 일 때문에 회사 전체에 대한 신뢰도도 떨어진다고 말한다.

이모 씨의 말처럼 국내의 조직에서는 남의 이야기를 듣기보다 본인의 이야기를 하기 좋아하는 상사들을 많이 발견할 수 있다. 높은 자리에 있는 사람일수록 그렇다. 아마도 본인의 성공에 도취해서 남의 이야기보다 본인의 이야기가 더 옳다고 생각하고 이야기하는 것이 아닐까?

기업 밖에서도 마찬가지다. 이제는 더 이상 기업의 광고가 통하지 않는 시기가 왔다. 기존에는 회사의 이미지와 평판만을 믿고 회사를 선택한 구직자가 많았지만, 지금부터 회사를 찾는 90

년대생들은 더 이상 외부적으로 보이는 회사 이미지나 광고 혹은 보도자료를 믿고 회사를 선택하지 않는다.

미국에 취업 정보 사이트 '글래스도어'가 있다면 한국에는 기업 정보 공유 플랫폼인 '잡플래닛'이 있다. 2014년 4월 문을 연 잡플래닛은 글래스도어와 같이 전·현직 임직원이 직접 솔직한 회사 리뷰를 달 수 있도록 모두 익명으로 처리한다. 평가 지표는 승진 기회 및 가능성, 복지 및 급여, 업무와 삶의 균형, 사내 문화, 경영진 평가 등이다. 잡플래닛은 간단한 신상만 기입하면 누구나 글을 올릴 수 있다. 조직 문화, 복지 수준, 회사 장단점 등 다양한 이야기가 모여 별 5개짜리 평점으로 나타난다. 위키피디아와 비슷한 원리다. 익명이다 보니 허위 기재를 방지하기 위한 장치도 마련했다. 가짜로 의심되는 글은 신고할 수 있다. 사전에 작성자가 지켜야 할 요건도 있다. 장단점을 고루 써야 하고 욕설을 담거나 회사 내부 특정인을 지목해서는 안 된다. 이 같은 조건에 하나라도 맞지 않으면 게재 승인을 받지 못한다. 윤신근·황희승 공동 대표는 해당 사이트를 만든 이유에 대하여 다음과 같이 말한다.

> "여러 회사를 맡아보면서 직원을 뽑는 인터뷰만 2만 번을 넘게 했어요. 시간과 정성을 들여 뽑아도 회사와 궁합이 안 맞아 나가는 경우가 많더군요. 사전에 제대로 된 정보를 얻지 못한 탓이죠. 여러 사람의 경험담을 차곡차곡 모아 회사

면면의 정보를 공유할 순 없을까 하는 생각이 들었어요."

정보의 홍수 속에서는 결국 투명한 정보만이 살아남을 것이다. 회사도 기존의 화장분이 짙게 묻은 찬란한 정보들 대신 장점과 단점들이 투명하게 공개되고, 이를 통해 구직자의 선택을 거치는 단계가 나타날 것이다.

구직자가 면접관을 평가하는 시대

치열한 입사 경쟁에서 평가를 받기만 했던 구직자들이 면접한 회사를 평가하는 경우도 있다. 잡플래닛은 2014년 '구직자에게 면접 평가를 좋게 받은 기업 20위'를 발표한 것을 시작으로, 구직자들은 면접관들이 어떤 태도를 보였는지, 기업의 분위기가 어땠는지, 면접 난이도는 어느 정도인지 등에 대해 의견을 공유하고 이를 점수로 매긴 결과를 지속적으로 공개하고 있다. 이와 같은 조사 결과 발표에서는 갑과 을이 바뀌었다는 것도 중요하지만, 이보다 주목해야 할 점은 회사의 면접 내용들이 솔직하게 공개되는 시대가 왔다는 것이다.

기존에는 많은 면접관들이 면접 후에 결과를 인터넷에 올리지 말라거나, 만약 이를 올린다면 불이익이 있을 거라는 협박을 하곤 했다. 하지만 앱 세대로 넘어오면서 면접 평가는 투명하게 공개되고 있고, 회사의 엄포도 소용이 없게 되었다. 이제 기업이 할 일은 새로운 변화에 맞춰 솔직한 피드백을 바탕으로 면접의 문제점을 개선해나가는 것뿐이다.

이와 같은 세대의 의견을 반영하여, 한동안 인기를 끌었던 압박 면접도 점차 사라지고 있다. 압박 면접의 원래 의도는 구직자를 연속된 질문이나 의도된 스트레스 등으로 압박하고, 임기응변과 자제력, 순발력 등을 테스트하는 것이었다. 그러나 한국에서는 면접관이 구직자에게 폭언, 조롱, 욕설 등 인격적 모독을 가해서 얼마나 순응하는지 알아보거나 심하면 면접관이 구직자를 가지고 노는 면접으로 변질되어버렸다.

실제로 2016년 구직 활동을 통해 면접을 치른 구직자의 33.9퍼센트가 압박 면접을 경험한 것으로 조사됐다. 특히 압박 면접을 경험한 구직자의 47.5퍼센트가 '면접 후 해당 기업의 이미지가 나빠졌다'고 고백했다.[49] 압박 면접이 본래의 의도를 벗어나 갑질로 이어지면서 현재의 주된 구직자인 90년대생들의 외면을 받은 것이다.

이제 이와 같이 구직자에게 부담을 주는 압박 면접 대신 자기소개서 등을 기반으로 한 '구조화 면접'이 대세가 되고 있다. 특히 스펙을 가린 채 기본 정보와 자소서만으로 평가하는 '블라인드 지원'이 많아지면서 이러한 구조화 면접은 효과적인 면접으로 평가받고 있다. 실제로 2017년 구직 활동 중에 압박 면접과 구조화 면접을 모두 경험했다는 김모 씨(1992년생)는 이렇게 평가했다.

"한 대기업에서 역량 면접이란 이름으로 되어 있는 구조화 면접을 봤는데, 역량을 기반으로 한 상황 대응에 대한 질문이 계속되다 보니, 다른 기업에서 본 압박 면접보다 실제 압박을 더 받았습니다. 하지만 이러한 압박은 기분이 나쁘지 않더라고요. 사실을 기반으로 말하는 게 어려울 뿐이죠. 하지만 압박 면접을 한 다른 기업은 지나치게 개인적인 내용으로 꼬투리를 잡는 질문이 많아서 해당 기업에 대한 인식이 나빠졌습니다."

이젠 면접 점수도 투명하게 공개되는 시대

기업 입사 지원자들이 기업체에 갖는 가장 큰 불만 중 하나는 지원 회사로부터 제대로 된 피드백이 없다는 것이다. 구직자들은 보통 면접에서 탈락한 이유를 알고 싶어 하지만, 실제 피드백을 받은 경우는 10명 중 1명에 불과한 것으로 나타났다. 구인 구직 매칭 플랫폼 사람인이 2018년 면접에서 탈락한 경험이 있는 구직자 379명을 대상으로 '면접 탈락 사유 피드백 희망 여부'에 대해 조사한 결과, 83.1퍼센트가 '희망한다'고 답했다. 그 이유로는 '다음 면접을 위한 전략을 짜기 위해서'(62.9퍼센트·복수응답)가

1위를 차지했다. 이어 '부족한 점을 보완하기 위해서'(56.8퍼센트), '이유를 알면 탈락을 납득할 수 있을 것 같아서'(44.1퍼센트), '지원자의 알 권리라고 생각해서'(34.3퍼센트) 등이 있었다.[50] 그러나 실제 탈락 사유에 대해 피드백을 받아본 응답자는 13.5퍼센트에 그쳤다. 그나마도 '단순 위로의 글 형태로 안내'(54.9퍼센트·복수응답)가 가장 많았으며, '탈락 사유에 대한 설명'(49퍼센트), '전형별 평가 점수만 공개'(3.9퍼센트) 등이 뒤를 이었다.

하지만 이제 기업들은 구직자들에게 성적표를 투명하게 공개하기 시작했다. 롯데가 가장 대표적이다. 면접 불합격자들을 대상으로 전형별 평가 결과 피드백 프로그램을 진행하고 있다. 역량 면접, PT 면접, 토론 면접, 임원 면접 등 지원자의 면접 전형별 점수 수준을 도식화해 피드백 이메일을 보내는 것이다. 지원자가 자신의 강점과 약점을 분석할 수 있도록 도와주는 것이다. 관계자는 "이 같은 시스템은 2014년 하반기 신입 사원 공채 과정에서 국내 기업 최초로 도입해 운영하고 있으며, 자신의 미진한 부분을 알고 그 부분을 중심으로 보강할 수 있어 지원자들로부터 호평을 받고 있다"라고 말했다.[51]

롯데그룹의 인사 시스템은 취업 준비생들 사이에서 좋은 평가를 얻고 있다. 실제로 2017년 하반기 공채에서 롯데그룹의 한 계열사를 지원했다가 면접 단계에서 탈락한 김모 씨는 "다른 기업과 달리, 내가 어디가 부족해서 이 기업에 합격하지 못했는지를 알 수 있어서 좋았고, 이러한 피드백을 통해 이 회사에 대한 신뢰가 생겼다"라고 말했다. 이러한 정량적인 평가 결과에 대한 피드백은 구직자들의 발전을 돕고 이와 더불어 해당 기업의 이미지를 개선하는 데에도 도움을 줄 수 있다는 말이다.

화이트 불편러와 프로 불편러의 등장

'불편러'란 단어는 불편함을 적극적으로 표현하는 사람을 뜻하는 신조어다. 개인의 권리 의식과 지식 수준이 높아지면서 과거에는 문제인지 몰랐던 것이 문제였다는 것을 알게 되고, 대중이 자유롭게 의견을 풀어놓을 수 있는 인터넷의 발달로 토론과 비판 활동이 활발해졌다. 이 중심에 90년대생들이 있으며, 이들로 인해 기존에 문제가 되지 않았던 것들이 이제는 새로운 이슈로 부상하기도 한다.

한 예로, 최근 인천의 실내 디스코팡팡 DJ 두 명이 성희롱 혐의로 경찰에 불구속 입건된 사건이 발생했다. 디스코팡팡을 타러 간 중학생들에게 성희롱을 했다는 혐의에서였다. 사실 빙빙도는 형태의 원형 놀이기구인 디스코팡팡은 DJ가 이용객들에게 던지는 입담이 주된 재미 요소다. 하지만 이 과정에서 디스코팡팡 DJ들은 손님들에게 성희롱에 가까운 발언과 불편한 말을 하기도 하였다. 기존 세대의 경우, 섹드립과 같은 말들을 웃어넘기곤 했다. 지금은 성희롱으로 여겨지는 수위 높은 발언들을 10여

년 전에는 하나의 짓궂은 농담 정도로 여겼던 것이다.

하지만 새로운 세대는 이러한 불편함을 적극적으로 문제 삼고, 경우에 따라서는 법적인 처벌을 요구하는 경우도 생겨나고 있다. 만약 10년 전과 같으면, 이러한 반응을 보이는 사람들에게 '웃자고 하는 말에 죽자고 달려든다'고 비난했을지 모르지만, 지금은 '사회의 부당함에 대한 정당한 저항'이라는 반응이 점차 우세해지고 있다.

이제 90년대생들은 부당함과 비합리적인 상황에 과감히 이슈를 제기한다. 이러한 이슈 제기를 통해서 세상을 바꾸고자 하는 사람들도 등장하기 시작했는데, 이를 화이트 불편러라고 부른다. 정의로운 예민함으로 세상을 바꾸는 사람들이라고 여긴다. 그러다 보니 '프로 불편러'란 말도 등장했다. 사회 통념상 문제 될 것이 없고 아무 의미 없는 표현이나 현상을 과대해석하거나 왜곡할 목적을 가지고 소모적인 논쟁을 부추기는 이들이라는 의미다. 하지만 위근우 칼럼니스트는 『프로불편러의 일기』에서 "세상에 무시해도 되는 불편함은 없다"면서 프로 불편러란 '불편함과 부당함에 대해 가장 민감하게 반응하는 이들에 대한 자기 긍정적인 표현'이라는 해석을 내놓기도 했다. 그렇다면 이러한 불편러들의 등장은 우리나라만의 일일까?

최근 미국에서는 정서적 피해Emotional injury라는 단어가 젊은 세대 사이에서 유행하고 있다. 이들은 정서적 피해를 신체적인 폭력과 동일시한다.[52] 오히려 신체적인 폭력의 경우 예방할 수 있지만, 말이란 들을 수밖에 없기 때문에 정서적 피해를 막을 수 없어서 더 위험하다고 생각하는 젊은 세대도 늘어나고 있다고 한다. 실제로 2015년 10월 예일대학교에서는 학생들에게 다른 사람들을 불쾌하게 할 가능성이 있는 할로윈 의상을 입지 말 것을 경고하기도 하였으며, 한 대학교수는 "강의에 불쾌한 자료가 포함되어 있다는 학생들의 항의 때문에 해고당할 수 있다는 두려움에 사로잡혀 강의계획서를 수정하는 교수들이 많다"라고 고백하기도 했다. 이처럼 한국의 90년대생들을 포함한 전 세계의 많은 젊은 세대들은 이러한 불편함을 본인들의 안전에 해를 끼치는 존재로 보고 이에 대한 저항과 예방 활동을 진행하고 있다. 미국의 세대 연구 전문가 진 트웬지는 미국의 20대 초반의 젊은 밀레니얼 세대의 경우 항상 안전하다는 느낌을 받으려 노력하다 보면 정서적인 동요를 느끼지 않으려고 애를 쓴다고 말했다. 그리고 불만을 제기하는 학생들을 어린아이 같다고 싸잡아 비난할 것이 아니라, 타당한 문제를 제기하는지를 판단하여 적절한 대처를 할 필요가 있다고 조언했다.

사회 부조리에 적극적으로 바른 소리를 내는 불편러들의 증가는 매우 바람직한 현상이다. 이러한 정의로운 예민함은 지속적으로 늘어나야 한다고 생각한다. 다만 특정 대상에 대한 혐오를 강화한다거나 타인에게 자신의 선호를 강요하거나 부당하게 참견한다면 꼰대질과 다를 게 없어진다.

2부
90년대생이 직원이 되었을 때

1장

90년대생,
그들이 몰려온다

몰려드는 90년대생들에게 속수무책인 기업들

국내 한 스타트업 기업에서 재무 파트장을 맡고 있는 김 과장(1981년생)은 새롭게 입사한 재무팀 정 사원(1992년생)의 근태가 마음에 들지 않았다. 김 과장은 거의 매일같이 출근 시간인 8시 30분에 딱 맞춰 출근하는 정 사원을 따로 불러서 '8시 30분은 출근을 하는 시간이 아니라 업무를 시작하는 시간이니 최소 10분은 일찍 오는 것이 예의'라고 충고했다. 하지만 이에 돌아온 대답에 김 과장은 어안이 벙벙해졌다.

"빨리 온다고 돈을 더 주는 것도 아닌데 제가 왜 정해진 시간보다 일찍 와야 하나요? 10분 전에 오는 것이 예의면 퇴근 10분 전에 컴퓨터 끄고 게이트 앞에 대기해도 되나요?"

위와 같은 갈등은 90년대생 신입 사원이 있는 기업에서 심심치 않게 볼 수 있다. 사내 익명 게시판에 끊이지 않고 올라오는 고민 상담 주제이기도 하다. 이는 기업 내에서 벌어지는 수많은 세대 갈등 중 한 예에 불과하다. 많은 기업들은 이미 2012년부터 상당수의 90년대생 직원들을 채용하고 있지만, 아직까지 이들에 대한 별도의 대책을 가지고 있는 기업은 많지 않다. 대다수의 기업 관리자들은 밀려드는 새로운 세대와 기존 인력들의 차이점을 알고는 있지만, 아직 그 중요성을 인지하지 못하거나 그 차이의 이유를 정확히 파악하지 못한 듯하다. 하지만 변화는 분명히 오고 있다.

한국의 조직들에 놓인 가장 큰 문제는 명백하다. 지금 기업에 몰려들고 있는 직장 새내기들을 어떻게 하면 조직에 빠르게 융화시키고, 그들만이 가지고 있는 가치를 창조할 것인가 하는 것이다. 세대 차이가 촉발하는 관리 방식의 변화는 80년대생들을 관리하던 때보다 더욱 거세질 것으로 보인다. 90년대생들을 조직에 받아들일 수밖에 없다면, 더 적극적으로 문제점과 특징을 알고 해결점을 찾아야 한다.

모든 조직이 '인사가 만사'라고 말한다. 한 조직이 최대의 이윤 창출이라는 목적을 달성하고 경쟁력을 갖추려면, 성과를 창출할 수 있는 사람들을 최대한 빨리 확보하여 적재적소에 배치해야 한다. 경영 전략이나 기술, 시스템의 모든 부분에는 사람이 존재해야 가능하다. 전략을 만드는 것도 사람이고, 그 전략을 실행하는 것도 사람이기 때문이다. 어느 조직이나 인재의 중요성을 강조하는 이유다. 그러니 비즈니스의 성패는 결국 사람을 얼마나 잘 쓰느냐에 좌우된다. 그리고 앞으로의 비즈니스 현장에서 주류로 부상하게 될 세대는 바로 90년대 이후에 출생한 세대이다. 앞으로 비즈니스의 성패가 이들을 이해하고 활용할 수 있는지 여부에 달려 있는 것이다.

권력은 이미 기업에서 개인으로

90년대생들을 받아들여야 하는 기업이 한 가지 꼭 깨달아야 할 사실이 있다. 바로 권력이 이미 기업의 손을 떠나 개인으로 이동했다는 것이다. 그 어느 때보다도 재능 있는 개인들은 직장 생활에서 그들의 요구와 기대를 확대하고 성취할 만한 협상력을 가지게 되었다. 이는 개인들에게는 희소식이겠지만, 새로운 계층으로부터 최적의 인재를 수혈받아야 하는 회사에는 또 하나의 골칫거리다. 뛰어난 재능을 가진 사원을 얻으려면 이전보다 더욱 열심히 노력해야만 하기 때문이다. 피터 카펠리Peter Cappelli는 1999년 발간한 『직장에서의 새로운 계약관계The New Deal at Work』라는 책에서 이렇게 말했다.

고용주들이 오랫동안의 계약 관계와 장기적인 헌신의 약속을 분명히 깨트렸지만, 그들은 새로운 계약 관계를 통제하지 못하고 있다. 그들은 어떻게 해야 피고용인으로부터 계약 관계의 통제력과 책임을 회수할 수 있는지 몰라 난감해하고 있다.

이로부터 얻을 수 있는 시사점은 뛰어난 인재 관리가 경쟁우위에 필수적이라는 점이다. 인재를 유인하고, 개발하고, 약동시킬 수 있는 기업들은 희소한 자원을 충분하게 얻을 수 있을 테고, 기업의 성과를 극적으로 증대할 수 있을 것이다.

기업들은 인재 전쟁에 대응하면서 좀 더 강력하고 복잡한 방법으로 인재를 관리하게 될 것이다. 향후 10년간, 새로운 형태의 인재 관리는 1960년대 마케팅 분야의 진보나 1980년대 품질관리 분야의 진보와 맞먹을 정도의 진보를 이룰 것이다. 중요한 것은 이 세대가 기존의 방식으로는 절대 이해할 수 없는 부분이 많아 새로운 인재 관리 방식이 필요하다는 것이다.

기업들이 경쟁에서 살아남으려면 더 능력 있는 사람들을 보유하는 것만으로 부족하다. 높은 이상을 세우고, 올바른 전략과 성과 기획안을 제출하고 실행해야 한다. 또한 모든 직원의 힘을 북돋우고 정비하여 그들이 최고의 성과를 내도록 해야 한다.

중국의 마윈, "젊은 세대를 믿어라"

1964년 중국 항저우에서 태어난 마윈馬雲은 항주사범대학을 졸업한 뒤 항주전자공업학원에서 학생들을 가르쳤다. 28세가 되던 해인 1992년 항저우 최초의 번역회사를 설립하고, 이는 후에 항저우에서 가장 큰 규모의 번역회사인 하이판 번역사로 성장했다. 1995년 마윈은 친구의 회사를 방문하기 위해 들렀던 미국 시애틀에서 처음으로 인터넷을 접했고, 그 잠재적 가능성과 무한한 가치를 직감적으로 느꼈다. 그리고 귀국 후 중국 최초의 비즈니스 정보 사이트인 'China Yellow Page'를 탄생시켰다. 비록 당시에는 주목할 만한 성과를 거두지 못했지만, 몇 년 후 그는 세계의 이목을 끈 알리바바를 탄생시켰다.[1]

이렇게 탄생한 알리바바는 2015년엔 온라인 총거래규모 3,980억 달러를 기록하여 2,256억 달러를 기록한 아마존을 크게 앞질렀다. 알리바바는 전 세계 전자상거래 시장의 26퍼센트를 차지해, 세계 최대의 온라인 쇼핑 플랫폼으로 등극했다. 이렇게 승승장구하는 기업을 일으킨 마윈의 재산은 2017년《포브스》조사 기준으로 약 43조 원에 달하며, 그는 중국에서 손꼽히는 부자 중 한 명이 되었다.

그가 생각하는 성공의 비결은 중국과 인터넷 비즈니스의 미래, 그리고 청년 세대에 대한 신뢰였다. 마윈은 "알리바바는 믿음을 바탕으로 성장한 회사"라고 말했다. 그는 "중국에서 사스가 유행하던 때 사람들은 중국 미래에 대한 자신감을 잃고 있었지만, 알리바바의 젊은이들은 10년 후 중국이, 전자상거래가 더 나아질 거라 믿었다"라고 말했다. 마윈은 "사업을 시작할 때만 해도 그 누구도 생면부지 사람에게 돈을 보내, 한 번 보지도 못한 물건을, 수천 킬로미터 떨어진 곳에서 사게 될 것이라고는 상상하지 못했다"라며 "하지만 지금의 중국에는 신뢰가 있다. 타오바오에서 하루 수천만 건 거래가 이뤄진다는 것은 수천만 건의 믿음이 흐른다는 말"이라고 말했다.[2]

2014년 9월 19일. 세계 비즈니스계에 한 획을 그은 사건이 벌어졌다. 알리바바가 미국 뉴욕 증권거래소 상장 첫날부터 주가가 폭등해 전 세계 인터넷 기업 중 구글(4,061억 달러)에 이어 시가총액 2위(2,314억 달러)로 올라선 것이다. 이와 같은 역사적인 상장 행사에서 거래 개시 종을 친 것은 마윈이 아니었다. 알리바바에서 물건을 파는 젊은 사업가 8명이었다. 이는 영광의 무대를 젊은이에게 양보하겠다는 마윈의 뜻에 따른 것이다. 그는 2013년 CEO 자리를 스스로 내놓고 이사회 의장으로 물러날 당시에도 "젊은 세대를 믿는 것이야말로 미래를 믿는 것"이라고 말했다.

그는 실제로 이러한 믿음을 증명하듯이 각종 인사 제도를 통해 소통과 수평적인 문화를 장려했다. 인터넷 시대에는 젊은 감각이 필요하다며 임원진의 연령대를 30~40대로 꾸준히 유지하는 게 대표적인 예다. 알리바바그룹의 경영진 중 1970년대생은 45퍼센트, 1980년대생은 52퍼센트에 달한다. 장융 알리바바그룹 CEO도 1972년생이다. 1960년대생은 3퍼센트에 불과하다. 그는 중국의 바링허우와 쥬링허우 같은 신세대들에 대해서는 "많은 사람들이 바링허우가 문제다, 쥬링허우가 문제다라고 하는데 이 세대들한테는 문제가 없다. 문제는 우리다. 그들에 대한 신뢰와 지지를 보내는 게 우선이다"라고 언급했다. 또 알리바바는 창업 초기인 2003년부터 모든 직무 후임자를 위한 연수 프로그램을 마련하고 인사 평가에 '팀워크'와 '가치관' 항목을 포함했다. 매출, 영업이익 등 경영 성과에 치우쳐 조직문화에 융화되지 못하는 불상사를 막기 위해서였다.[3]

새로운 세대에 기업의 미래가 달려 있다고 말하는 경영자들

이러한 새로운 세대에 대한 긍정적인 시각은 마윈만이 가지고 있는 것은 아니다. 실제로 중국 현장에서 뛰고 있는 많은 기업인들은 새로운 세대에 기업의 미래가 달려 있다는 점을 알고 있다. 중국의 전자제품 제조 기업 샤오미의 창립자 레이쥔雷軍은 "쥬링허우들은 자아의식이 강하고, 개성을 드러내고 싶은 욕구가 강하다. 자신감이 충만해 있다. 자아에 대한 관심이 그들을 창의와 혁신에 넘치게 하고, 외부의 힘이 구속할 수 없는 놀라운 상상력으로 이끈다"라며 쥬링허우 세대에 대한 잠재력을 높이 평가했다. 글로벌 기업인 로레알의 중국 대표이사 파울로 가스파리니Paolo

Gasparrini는 이들을 가리켜 "혁신성이 강하고 직설적이다. 한 개의 업무를 진지하게 도맡아 할 수 있다"라고 말하기도 하였다.

새로운 세대에 대한 관심은 비단 중국의 일만은 아니다. 한때 세계 최고 부자로 이름을 알렸던, 전 마이크로소프트의 수장 빌 게이츠는 1999년부터 빌&멀린다게이츠재단Bill&Melinda Gates Foundation을 통해 게이츠밀레니엄장학금The Gates Millennium Scholarship, GMS을 만들어, 매년 1,000명이 넘는 학생들에게 혜택을 주면서 젊은 리더들을 발굴하고 양성하는 데 힘쓰고 있다. 그는 뛰어난 자질을 갖춘 학생들이 재정적인 어려움 때문에 꿈을 펼치지 못하는 점을 안타깝게 여기고, 미국의 미래를 개척해나갈 인재들을 발굴하고 지원하기 위해 펀드를 조성하게 되었다. 그는 재단에 10억 달러 이상의 기금을 지원했으며, 계속해서 적극적인 펀딩이 이루어지고 있다.

그는 밀레니얼 세대에 특별한 관심을 가지는 것으로도 유명한데, 2018년에는 트위터를 통해 "밀레니얼 세대는 세상을 변화시키고 싶어 한다"라고 말했다. 그리고 종종 게으르고 작은 것에 열광한다고 조롱을 당하지만, 변화를 갈망하고 있으며, 강력한 변화의 힘을 가진 그들에게 힘을 불어넣어야 한다고 말했다.[4]

본인이 밀레니얼 세대의 끝자락에 자리하고 있는 페이스북의 CEO 마크 저커버그는 2017년 하버드대학교 졸업 축사에서 "우리는 밀레니얼 세대입니다. 목표를 찾는 것만으로는 충분치 않습니다. 우리 세대의 도전은, 모든 사람들이 목표의식을 갖는 세상을 창조해야 한다는 것입니다"라고 말하며, 밀레니얼 세대가 자기 자신을 넘어서 전 세계 모든 사람을 위한 목표 의식을 창출하고 공동체를 건설하는 것에 도움을 줄 수 있을 것이라고 말했다.

하지만 국내 기업의 경영진들은 과연 새로운 세대에 관심을 가지고 있을까? 그리고 이들이 중요한 문제라고 생각하고 있을까? 경영자들을 포함한 이전 세대의 관리자들은 새로운 세대에 대해 깊게 주의하지 않는다. 오히려 그들의 문제를 단순하게 여기고 애써 덮고 있기도 하다. 이제 스스로 질문해야 할 시기이다. 깊은 이해와 믿음은 차세대 직원들에 대한 관리와 참여를 이끌어낼 수 있는 시발점이 될 것이다.

그들의 눈을 기업으로 돌리기 위해서는

냉정하게 취업 현실을 따져보자. 먼저 우리나라에 유독 자영업자가 많다고는 하지만, 취업자 중 대부분은 회사에서 월급을 받는 임금근로자로 일하게 된다. 2017년 기준 전체 취업자 2,672만 명 중 75퍼센트는 임금근로자다. 그리고 그 대부분은 중소기업에서 일하게 된다. 2015년 기준 대한민국 기업 중에서 중소기업의 사업체는 약 360만 개로 총사업체 대비 99.9퍼센트다. 애초에 기업들 중 대부분이 중소기업인 것이다.

중소기업의 종사자는 1,513만 명으로 총종사자 수의 90.2퍼센트를 차지한다.[5] 물론 이는 사업체 기준의 통계로, 이를 기업체 단위로 분석하면 그 비중은 80퍼센트 초반으로 떨어진다.[6] 중요한 것은 통계를 어떤 식으로 적용을 하더라도 상당수가 중소기업에서 일하게 된다는 것이다. 그러니 많은 기성세대들은 청년실업 문제를 이야기할 때 흔히 '젊은 세대들은 모두 대기업만 들어가길 원하니 문제'라고 말한다. 그렇다면 정말 청년들은 대기업 취업만을 희망하는 것일까?

교육부와 한국직업능력개발원이 2017년 12월에 발표한 '2017년 대학 진로교육 현황조사 결과'에 따르면, 대학생들이 취업을 희망하는 일자리 1순위로는 공무원 및 교사(23.6퍼센트), 2순위로 공공기관 및 공기업(20.0퍼센트)이 꼽혔으며, 대기업(19.8퍼센트)과 중소기업(18.6퍼센트)은 그리 큰 차이를 보이지 않았다. 오히려 전문대학생의 경우 취업 희망 1순위가 중소기업(28.4퍼센트)으로 대기업(24.6퍼센트)보다 높았다.

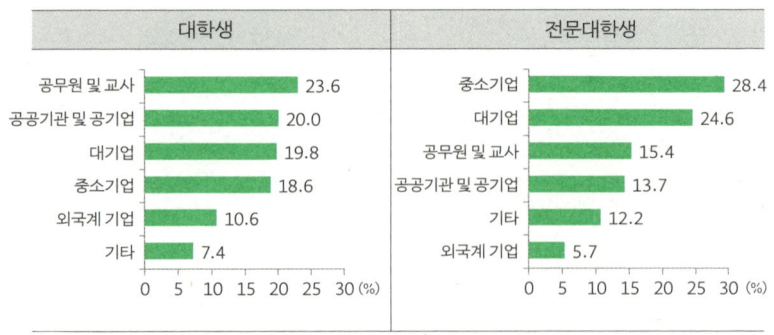

2017년 대학생들의 취업 희망 일자리 (전 학년 평균)[7]

하지만 실제로 기업에 취업한 다음엔 어땠을까? 한국경영자총협회가 조사한 '2016년 신입 사원 채용실태 조사'에 따르면 대졸 신입 사원의 1년 내 퇴사율은 27.7퍼센트로 나타났다. 취업 지옥을 어렵게 통과하고도 1년 안에 회사를 떠나는 신입 사원이 4명 중 1명꼴인 셈이다. 이태백(20대 태반이 백수)이 아닌 이퇴백(20대에 스스로 직장을 그만둔 백수) 이야기가 나오는 이유다.

여기서 주목할 점은 300인 이상 기업의 퇴사율은 기존 11.3퍼센트에서 9.4퍼센트로 감소한 반면, 300인 미만 기업의 퇴사율은 31.6퍼센트에서 32.5퍼센트로 증가했다는 점이다. 300인 미만 기업의 퇴사율 증가로 인해 전체적으로 조기 퇴사율의 증가 추세가 지속된 것이다. 물론 2014년 조사 때에도 300인 미만 기업의 1년 내 퇴사율(31.6퍼센트)이 300인 이상 기업(11.3퍼센트)에 비해 월등히 높게 나타났으나, 양자 간 격차는 더 벌어지게 되었다.

신입 사원의 1년 내 퇴사 이유는 '조직 및 직무적응 실패'(49.1퍼센트)가 가장 높았고, 그 뒤를 '급여 및 복리후생 불만'(20.0퍼센트), '근무지역 및 근무환경에 대한 불만'(15.9퍼센트)이 이었다. 눈여겨볼 것은 '조직 및 직무적응 실패'의 응답 비율은 2014년에 비해 증가한 반면, '급여 및 복리후생 불만'과 '근무지역 및 근무환경에 대한 불만' 비율은 감소했다는 것이다. 하지만 과연 퇴사 이유가 정말 '조직 및 직무적응 실패'였을까?

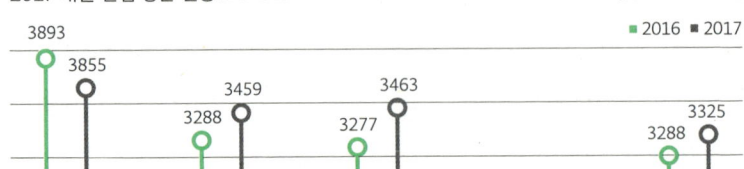

2017년 잡코리아의 조사와 같이, 실제 퇴사의 이유로는 낮은 연봉이 있을 수 있다. 왜냐하면 중소기업의 연봉은 평균적으로 대기업에 비해 턱없이 낮기 때문이다. 2017년 기준 중소기업과 대기업의 평균 연봉 차이는 무려 1,332만 원이다. 대기업과 중소기업의 연봉 차이가 청년 일자리와 관련한 주된 문제라고 판단한 정부는 2018년 3월 '청년일자리대책 보고대회 겸 제5차 일자리위원회'에서 발표한 '청년일자리정책'에서 청년이 중소·중견기업에 취업하면 정부로부터 최대 1,035만 원을 지원받아 대기업 초봉에 근접한 실질소득을 얻을 수 있도록 했다.

청년내일채움공제는 규모를 두 배 가까이 늘려서, 중소·중견기업에 취업한 청년이 3년 근속하면 본인과 기업이 각각 600만 원씩, 정부가 1,800만 원을 적립하여 총 3,000만 원의 목돈을 마련할 수 있게 했다. 5년간 소득세를 전액 면제하고, 전월세 보증금도 저리(1.2퍼센트)에 지원하며, 교통 여건이 열악한 산업단지 근무자에게는 매달 5만 원을 더 지원한다. 정부는 산업단지 내 중소기업 근무자 기준으로 최대 1,035만 원의 실질 소득 증대 효과가 나타나, 현재 2,500만 원 수준인 중소기업 대졸 초임 연봉에 정부 지원을 더하면 대기업(평균 대졸 초임 3,800만 원) 수준으로 높아진다고 설명했다. 중소기업이 청년 3명을 신규채용하면 해당 임금의 3분의 1을 정부가 3년간 지원하는 '2+1 고용촉진제도'도 기업 규모에 따라 1명 고용부터 확대 적용하는 등 기업에 대한 직접 지원도 대폭 강화하기로 하였다.[9] 그렇다면 이러한 정책에 대한 실제 청년들의 반응은 어떠할까?

> "처음부터 중소기업이 대기업보다 월급이 많을 것이라고 생각해서 중소기업을 택하는 취준생은 없습니다. 단순히 중소기업의 월급만을 대기업 수준으로 올려주면 중소기업에 지원할 것이라고 생각하는 정부의 생각은 잘못됐다고 생각합니다.
> 우리 청년들이 왜 중소기업을 지원하지 않는지 아세요? 바로 중소기업 사장들의 마인드가 쓰레기인 것을 알기 때문입니다. 일은 죽도록 시키고 쓰다 버리죠. 우리의 미래에는 관심이 없습니다. 또한 쓰레기 사장과 꼰대 선배들이 널려 있는데, 3년 간 초봉 좀 올려준다고 누가 눈을 낮춰서 중소기업을 지원하나요? 이런 정책 또한 꼰대질 중 하나입니다."
> — 대기업 취업을 준비 중인 박모 씨(1993년생)

"저는 돈을 많이 줘서 9급 공무원을 준비하고 있는 것이 아닙니다. 정부에서 초봉을 조금 지원해준다고 고용 안정성이 높아지나요? 그리고 3년 근속 하면 월급을 지원해준다는 정부의 정책도 믿을 수 없고, 2+1 취업제도는 또 뭔가요? 세상에 어느 중소기업이 일할 자리도 없는데 임금의 3분의 1을 지원받으려고 3명의 일자리를 만들어낼까요? 솔직히 거지도 아니고 그런 취급을 받아가면서까지 공무원을 포기하고 중소기업으로 진로를 틀고 싶지 않아요."
- 9급 공무원 시험을 준비 중인 김모 씨(1995년생)

위와 같이 실제 취업 혹은 공시를 준비하고 있는 청년층은 정부의 청년 고용 대책에 대하여 회의적인 모습을 보이고 있었다. 많은 수의 취준생들에게 인터뷰를 해본 결과, 중소기업의 기업 문화가 문제라는 것과 정부 정책에 대한 불신, 장기적인 고용 안정성에 대한 불안으로 요약할 수 있었다. 그렇다면 실제 중소기업을 경험한 청년들은 어떤 입장일까?

"나름대로 국내에서 이름이 있는 대학을 나왔지만, 대기업의 수직적인 문화가 싫어서 처음부터 유망 중소기업 취업을 목표로 준비했습니다. 하지만 중소기업 취업 이후에, 대기업에 다니는 친구들과 비교가 많이 되더군요. 물론 연봉 차이야 처음부터 알고 있었던 부분이었기 때문에 큰 문제는 아니었지만, 기업문화에서 차이가 많은 것 같았습니다. PC OFF 제도 등 워라밸에 신경을 쓰기 시작한 대기업과 달리 중소기업은 아직도 그러한 기업문화에 전혀 신경을 쓰지 않는 것 같습니다. 아직도 회식과 야근 문화가 당연시됩니다."
– 중소 IT기업을 다니다 10개월 만에 퇴사한 김모 씨(1993년생)

김모 씨에게는 이 밖에도 퇴사를 결심하게 된 계기가 더 있었다. 육아 휴직을 고민하던 남자 선배에게 팀장이 "그럼 네 일은 누가 하고? 어디 한번 신청해봐! 어떻게 되나"라고 반응했다는 것이다. 2018년 7월부터 시행된 주 52시간 근무제 등 일과 삶의 균형, 즉 워크 앤 라이프 밸런스(이하 워라밸)를 맞추기 위한 제도들은 아직까지 중소기업 직원들에게는 온도차가 있는 이야기다. 이러한 부분을 맞춰나가지 못한다면 중소·중견기업에 대한 90년대생들의 기피는 더욱더 심해질 것이고, 이에 따라서 9급 공무원을 희망하는 그들의 열망과 냉정한 현실과의 괴리는 더욱 커질 것이다. 그렇다면 중소기업을 중심으로 일어나고 있는 이런 현상을 막기 위해서 조직은 어떠한 대책을 세워나가야 할까?

꼰대 조직에서 탈출하는 90년대생들

"그룹 입문 교육을 받을 때만 해도 회사가 좋아 보였는데 현업 부서에 배치를 받자마자 바로 지옥으로 바뀌었습니다. 바로 위에 사수라는 사람은 출근 시간보다 30분 일찍인 8시 30분까지 출근하라고 강요했습니다. 본인이 8시 30분에 오기 때문에 본인보다 늦지 말라는 것이었습니다. 일도 제대로 가르쳐주지 않고 냉소적 비난과 무시만 가했고요. 그런데 윗사람의 한마디에는 죽는 시늉이라도 하더군요. 이 사람만 꼰대인 줄 알았는데, 알고 보니 온통 꼰대 천지였습니다. 이런 꼰대 기업에서 함께하면 저도 언젠가 꼰대가 되어버리겠다는 생각에 입사 1년 만에 회사를 그만뒀습니다.

– '꼰대스러운' 회사를 1년 만에 퇴직한 김모 씨(1990년생)

꼰대는 사실 유서가 깊은 단어다. 1960년대의 한 소설에는 불량한 아들이 어머니의 돈을 우격다짐으로 뺏어가면서 "꼰대(아버지)한테는 말하지 마슈"라는 문장이 있고, 1990년대 말을 배경으로 한 소설 『괭이부리말 아이들』에서도 말더듬이인 명환이의 아버지를 명환이의 친구가 '꼰대'라고 부르는 장면이 나온다. 이렇게 꼰대는 '영감탱이' 정도의 의미였다. 젊은 세대가 아버지나 선생님 등의 기성세대를 지칭하는 은어에 가까웠던 것이다. 이런 까닭에 다른 은어가 그러하듯이 90년대 즈음부터는 잘 쓰지 않는 낡은 단어로 취급되기도 했다.

그러나 2000년대에 들어서 권위주의와 잔소리에 대한 반발의 의미가 더해지면서 지칭하는 대상을 비하하는 표현으로 자리 잡게 되었다. 달리 대체할 단어가 없었던 까닭인지, 2010년대 이후부터는 매우 널리 퍼졌다. 은어로 시작된 만큼 정확한 어원은 알 수 없으나, 주름이 많다는 의미에서 '번데기'의 경상 전라 방언인 꼰데기 혹은 꼰디기에서 왔다는 설과, 나이 든 세대의 상징인 곰방대가 축약되어 생겨났다는 설이 있다.

 90년대생들은 지금까지 수많은 '꼰대질' 속에서 살아왔다. 문제는 그동안은 꼰대들을 피할 수 있었지만, 성인이 되고 직장 생활을 하면서 더 이상 피할 수 없게 되었다는 것이다. 2017년 취업포털 인크루트가 회원 750명을 대상으로 실시한 설문에 따르면, 직장인 열에 아홉은 '사내에 꼰대가 있다'고 대답했다. 직장인들은 '답정너(답은 정해져 있고 넌 대답만 하면 돼)' 유형(23퍼센트)을 가장 전형적인 꼰대로 꼽았다. 이어 "까라면 까"라고 말하는 상명하복 유형(20퍼센트), "내가 해봐서 안다"라고 말하는 전지전능 유형(16퍼센트) 등이 꼰대 상사로 꼽혔다. "네가 이해해라"라고 말하는 무배려·무매너 유형(13퍼센트), "너 미쳤어?"라고 화부터 내는 분노조절 장애 유형(10퍼센트), 다짜고짜 "야!"라고 반말하는 유형(9퍼센트) 등도 꼰대로 꼽히는 유형이었다.[10] 그렇다면 꼰대의 조건이 있는 것일까? 다음의 체크 리스트를 확인해보자.

新 직장인 꼰대 체크 리스트[1]

1. 9급 공무원을 준비하는 요즘 세대를 보면 참 도전정신이 부족하다는 생각이 든다.
2. 헬조선이라고 말하는 요즘 세대는 참 한심하다.
3. 회사에서의 점심시간은 공적인 시간이다. 싫어도 팀원들과 함께해야 한다.
4. 윗사람의 말에는 무조건 따르는 것이 회사 생활의 지혜이다.
5. 처음 만나는 사람에게 먼저 나이나 학번을 물어보고 이야기를 풀어나가야 속이 편하다.
6. '정시 퇴근 제도(패밀리 데이)'는 좋은 복지 혜택이다.
7. 휴가를 다 쓰는 것은 눈치가 보이는 일이다.
8. 1년간 '육아휴직'을 다녀온 동료 사원이 못마땅하다.
9. 나보다 늦게 출근하는 후배 사원이 거슬린다.
10. 회식 때 후배가 수저를 알아서 세팅하지 않거나, 눈앞의 고기를 굽지 않는 모습에 화가 난다.
11. '내가 왕년에', '내가 너였을 때'와 같은 말을 자주 사용한다.
12. 편의점이나 매장에서 어려 보이는 직원에게는 반말을 한다.
13. 음식점이나 매장에서 '사장 나와'를 외친 적이 있다.
14. '어린 녀석이 뭘 알아?'라는 생각을 해본 적이 있다.
15. 촛불집회나 기타 정치 활동에 참여하는 학생들은 학생의 본분을 지키지 않는다고 생각한다.

16. '나이가 들면 지혜로워진다'란 말에 동의한다.

17. 낯선 방식으로 일하는 후배에게는 친히 제대로 일하는 법을 알려준다.

18. 자유롭게 의견을 얘기하라고 해놓고 내가 먼저 답을 제시한다.

19. 내가 한때 잘나가던 사람이었다는 사실을 알려주고 싶은 마음이 든다.

20. 회사 생활뿐만 아니라, 연애사와 자녀계획 같은 사생활의 영역도 인생 선배로서 답을 제시해줄 수 있다고 믿는다.

21. 회식이나 야유회에 개인 약속을 이유로 빠지는 사람을 이해하기 어렵다.

22. 내 의견에 반대한 후배에게 화가 난다.

23. 자기 계발은 입사 전에 끝내고 와야 하는 것이다.

[테스트 결과]

0개 : 대단합니다. 당신은 꼰대가 아닙니다.

1~8개: 꼰대입니다. 심각하진 않지만 꼰대가 아닌 것도 아닙니다.

9~16개: 조금 심각한 꼰대입니다.

17~23개: 중증 꼰대입니다.

결과에 너무 충격을 받을 필요는 없다. 왜냐하면 결국 위 테스트는 '누구든 언젠가는 꼰대가 된다'는 사실을 알려주기 때문이다. 그러니 지금 내가 꼰대라는 사실을 확인하고 좌절할 필요는 없다. 누구라도 완전히 꼰대가 아니라고 말하기는 쉽지 않을 것이다. 꼰대라는 것은 본질적으로 완벽한 탈출을 할 수 있는 성격의 것이 아니다. 단지 스스로 꼰대일 수 있다는 사실을 직시하고 개선해나갈 따름이다.

하지만 심각한 수준의 중증 꼰대로 평가받았다면 위험할 수 있다. 꼰대질이 심해지면 갑질과 모욕과 같은 폭력을 동반하게 되기 때문이다. 이 수준까지 이르면 자칫 꼰대의 범주를 벗어난 괴물이 될 수 있다. 그래서 우리는 꼰대는 막을 수 없지만, 괴물 수준이 된 꼰대와 그들이 가득한 꼰대 조직에는 제동을 걸어야 한다. 우리는 꼰대를 벗어나기는 힘들지만, 그래도 괴물이 되어서는 안 된다.

꼰대 제로 조직

몇 년 전, 인터넷에 '또라이 질량 보존의 법칙'이라는 글이 화제가 된 적이 있다. 이 법칙은 쉽게 말해서 어느 조직이든 일정량의 얌체, 진상, 무능력자, 아첨꾼 등의 일명 '또라이'가 존재한다는 법칙이다. 질량 보존의 법칙을 패러디한 이 법칙은 아래와 같은 형식을 따르게 된다.

> 1. 또라이를 피해 조직(팀 또는 회사)을 옮기면 그곳에도 다른 또라이가 있음.
> 2. 상또라이가 없으면 덜또라이 여럿이 있음.
> 3. 팀 내 또라이가 다른 데로 가면 새로운 또라이가 들어옴.
> 4. 또라이를 물리치기 위해서는 다른 또라이가 될 필요도 있음.
> 5. 팀 내에 또라이가 없다는 생각이 들면 자신이 또라이임.

2007년 조직 혁신과 조직 행동 분야의 세계적 권위자인 스탠퍼드대학교의 로버트 서튼Robert Sutton 교수가 쓴 『또라이 제로 조직The No Asshole Rule』도 큰 반향을 일으켰다. 이 책은 회사 내의 골칫덩이 직원들을 처리하는 방법을 수록하고 있다.

여기서 말하는 또라이는 상대적으로 쉽게 드러나고 영향력도 제한적이기 때문에 문제를 인식하기만 하면 해결이 수월하다. 그러나 조직문화에 꼰대스러움이 깊숙하게 자리하고 있다면, 수면 아래에서 조용하게 영향력을 발휘하기 때문에 찾아내기도, 해결하기도 결코 쉽지 않다. 또한 앞으로 90년대생들을 맞이하는 조직에서는 단지 또라이만을 솎아내는 것이 아니라 중증 꼰대 또한 찾아내 개선 방안을 모색할 필요가 있다. 이들은 당장 조직을 망하게 하지는 않지만 서서히 조직의 꼰대스러움을 강화하고, 이는 조직 전체에 깊은 영향을 미치기 때문이다.

2장
90년대생 인재의 특징들

현재 20대인 90년대생들에 흔히 붙어 다니는 꼬리표는 다음과 같다. '충성심이 없고', '다른 사람을 생각하지 않고 자기 것만 챙기고', '자기 권리만 찾고 의무는 다하지 않고', '자기 실수는 인정 안 하고 변명만 늘어놓고', '끈기가 없어서 쉽게 포기하고', '공과 사의 구분이 없고', '고집이 세고', '힘든 일은 견디지 못하고 쉽게 포기한다'. 하지만 이러한 꼬리표는 보통 기존 세대들의 시각에 따른 것이다. 그렇다면 여기서 90년대생들과 그 이전 세대들이 조직에서 느끼는 생각의 차이를 알아보자.

로열티: 충성의 대상이 꼭 회사여야 하나요?

요즘 신입 사원들은 회사에 대한 충성심을 찾아보려야 찾아볼 수 없습니다. 물론 이전 선배들처럼 회사가 곧 나라는 생각을 가지고 몸과 마음을 바쳐 일하라는 것은 아닙니다. 하지만 요즘 세대는 집에서 곱게 자라서인지 직장에서도 대접만 받으려고 하고, 회사를 위한 생각은 전혀 하지 않는 것 같습니다."

— 회사에서 부장으로 일하고 있는 김모 씨(1970년생)

위와 같은 평가와 그로 인한 갈등은 조직에서 흔하게 볼 수 있다. 기존 세대에게 신입 사원들은 자기들만 생각하는 이기주의자이고, 새로운 세대에게 기존 세대들은 이미 회사에 믿음을 상실했으면서도 어떻게든 살아남기 위해 미련을 버리지 못하고 충성하는 꼰대들로만 보일 뿐이다. 사실 이렇게 회사에 대한 충성심과 관련한 갈등은 어제오늘의 일이 아니고 90년대생들만의 일도 아니다.

미국의 경우 이러한 갈등은 훨씬 이전부터 일어났다. 1965년 이후 출생한 X세대는 1990년대부터 회사에 진출하면서, 이전의 베이비붐 세대와 갈등을 보였다. 이들은 직장에서의 성공과 돈 버는 것을 최대의 목표로 삼았던 젊은(Young) 도시의(Urban)의 전문직(Professional), 즉 여피족Yuppies과는 다르게 젊고(Young), 개인주의적이며(Individualistic), 자유분방하고(Free-minded), 베이비붐 세대에 비해 수도 적은(Few), 즉 이피족Yiffie으로 불렸다.

이들은 일을 좋아하고 즐기지만 결코 자신을 희생하면서까지 회사에 충성하려 하지 않아, 회사에 대한 충성을 높게 사는 기존 세대나 관리자들이 이를 관리하는 데 어려움을 겪었다고 한다.[12] 이에 따라 미국의 기업들은 이때부터 기존의 전통적인 HR 정책에 변화를 두고 새로운 세대에 맞는 인재 관리 방법을 재정립하기 시작하였다.

국내에서도 2000년대 중반부터 1980년대생들이 기업에 유입됨에 따라, 야근과 주말 근무를 요구하는 기존 베이비붐 세대들과 새로운 세대와의 갈등이 일어나곤 했다. 젊은 세대가 새로운 아이디어는 많지만 애사심과 팀워크가 없다는 것이 주된 이유였다. 이에 성과급 제도를 투명하게 운영하고, 신세대의 의견을 경청하고 원대한 기업 철학을 내세움으로써 이들의 관심을 회사로 돌리는 방안들이 제시되었다. 그러나 여기에도 문제가 있었으니, 결국 회사에 충성을 하면 그 대가가 승진과 몸값 상승으로 자연스레 이어질 것이라는 결론을 가정했다는 것이었다.

90년대생들은 회사에 대한 충성이 곧 나의 성장이라는 공식을 배격한다. 새로운 세대는 '회사에 헌신하면 헌신짝이 된다'는 인터넷상의 '직장 계명'에 동의하고, 이를 넘어서 충성의 대상이 '회사'여야 할 이유가 있냐고 반문한다. 찰스 핸디는 『코끼리와 벼룩』에서 오늘날의 충성심이란 것은 "첫째가 자기 자신과 미래에 대한 것, 둘째가 자기 팀과 프로젝트에 대한 것, 마지막이 회사에 대한 것"이라고 말했다.

세대별 충성의 대상 차이

구분	70년대생	80년대생	90년대생
회사에서 충성의 대상	회사 그 자체	자기 팀과 프로젝트	자기 자신과 자신의 미래
회사에 대한 충성의 대가	회사에 대한 충성은 곧 나에 대한 충성	몸값과 승진을 보장함	회사에 헌신하면 헌신짝이 됨

과거 70년대생과 그 이전 세대에게 충성심이라는 것은 단연 회사에 대한 것이었다. 하지만 90년대생에게 충성심은 단연 자기 자신과 본인의 미래에 대한 것이다. 충성의 대상이 다르고 그 의미도 다르니 갈등이 일어날 수밖에 없다. 때문에 90년대생들을 위한 조직 문화 개선 방안은 회사에 대한 충성심을 고취하는 것보다 자신들의 충성도에 회사가 어떻게 도움을 줄 수 있느냐에 방점이 찍혀야 한다.

워라밸: 저녁이 있는 삶을 꿈꿀 수 있는가?

"저희 친오빠는 대기업에서 3년을 근무하다가 작년에 9급에 합격하여, 지금 세무 공무원으로 일하고 있어요. 오빠가 대기업에 다니던 3년 동안 야근을 안 한 날을 손으로 셀 수 있을 정도입니다. 오빠는 돈도 좋지만 우선 인간답게 살고

> 싶다는 이야기를 밥 먹듯이 했습니다. 우리가 공무원을 원하는 이유는 안정적인 삶을 살고 싶기보다는 최소한 인간답게 저녁이 있는 삶을 살고 싶기 때문입니다."
>
> —공무원을 준비 중인 김모 씨(1992년생)

앞서 말했듯이, 90년대생들은 IMF 직격탄을 맞은 70년대생들과, 상시 구조조정의 가능성을 가져왔던 2008년 세계 금융위기에 쑥대밭이 되었던 80년대생들의 모습을 보고 자라왔다. 안정된 생활은 특정 세대의 기호가 아닌 모든 사람이 원하는 삶이다. 하지만 정작 90년대생들은 안정적인 삶보다는 인간다운 삶을 살기 원한다고 말한다. 공무원을 원하는 것은 단지 철밥통이 되기 위해서가 아니라 법이 정한 테두리, 즉 법정 근로시간에 따라 일하고 쉴 때는 쉬는 삶을 영위하고 싶다는 것이다. 이는 2010년경 당시 민주당의 손학규 상임고문의 '저녁이 있는 삶'이라는 정책 슬로건이 많은 사람의 지지를 받았던 이유이기도 하다. 얼핏 당연하게 보이는 이 슬로건은 정신없고 바쁘게 움직이는 한국 사회에 큰 화두를 던졌다.

연봉, 복리후생, 지리적 위치, 사회적 위상 등 회사 선택의 기준은 매우 다양하다. 하지만 90년대생들은 무엇보다 '일과 삶의 양립'이 가능한가를 으뜸으로 둔다. 아마도 한국 사회처럼 야근이라는 단어가 자연스럽게 다가오고 정시 퇴근이 부자연스럽게 느껴지는 사회는 없을 것이다.

물론 끼니도 제대로 때우지 못하던 가난한 나라를 지금과 같이 일으킨 건 성실한 노동자의 헌신 때문이었다. 그리고 그 바탕에는 회사가 열심히 일한 나를 버리지 않을 것이라는 믿음이 있었다. 하지만 1997년 IMF 이후로 열심히 일해온 많은 이들이 거리로 내팽개쳐졌고, 2008년 금융위기 이후 상시적으로 구조조정이 일어난다. 그러니 90년대생들에게 근면, 성실을 강조하는 것은 앞뒤가 맞지 않는다.

일과 삶의 균형을 적극적으로 요구하는 세대

한국 근로자들의 일하는 시간은 길기로 유명하다. 2015년에는 경제협력개발기구OECD 회원국 28개국 중 멕시코에 이어 2위였다. 2018년 7월 15일 발표된 한국은행의 '최근 해외경제 동향' 보고서에 따르면 멕시코, 코스타리카에 이은 3위다. 눈여겨볼 것은 한국인들의 근로시간은 통계치가 있는 2000년부터 2007년까지 8년간 부동의 1위를 차지했다가 2008년에서야 멕시코에 1위 자리를 넘겨줬다는 것이다. 21세기 근로시간 월드컵을 하면, 매년 멕시코와 결승전에서 맞붙을 기세다.

한국의 근로시간은 2000년만 해도 2,512시간으로 멕시코(2,311시간)와도 큰 격차를 보였다. 이후 2007년까지 1위를 유지하다가 2008년 한국이 2,246시간으로 줄면서 멕시코(2,260시간)

에 이어 6년간 2위 자리를 지키고 있는데, 이는 2004년 7월부터 시행된 주 5일 근무제로 근로시간이 조금씩 단축된 것이 영향을 미친 것으로 보인다. 하지만 세계 금융위기를 겪으며 실업률이 오르고 시간제 근로자가 증가한 결과라는 시각도 있다. 긍정적인 변화만은 아니라는 뜻이다.

워라밸은 일과 삶의 균형이란 뜻이다. 이 말은 전 세계적으로 사용되지만 한국에서는 맥락이 약간 다르다. 장시간 노동에 생산성은 반비례하는 현실에서 '취준생들이 일과 삶의 균형이 있는 직장을 구직의 기준으로 삼는 행태'를 가리키는 뜻으로 사용되는 것이 특징이다.[13] 워라밸은 많은 매체에서 2017년 신조어로 소개되었지만 사실은 2000년대 초부터 WLB라는 축약어로 국내에 알려졌다. 2006년에는 국가 중앙인사위원회의 'WLB 정책'이 시행되는 등 일과 삶의 균형과 관련한 여러 움직임이 활발하게 일어났다. 이는 워라밸에 대한 요구가 딱히 90년대생들에게만 해당되지 않고, 변화하는 한국 사회의 전반적인 요구라는 의미이다. 단지 90년대생들의 본격적인 조직 유입이 시작된 지금이 바로 그 물결을 급속하게 바꿀 타이밍을 제공했을 뿐이다.

예를 들어, 2007년 삼성경제연구소의 보고서 「경영의 새 화두: 일과 생활의 균형」에서 국내 대기업 직원을 대상으로 실시한 설문조사 결과, '직장 생활에서 무엇이 가장 중요한가'라는 질문에 급여 수준, 고용 안정성, 승진 등을 뒤로하고 '일과 생활의 균형'이 1위로 꼽혔다. 90년대생들이 조직에 유입되기 전부터 국내 직장인들은 워라밸을 가장 중요한 가치로 삼았던 것이다.

선진국은 이미 30~40년 전부터 일과 삶의 균형 프로그램 운영

국가별 '일과 삶의 균형' 프로그램의 특징[14]

구분	미국형	유럽형	일본형
도입 배경	여성 인력 증가 우수 인재 확보 곤란	실업 대책 일환 여성 고용 확대 고령화 대책	국가 성장 정체 노동인구 감소 저출산 대책
주도 세력	기업	정부 및 지자체	정부
확산 시기	80년대 초반	70~90년대	2000년 이후
주요 수단	유연근무 경력 개발 지원 교육 지원 문화 생활 지원	사회운동화 유연근무 보육 서비스 지원 기업 지원 (보조금, 수당 등)	제도적 기반 마련 (근무시간, 장소, 처우 조건 법제화) 국민헌장 발표 기업 행동 변화 촉구
목표	기업 생산성 향상	국가 복지, 국력 강화, 실업 대책 마련	국가의 지속가능한 성장 토대 마련

해외에서는 이미 오래전부터 WLB 프로그램을 진행한 바 있다. 크게 유럽형, 미국형, 일본형으로 나눠볼 수 있다. 가장 먼저 스웨덴, 노르웨이 등은 1970년대 중반부터 고령화 및 저출산 대책 등의 복지 정책이 있었다. 실업률 억제를 위한 '유연근무 법제화 및 세제 우선 조치'를 중심으로 진행된 프로그램은 실제로 근

로시간 단축으로 이어져 고용 창출, 실업률 억제 등에서 큰 효과를 발휘한 것으로 알려져 있다.

실업 및 국가복지 대책을 위해 2000년 본격적으로 '일과 삶의 균형' 대국민 캠페인을 시작한 영국은 이후 캠페인을 3단계에 걸쳐 추진하면서 관련 법률 및 제도 정비, 문화 조성 등에 주력했다. 영국 정부는 캠페인을 통해 일과 삶의 균형이 기업에 가져다줄 경제적 이익을 홍보하는 동시에 기업 차원의 참여 및 지원을 이끌어내기 위해 많은 노력을 쏟았다. 그 결과, 초기 정부가 주도하던 캠페인이 이후 기업과 노조 중심으로 이뤄지는 변화까지 가져올 수 있었다.

미국의 경우, 주로 기업 주도로 WLB 프로그램이 이뤄지고 있으며, 워킹맘 등의 특정 집단에 관한 이슈가 아니라 전사적인 인력 개발 및 회사의 브랜드 관리 관점에서 논의되고 있는 것이 특징이다. 포드의 경우 '일하는 부모를 위한 기업문화'를 슬로건으로 내걸고 철저하게 양육자 입장에서 접근했다. 이 회사는 양육 기간의 근로자가 관리자와 합의하에 업무 시간을 90퍼센트까지 줄일 수 있도록 하는가 하면, 자녀에게 문제 발생 시 전문 보육사를 집으로 파견하는 조치를 취했다. 최고경영자 및 인사 담당자의 인식 개선을 우선적으로 실시한 기업도 있다.

마지막 일본의 경우 정부 위주로 프로그램이 이뤄지고 있으며, 2007년 내각부가 일과 생활의 조화 헌장 및 행동 지침을 발표하고, 총리 직속의 '일과 생활의 조화 추진실'을 설치해 '카에

루! 재팬(Change! Japan)' 캠페인을 추진하는 등 일과 삶의 균형에 많은 정성을 쏟아왔다. 이 캠페인은 2009년 정부, 전문가, 경제단체, 노조 대표가 주요 6대 분야에 대한 '일과 생활의 조화를 위한 대처방안'을 추진키로 결의하고, 행동 지침별 목표를 제시 점검하는 등 범국민적 캠페인으로 전개됐다.[15]

처참하게 실패한 국내의 워라밸 캠페인

그렇다면 2000년대 중반부터 10년 넘게 이어온 국내의 워라밸 캠페인은 어느 정도의 성과를 보였을까? 2000년대 '가족 친화 경영'에서 2014년부터 진행된 '일과 이분의 일 캠페인'까지 지속적인 정부 정책과 개별 기업 캠페인이 이뤄졌지만 결과는 처참한 실패로 나타났다. 아무리 10여 년간 가족 친화 경영, 워라밸을 외쳐봤자 실제 직장인들에게는 크게 와닿지 않았다는 의미다.

서울YMCA가 2013년 실시한 '근로자 설문조사'에서는 남성 78퍼센트, 여성 43퍼센트가 법정 근로시간에 비해 초과근무를 하고 있으며, 일반적으로 주 4회 이상 초과근무를 하고 있다고 응답했다. 현장에서 일하는 직장인들은 여전히 야근에 시달리고 있었다. 4년 뒤인 2017년 12월 국내 기업용 모바일식권 서비스 '식권대장'을 운영하는 벤디스가 고객사 임직원 35,000명의 식권 실제 사용 데이터를 분석한 결과, 우리나라 직장인 10명 중 7명이 한 달에 한 번 이상 야근을 하고 있으며, 10명 중 2명은 매일 야근하는 것으로 나타났다.[16] 평균적으로는 10명 중 7.8명이 야근을 하고, 1주일 평균 야근 일수는 4일이나 되었다.

또한 시장조사 전문 기업 엠브레인 트렌드모니터가 2018년 전국 만 19~59세 직장인 남녀 1,000명을 대상으로 워라밸 관련 인식조사를 실시한 결과, 대부분의 직장인들은 한국 사회의 노동시간이 너무 많고, 사람들이 일에만 매몰되어 사는 것 같다고 느끼고 있었다. 긍정적인 반응은 9.5퍼센트뿐이었다. 이는 지난 10년간 워라밸이 전혀 개선되지 않거나 캠페인의 효과가 미미하다는 것을 나타낸다. 이와 같이 정부와 개별 기업의 노력에도 워라밸이 개선되지 않는 이유는 무엇일까? 국내 위키 사이트 나무위키의 워라밸 페이지에는 아래와 같은 해답이 달려 있다.

실상 회사를 위해 온몸을 갈아야 한다는 틀니세대에게는 워라밸이란 단어는 반동 수준이며, 그들이 대부분 아직 기업에서 고과를 주는 위치를 차지하고 있기 때문.

칼퇴라는 말부터 잘못된 것 아닌가요

최근까지 '일과 가정 양립'을 모토로 스마트워크, 집중근무제,

자율 출퇴근제 등 다양한 제도가 운영되고 있는데 그중에 하나는 정시 퇴근 캠페인이다. 몇 년 전엔 정부에서 내수 진작 차원에서 매주 수요일 정시 퇴근을 독려한다고 밝히기도 했다. 정시 퇴근의 이유가 내수 진작 차원이라는 것이 실소를 자아낸다. 하지만 그 전에 이러한 패밀리 데이와 같은 정시 퇴근 캠페인에 대한 세대별 시각 차이를 살펴볼 필요가 있다.

먼저 '야근 문화'에 익숙한 70년대생 이전 세대는 이러한 정시 퇴근 캠페인을 회사가 주는 하나의 혜택이라고 생각한다. 쉽게 말해서 회사가 1주일이나 2주일에 한 번 정시 퇴근을 시켜주는 것을 직원들이 고맙게 받아들여야 한다는 것이다. 하지만 사원, 대리급의 80년대생과 90년대생들은 생각이 다르다. 그들에게 정시 퇴근이란 것은 근로계약서에 명시되어 있는 엄연한 권리인 것이다.

그렇다면 이러한 한국 특유의 야근 문화에 대해 외국인이 바라보는 시각은 어떠할까? 한국-호주 비즈니스 컨설팅사 창립자인 마이클 코켄Michael Kocken이 2014년 5월《허핑턴포스트》에 올린 "우선 칼퇴라는 말부터 버립시다"라는 제목의 글을 참조해보자.[17] 그는 이전에 다니던 직장에서 6시 30분에 퇴근 보고를 하면, 항상 팀장이 "벌써? 칼퇴하는 거야?" 혹은 "어디 가니?"라며 되물었다고 이야기한다. 사실 회사와 개인이 맺는 계약서에는 출근과 퇴근 시간이 명백하게 표기되어 있다. 하지만 한국적인 사고방식으로는 비록 오전 9시부터 오후 6시까지가 근무시간으로 명시되어 있다고 하더라도, 6시 30분에 퇴근하는 것조차 '칼퇴'라고 인식한다.

마이클 코켄이 지적한 것과 마찬가지로 아직도 대부분의 한국 기업에서는 오후 7시 퇴근이 칼퇴이고, 9시 퇴근은 보통이며, 밤 11시가 넘어 퇴근해야 야근을 한 것이라는 인식이 보편적으로 퍼져 있다. 영어에는 '칼퇴근'으로 번역될 수 있는 단어나 이를 비유하는 속어조차 존재하지 않는다. 왜냐하면 약속한 퇴근 시간이 되어 퇴근을 하는 것이 당연하다고 생각하기 때문이다. 물론 국어사전에도 칼퇴라는 말은 존재하지 않지만, 한국 사회에서는 칼퇴가 '빨리 퇴근했다'는 속어로 광범위하게 퍼져 있다.

실제로 정해진 퇴근 시간에 맞춰서 퇴근을 하는 직장인들은 한국에서 공공의 적으로 찍히기 십상이다. 빠른 퇴근을 근무시간 내에 일을 효율적으로 마무리하는 것으로 보지 않고, 열심히 하지 않고 동료들을 내팽개치는 얄미운 행동으로 인식한다. 이런 분위기가 가득한 조직에서는 자연스레 칼퇴를 피하게 되고, 회사에서 주어진 일보다 많은 일을 열정적으로 처리한다는 인상을 주기 위해 필요하지 않은 야근도 마다하지 않게 된다.

많은 대기업들은 이러한 야근 문화를 없애려고 일명 '칼퇴 프로그램'을 진행하고 있다. 보통 이러한 칼퇴 프로그램들은 한 달에 한 번 일찍 퇴근을 하여, 그 시간을 가족과 함께 보내라는 취지로 운영되고 있다. 하지만 대부분의 '일찍'은 근로계약서에 명시된 바로 그 시간이다. 이런 식의 패밀리 데이 운영은 임직원에게 근로계약서에 명시된 퇴근 시간에 퇴근하는 것이 특별한 일이라거나, 어차피 계약서는 형식적인 것이라는 인식을 심어줄 수 있다.

한편 한국의 포털사이트에서 칼퇴를 검색하면 가장 먼저 나오는 연관 검색어가 바로 '공무원 칼퇴'다. 한국에서 근로계약서에 명시된 공식적인 퇴근 시간에 맞춰 퇴근을 할 수 있는 이들은 오로지 공무원뿐이라는 것일까? 여기에 많은 사람들은 외국계 기업도 공무원만큼은 아니지만 칼퇴가 가능하다는 생각을 가지고 있다. 외국계 기업은 말 그대로 한국 기업이 아니기 때문이다.

상당수 직장인들에게 정시 퇴근은 그림의 떡이다. 특히 전체 기업의 90퍼센트 이상을 차지하는 중소기업에서 이런 혜택은 바라기가 더 어렵다. 위에 소개한 칼퇴 프로그램조차 일부 대기업과 공공기관에서 진행하는 특수한 이벤트에 그칠 뿐이다. 퇴근 시간이 없는 조직은 없지만, 대부분 퇴근 시간은 자연스럽게 본인이 아닌 상사에게 맞춰진다. 이러한 상황에서는 저녁이 있는 삶을 기대하기 전에 밤이 있는 삶조차 상상하기 힘들다.

휴가를 쓰는 각기 다른 풍경

노동시간 단축과 동시에 휴가와 관련한 직장 내 풍경도 변했다. 70년대생들에게 휴가라는 것은 보통 전통적으로 제공하는

'하계 휴가' 이외에는 없었다. 그들에게 휴가라는 것은 회사 생활에서 반드시 써야 하는 '보너스'가 아니라 마치 '비상금' 같은 것이었다. 보통 연차는 근속연수에 따라 부여되기 때문에 현재 시점에서 70년대생들은 80년대생과 90년대생에 비해서 연차가 훨씬 더 많다. 하지만 그들은 보통 휴가를 다 쓰는 것이라고 생각하지 않고, 실제로 다 쓰지도 않는다. 그들은 여전히 집안에 특별한 일이 있거나 비상시에만 그들이 가진 연차의 소수를 사용한다. 나머지는 연차 수당 등으로 돌려받거나, 그렇지 않으면 연차를 모두 쓰지 못하고 버리게 된다. 그들에게 휴가를 다 쓴다는 것은 회사 조직과 그들의 상사에게 반대표를 던지는 것과 같다. 그들은 지난 시간 동안 휴가란 단지 부여될 뿐, 다 써야 되는 것으로 배우지도 않았다. 그들이 연차 사용에 눈치를 보는 만큼, 다음 세대들이 휴가를 보너스처럼 사용하는 것도 탐탁하게 보지 않는다.

물론 70년대생 이상은 대개 조직에서 관리자로 활동하기 때문에, 의사결정의 범위가 더 넓은 것이 사실이다. 실제로 자리를 비우면 진행하는 프로젝트나 관리해야 하는 팀에 영향을 끼칠 수도 있다. 하지만 그 이전부터 내려온 한국 사회의 뿌리 깊은 생각이 이들의 행동을 제약하는 면이 더 크다. 당장 올해와 작년에 이들이 쓴 연차를 확인해보면 알 수 있다. 아마 그들은 일이 많든 적든 10일 이상의 연차가 남았을 것이다.

80년대생들은 휴가와 관련해서 이전 세대들보다 좀 더 유연한 자세를 보인다. 이들에게 휴가라는 것은 전략적으로 사용해야 하는 것이다. 이들은 꼭 휴가를 여름 성수기에 맞춰서 가야 한다고 느끼지도 않는다. 해외 배낭여행 등에 익숙한 이들은 차라리 여름 휴가 대신에 명절 연휴나 징검다리 휴일에 붙여서 해외여행을 가는 데 쓴다. 예를 들어 추석 연휴가 6일이고 그 앞에 5일의 휴가를 붙여 쓴다면 그 전 주말까지 합쳐서 거의 2주의 시간을 확보한다.

하지만 이들이 휴가에 대해서 완전히 자유로운 생각을 가지고 있는 것은 아니다. 80년대생 또한 기존 세대와 같이 휴가를 쓰는 것에 대한 부담을 가지고 있다. 하지만 이들이 휴가를 모조리 쓰고 있지는 않다고 할지라도 부여된 휴가를 그냥 버리는 것은 아깝다는 생각은 가지고 있다.

중견 식품회사에 다니는 이모 씨(1982년생)는 3년 전에 친구들과 국내 여행을 다녀오기 위해 팀장에게 목, 금 이틀간의 휴가를 낸다고 했다가 돌아온 반응에 충격을 받은 기억이 있다고 털어놓았다. 휴가 계획을 들은 팀장은 다음과 같이 말했다고 한다.

"아니, 지난달에 여름휴가를 다녀오고 무슨 또 휴가야? 무슨 우리 회사가 주 3일제 회사인 줄 알아? 난 지난 2년간 휴가를 다녀온 적이 없어! 좀 다른 사람 눈치도 보고 행동하세요."

이모 씨는 기존 프로젝트성 업무 마무리에 본인이 이틀간 빠져도 문제가 없을 거라고 판단했다. 그런데 이렇게 팀장의 진노를 살 줄은 몰랐다고 말했다. 물론 우여곡절 끝에 여행은 다녀오게 됐지만, 그는 휴가를 내기가 꺼려졌으며, 내더라도 부득이하게 집안에 문제가 있는 것처럼 거짓말을 하게 되었다고 한다. 그렇게 이들은 전략적으로 휴가를 쓴다.

그런데 앞선 이들과 전혀 달리, 90년대생들에게 휴가는 일종의 권리다. 이들에게 휴가는 당연히 써야 하는 것이기에, 쓰지 않는 것은 물론이고 눈치를 보는 것이 너무나 이상하다. 물론 그들에게 휴가가 권리라고 해서, 업무에 지장을 끼치면서까지 쓰기를 원하지는 않는다. 대신에 업무를 마무리하고 동료에게 자신의 일을 전가하는 정도가 아니라면 휴가를 쓰는 것은 전혀 문제가 되지 않는다고 생각하는 것이다.

휴가에 대한 세대별 다른 생각

구분	70년대생	80년대생	90년대생
휴가에 대한 생각	휴가를 다 쓰는 것은 눈치가 보이는 행동이다.	적절히 눈치를 봐서, 연차를 사용하여 전략적인 휴가를 떠난다.	연차 사용은 나의 자유이고, 휴가 사유 또한 알릴 필요가 없다.
휴가 사용 방식	여름 집중 휴가를 다녀온다.	여름 휴가를 고집하지 않고, 자신이 원하는 시기로 휴가 시기를 조절한다.	시간을 쪼개서 연차를 자유롭게 쓰고 싶다.

2012년에 회사에 신입 사원으로 입사한 배모 씨(1990년생)는 2012년부터 2년간 본인에게 주어진 모든 휴가를 빠지지 않고 모조리 사용했다. 그에게 중요한 가치는 연차 수당과 같은 돈이 아니라 인생의 여유였다.

"본인에게 주어진 휴가를 다 쓰지 않고 휴가를 다녀오지 않은 것이 마치 더 일을 열심히 한 듯이 으스대는 선배들을 볼 때면 얼간이같이 느껴져요. 내 휴가를 내가 사용하는데 누가 뭐라고 하는 것도 이해가 안 되고요. 얼마 전에 팀장님이 지나가는 말로 '휴가가 너무 잦은 거 아닌가?'라고 하는데 기분이 안 좋았죠. 지적하려면 업무적으로 이야기해야 하는 거 아닌가요?"

페이스북에 '젊은 사원의 휴가 사유'라는 이름의 짤이 떠돌았다. 사원이 적은 휴가 사유는 다음과 같았다. "다음 날이 쉬는 날이어서." 이처럼 이들은 본인에게 주어진 휴가 기간을 어떻게 하면 효과적으로 사용할지에 대한 관심이 많다. 만약 황금연휴가 아닐지라도, 징검다리 휴일이 있다면 그들은 휴가를 붙여서 자체적으로 황금연휴를 만들기도 한다. 물론 이에 맞춰서 최근 기업들은 징검다리 연휴가 있는 주는 조직 전체 사원에게 연차나 월차 사용을 권장하고 있다.

우리도 안식년을 바랍니다

"질문이 있어요! 강사님네 회사도 삼성처럼 3년에 한 번씩 경력을 개발할 수 있는 기회가 있나요?"

언젠가 서울 시내 대학교에서 취업 특강을 했을 때 일이다. 나는 학생이 삼성전자의 '자기 계발 휴가' 제도를 이야기하는 것이라 파악하고, "우리 회사는 삼성과는 다르게 5년 근무 후에 휴직이 가능합니다"라고 대답했다. 그런데 이것은 엄밀히 말하면 휴가가 아니라 무급 휴직이었다. 해당 기간 동안 월급을 받을 수 없는데 괜찮으냐는 설명을 했더니, 학생은 유급이든 무급이든 상관없으며, 본인은 근무 기간 후에 이러한 안식이 가능한 회사를 중심으로 구직 활동을 하고 있다고 했다.

보통 대학교수들은 7년을 주기로 안식년을 가진다. 하지만 일반 직장인들에게 이러한 대학교수들의 안식년은 꿈과 같은 시간이다. 한국의 직장인들은 보통 10여 년에 한 번씩 발생하는 근속 휴가 며칠조차 쓰기를 부담스러워하는 것이 현실이었다. 물론 대학교수와 같은 안식년의 개념을 연간으로 일반 기업에 적용하는 데는 무리가 있다. 하지만 이와 관련한 90년대생들의 이야기를 들어볼 필요는 있다. 엔터테인먼트 부문 대기업에 일하는 안 모 씨는 이와 관련한 이야기를 했다.

"회사의 규정을 보니 근속 휴가를 10년 단위로 주더라고요. 그런데 언론에서 본 우리 회사의 평균 근속연수는 5.3년이었어요. 평균 근속연수가 5년인데 근속 휴가를 10년 단위로 주는 게 말이 되나요?"

아직도 많은 기업에서는 근속기간을 기존에 정해두었던 10년 단위로 형성해놓은 것이 사실이다. 하지만 보통 대기업의 평균 근속연수는 10여 년에 불과하다. 2018년 4월 기업 경영성과 평가 사이트 CEO스코어의 조사에 따르면 사업보고서를 제출한 국내 500대 기업 324개사 직원의 평균 근속연수는 지난해 말 기준 12.3년으로 나타났다. 이에 반해 30대 그룹 평균 근속연수는 이보다 짧은 것으로 나타났다.[18] 2014년 조사에서 30대 그룹 계열사 중 169개사는 평균 9.7년, 나머지 181개사는 평균 10.9년이었다. 치열한 경쟁을 뚫고 대기업에 입사해도 근속연수는 겨우 10년에 불과한 것이다.

최근에는 이러한 트렌드를 새로운 제도에 반영하거나 조직 문화를 변화시키는 데 활용하려는 움직임도 생기고 있다. CJ그룹은 2017년 5월 기업문화 혁신 방안을 발표하고 5년마다 최대 한 달 동안 재충전과 자기 계발 시간을 가질 수 있는 창의 휴가 제도와, 5년 이상 근속 임직원을 대상으로 어학연수, 직무교육 등을 위해 최대 6개월까지 해외연수휴직을 신청할 수 있는 'Global Knock' 제도를 도입하였다.

카카오의 경우, 근속 3년마다 안식 휴가 1개월과 휴가비 200만 원을 지원하고 있다. 특히 트렌드를 빠르게 반영하는 IT기업들은 직원들의 근속 휴가에 대한 단위를 낮춰서 운영하고 있다. 세계에서 가장 큰 전자부품 및 컴퓨터 용품 유통업체인 애로우 일렉트로닉스는 직원 개발을 가장 핵심적인 연구 분야로 정했다. 그들은 모든 직원들이 입사 후 1년이 지났을 때와 7년이 지났을 때에 10주간의 안식 휴가를 가질 수 있도록 했다. 그들은 직무 담당자가 안식 휴가를 보내는 동안, 그 직무에 잠재력이 많은 직원을 배치했다. 또한 이러한 확장된 경험을 통해 최대한의 학습을 이끌어내려는 프로그램을 고안했다.

보여주기식 업무에 대한 염증

새로운 세대가 회사에 들어와서 가장 많이 놀라는 것은 보여주기식 업무 진행이다. 치열한 경쟁 과정에서 효율성이 중요하다고 여기며 살아온 그들에게 보여주기식 업무는 너무나 낯선 것이었다.

"회사 다니면서 선배들이 보여주기식 업무를 진행하는 것을 너무 많이 봤어요. 주어진 업무 시간에 할 수 있는 일인데도 불구하고, 일과 시간엔 담배 피우고 서로 수다 떨고 놀다가, 퇴근 시간이 지나서야 저녁을 먹고 시작하더라고요. 그러고는 자정이 다 돼서야 메일을 날리고요. 정말 새벽에 메일을 보내면 더 열심히 일한다고 생각하는 건 아니겠죠?"
- 중소기업 2년 차 재직 중인 강모 씨(1990년)

졸업을 하자마자 패키지 디자이너로 2년째 회사 생활을 하고 있는 강모 씨에게는 이러한 선배들의 비효율적인 모습이 가장 불만이다. 최근 저녁에 중국어 학원을 다니기 시작하여, 일주일에 3번은 저녁 6시 30분에 퇴근을 해야 하는 그녀에게 선배들의 시선은 여간 따가운 것이 아니다. 하지만 그녀는 충분히 주어진 일과 시간에 마무리할 수 있는 업무를 일부러 끌고 있는 선배들의 모습을 이해할 수 없다. 그녀도 주어진 업무를 미루고 퇴근하지는 않는다. 게다가 반드시 야근을 해야 할 일이 있을 때는 군말 없이 야근을 하는 편이다. 하지만 그녀가 보기에 회사 선배들의 야근은 '습관적'이다.

그녀는 이러한 보여주기식 야근 문화에 대해서 선배들에게 따지기도 했다. 왜 쓸데없는 야근을 해야 하느냐며 말이다. 하지만 여기서 돌아온 한 선배의 답변에 그녀는 할 말을 잃었다. "사장이 늦게 메일이 오가는 것을 일을 열심히 하는 것이라고 생각하기 때문에 그렇게 해야 한다"라는 것이었다. 그녀는 회사를 그만두기로 마음먹었다. 비록 급여나 복리후생이 동종업계에서 나쁜 편은 아니지만, 이런 곳에서 청춘을 썩히기는 싫다고 그녀는 말했다. 이런 보여주기식 문화는 국내 기업의 대표적인 잘못된 관행 중 하나로 지적되어왔다.

LG경제연구원 강승훈 책임연구원은 2014년 7월 「헛손질 많은 우리 기업들 문제는 부지런한 비효율이다」라는 분석 보고서를 발표했다. 그에 따르면 성과 창출보다 자신을 드러내기 위한 보여주기는 부지런한 비효율의 대표 주자다. 80년대생들도 이러한 관행을 비판하는 것은 마찬가지였다. 하지만 비록 본인이 비효율적 보여주기에 동참하지는 않더라도, 회사의 퇴직까지 고민하는 부류는 많지 않았다. 2007년 온라인에 '삼성물산 46기 신입사원의 사직서'가 떠돌아다녔을 때도, 아직 세상을 모른다고 혀를 차는 의견이 대다수였다. 기껏해야 "용자가 나타났다"라는 반응 정도였다.

하지만 많은 90년대생들은 이러한 모습을 보면 즉각적인 퇴사 욕구가 끓어오른다고 한다. 그들은 보여주기식 노력이 대부분 그들의 직속 상사에 대한 소속감 때문임을 알고 있다. 그러나 많은 90년대생들은 더 이상 과거처럼 상사나 회사에 대한 수직적인 소속감을 느끼지 않는다. 대신 과거와는 달리, 주변 동료나 지인들을 향한 수평적인 소속감을 더 많이 느낀다.

제너럴일렉트릭의 전성기를 이끌었던 잭 웰치Jack Welch는 위계적 조직의 부작용을 지적하며 "위계적인 조직은 곧 모두가 CEO를 바라보고, 고객에게는 엉덩이를 들이대는 조직이 된다"라고 말한 적 있다. 그리고 이렇게 말로만 고객을 외치고 사실은 상사

를 최우선 고객으로 모시는 위선적인 모습에 새로운 세대는 매우 비판적이다.[19]

형식에 빠져 낭비되는 시간들

90년대생들은 또한 '실행'보다 '계획'이 중시되고 '알맹이'보다 '형식'을 중시하는 조직의 모습에 환멸을 느낀다고 말한다.

> "분기 품질관리 현황 보고 한 번 하는데, 보고서를 대체 몇 번 수정했는지 아세요? ver.41까지 만들었습니다. 사장 보고도 아니고, 바로 위의 임원에 보고하는데 41번이나 수정했다는 게 이해가 안 돼요."
>
> — 홈쇼핑 업계 3년 차 재직 중인 김모 씨(1989년생)

홈쇼핑에서 품질관리 업무를 3년째 하고 있는 그녀는 보고 중심의 문화에 혀를 내둘렀다. 그녀는 A4 용지 2장이면 충분할 현황 보고서가 상사 두 명을 거치면서 파워포인트 60장이 넘는 대규모 보고서급으로 발전되었다고 했다. 그녀는 우선 이러한 간단한 정기 현황 보고를 두 명의 상사를 거쳐, 임원에게까지 3단계를 거쳐 보고해야 하는 복잡한 결재 단계도 이해가 되지 않았다. 상사가 수정하라고 했던 부분을 반영해도 그 위의 상사에게 보고되면 다시 정반대의 의견으로 바뀔 수 있고, 수정에 수정이 불가피하기 때문이다. 그녀는 이것이 바로 비효율이 아니고 무엇이냐고 말했다. 무엇보다 수정에 수정을 거듭한 보고서는 디자인 등의 껍데기만 멋들어지게 바뀌었을 뿐, 핵심은 최초 보고안과 크게 다르지 않았다고 했다.

조직학의 대가 아미타이 에치오니Amitai Etzioni가 지적했듯 사람들은 불확실성에 대한 두려움 때문에 의사결정을 방어적으로 회피하거나 필요 이상의 정보를 수집하며 시간을 끄는 경향이 있다. 그리고 이런 상황에서 의도적인 비효율이 발생할 수 있다. 책임 회피를 위해 꼭 필요한 의사결정을 미루는 경우가 종종 발생하는 것이다. 그러니 대안을 검토하는 하급자는 보고서를 만들고 회의를 거듭하며 불확실성이 사라지길 기다린다. 필요 이상의 복잡한 결재 단계에서 시간을 끌기도 한다. 이는 의사결정을 내려야 하는 상급자도 마찬가지다. 결단이 필요한 순간 보고서의 사소한 오류나 정보 부족을 탓하며 재작업을 지시해 시간을 끈다. '돌다리도 두드려보고 건너라'라는 격언이 '의사결정을 하지 않는 것보다 더 나쁜 의사결정은 없다'라는 격언을 압도하는 것이다.

의사결정을 기다리고 있다고 해서 쉬는 것은 아니다. 모두 정보를 수집하며 바쁘게 뛰고 있다. 보고서 버전은 끝없이 올라간다. 그렇게 돌다리를 두드리던 순간 경쟁사는 이미 그 돌다리를 건너 신제품을 내놓는다. 남은 것은 완벽한, 그러나 이미 쓸모없는 보고서와 판단이 틀리지 않았다는 씁쓸한 자위뿐이다. 그러나 비효율을 만드는 건 이뿐만이 아니다.

> "저는 보통 하루 업무의 절반 이상은 회의로 보냅니다. 물론 필요한 회의도 있지만, 대부분은 결론도 없이 끝나는 무의미한 회의가 대부분이죠. 그리고 우리 팀장님은 무슨 회의 때 하실 말씀이 그렇게 많으신지 몰라요. 팀원 한 사람 한 사람을 코칭하는 내용인데 팀원 모두가 듣고 있을 필요가 있나요? 그럴 거면 따로 불러서 이야기했으면 좋겠어요. 시간이 정말 아깝습니다. 맨날 회의 또 회의. 일은 언제 하나요?"
>
> – 제조업체 마케팅 부서에서 근무하는 김모 씨(1990년생)

20세기 초 프랑스의 농업공학자 막스 링겔만Max Ringelmann의 실험 이후 널리 알려진 '사회적 태만'은 협업에 참여하는 사람이 늘어날수록 개인별 노력의 최대량이 줄어드는 경향을 말한다. 책임을 분산하고픈 욕구는 누구에게나 있다. 그래서 조직은 구성원의 임무를 명확히 분배하려 노력한다. 하지만 권한과 책임의 선이 희미해지면 책임을 분산하려는 욕구가 조직에 비효율을 일으킬 수 있다. 불필요한 이메일의 남발이나 안건과 관련이 없는 사람까지 참석시키는 회의가 대표적이다.

《월스트리트 저널》에 따르면 미국 직장인들은 하루 평균 74

회 이메일을 확인하는 것으로 나타났다. 한국의 직장인들도 다르지 않다. 메일 확인에 한 시간 이상씩 낭비하는 예도 드물지 않다. 그러나 정말 필요한 내용은 얼마 되지 않는다. 회의도 마찬가지다. 회의가 곧 일이 될 정도로 회의를 쫓아다니지만 자신이 왜 참석했는지 모를 회의가 상당수다. 책임의 회피와 분산을 위해 일단 이메일을 통해 내용을 공유하거나 꼭 필요치 않은 사람도 회의에 참여시키는 것이다.

마이클 맨킨스Michael Mankins를 비롯한 베인앤컴퍼니사의 컨설턴트 역시 2014년 5월 《하버드 비즈니스 리뷰》에 쓴 글에서 조직 내 이메일이 폭증하고 회의도 증가하고 있지만 그것이 성과로 이어지지 못하고 있다고 꼬집었다. 이처럼 조직에서는 메일 체크와 회의 홍수에 귀중한 시간이 낭비되고 고객에게 쓸 시간은 점점 줄어들고 있다.

우리는 회사 안에서의 꿈이 없습니다만

국내 대기업 인사팀장으로 근무하는 강모 씨(1973년생)는 얼마 전 회사 행사를 마치고, 집에 돌아가는 길에 마침 집 방향이 같은 영업팀 신입 사원 김모 씨(1991년생)와 함께 택시를 탔다. 돌아오는 길에 행사에 대한 이야기를 나누던 중, 강 씨는 본인의 직업의식이 발동했는지 김 씨에게 앞으로의 꿈을 물어봤다. 동일한 질문을 사원들에게 자주 건네는 편인 강 씨는 "몇 년 뒤에 직무를 바꾸고 싶어요"라거나 "영업 전문가가 되어 10년 후에 해외 주재원으로 근무하고 싶어요"와 같은 대답을 예상했다. 하지만 김 씨의 대답은 다음과 같았다. "베스트셀러 작가가 되는 것이 저의 꿈입니다."

강 씨는 20여 년 동안 인사 업무를 담당했지만, 이런 식의 답변은 처음이라 놀라웠다고 했다. 베스트셀러 작가를 꿈꾼다는 게 놀라웠다는 것이 아니라, 응당 회사에서의 커리어에 대한 대답을 하는 것이 보통이었기 때문이다. 그는 인사팀장인 자신 앞에서 솔직하게 본인의 꿈을 이야기하는 것이 놀라웠다. 그리고 정해진 대답을 예상했던 본인이 꼰대가 아닌지 생각했다고 한다. 이후에 강 씨는 사원들에게 하는 질문을 다음과 같이 바꿨다. "회사 안에서의 목표가 어떻게 되나요?"

최근 국내 제약사 입사에 성공한 주모 씨(1994년생)는 취준생 기간 동안 20개가 넘는 다양한 회사의 면접을 경험했다. 하지만 면접을 할 때마다 그를 괴롭히는 질문이 하나 있었다. 바로 "우리 회사에 입사하여 10년 혹은 20년 후에 목표가 어떻게 되는가?"라는 질문이었다. 10개 기업 중 8~9개 기업은 이와 동일한 질문을 했다고 한다. 그는 질문을 받을 때마다 준비된 답변을 하거나 임기응변으로 면접관이 원하는 답변을 내었지만, 매번 거짓말을 하는 것 같아서 마음 한구석이 편치 않았다. 회사를 10년씩이나 다닐 생각이 전혀 없었기 때문이다. 당연히 회사 안에서

10년 후의 계획이나 꿈 따위는 있을 리가 없었다.

입사 때부터 "이 회사에선 적어도 임원의 자리에까지 올라가 봐야지"라는 생각을 가진 90년대생은 거의 없다. 그럼에도 불구하고 구직자의 입장에서 생각을 해본 적이 없는 면접관들은 과거의 면접 단골 문제를 여전히 중요하게 생각하고, 회사의 임원인 자신을 본보기로 삼고 있을 것으로 생각한다. '나는 너의 미래'라는 생각으로 본인의 지위와 경험에 가중치를 부여하는 것이다. 그리고 그 길을 따르기 위한 노하우에 로열티를 받고자 하며, 이를 기준으로 그들의 행동과 생각에 못마땅한 점을 비판한다.

지금은 종영한 MBC 예능 프로그램 〈무한도전〉의 2013년 '무도를 부탁해' 에피소드에서 개그맨 박명수는 이렇게 말한다. "꿈은 없고요, 그냥 놀고 싶습니다." 이는 기성세대, 즉 꼰대들에게 귀에 못이 박히도록 들었던 '사람은 꿈이 있어야 한다', '모름지기 꿈은 크게 꿔야 된다'는 말에 대한 반발과 같았다. 90년대생들은 이제 당당하게 이야기한다. '꼭 꿈이 있어야 되나?'

영화 〈신과 함께〉의 원작자로 유명한 웹툰 작가 주호민 씨는 본인의 2008년작 〈무한동력〉의 명대사로 꼽혔던 "죽기 직전에 못 먹은 밥이 생각나겠는가, 아니면 못 이룬 꿈이 생각나겠는가?"가 이제는 부끄럽다고 말하기도 했다. "꿈이 꼭 없어도 되는데 너무 꿈을 강요한 건 아니었을까?"라고 말이다. 새로운 세대는 꿈을 좇으라는 기성세대의 충고가 더 이상 효과적이지 않음을 경험을 통해 깨닫고 있다.

3장
새로운 시대, 새로운 고용

2018년 '주 52시간 근무 시대'의 개막

'주 52시간 근무 시대'가 개막했다. 2018년 2월 개정된 근로기준법에 따라 2018년 7월 1일부터 300인 이상 사업장을 시작으로 주 52시간 근무제가 적용된 것이다. 이제는 하루 8시간씩 5일, 여기에 연장근로 12시간을 더한 52시간이 1주에 일할 수 있는 최대 근로시간이 된다. 기존 68시간에서 16시간이 줄어든 것이다.[20]

사실 지금까지 주 최대 근로시간이 68시간에 이른 이유는 휴일근로에 대한 정부의 잘못된 행정해석 때문이었다. 기존 행정해석에서는 법정 근로시간을 넘는 노동, 곧 연장근로에 휴일근로를 포함하지 않았다. 이렇게 되면 근로자는 1주 40시간의 법정 근로시간에 연장근로 12시간, 휴일근로 16시간(토·일요일이 휴일인 사업장 기준)을 각각 더해 주 최대 68시간을 일해야 했다.

바뀐 근로기준법은 각 사업장에 '휴일근로도 연장근로에 포함해야 한다'는 인식을 주었다. 이는 법이 허용하는 연장근로의 한도를 12시간으로 묶는 결과를 가져왔다. 쉽게 말해 기존 주 최대 노동시간 68시간에서 이틀 치 휴일근로 시간인 16시간이 빠진 결과가 주 52시간 근무제다. 이에 따라 90년대생들을 중심으로 그토록 외쳐온 일과 삶의 균형을 비롯하여 국가적인 문제였던 낮은 노동 생산성의 개선과 이에 따른 고용 창출 또한 이루어질 것으로 기대된다.

반면 근로시간 단축에 따른 인력 부족과 이에 따른 기업의 비용 부담, 그리고 연장근로 감소에 따른 근로자의 임금 감소가 단점으로 지적되고 있다. 이와 같은 문제 때문에 정부는 2018년 7월 1일부터 300인 이상 사업장과 정부 및 공공기관은 주 52시간 근무제를 이행해야 하지만, 처벌에 대한 사항을 6개월 유예하기로 했다. 50인 이상 300인 미만 사업장은 앞으로 1년 6개월의 준비 기간을 더 거쳐 2020년 1월부터, 5인 이상 50인 미만 사업장은 2021년 7월부터 순차적으로 주 52시간 근무 체제를 갖추도록 했다.

물론 주 52시간 근무제의 시행에 따른 여러 부작용들이 일어날 수 있지만, 장기적으로 주 52시간 근무 제도는 정착될 것으로 보인다. 무엇보다 우리가 이 시점에서 주의 깊게 보아야 할 건 제도의 장단점이 아니라 앞으로의 근무시간과 고용체계 그리고 앞으로의 주역인 90년대생들의 생각과 행동이다.

주 52시간 근로제가 시행된 이후의 풍경들

앞으로 주 52시간 근로제가 전체 산업계에 어떤 영향을 미칠지에 대한 평가를 하기는 어려운 일이다. 왜냐하면 산업별, 직군별, 고용형태별로 느끼는 파급도가 천차만별이기 때문이다. 주 52시간 근로제의 시행은 누군가에게는 저녁이 있는 삶을 가져다줄 수 있고, 누군가에게는 저녁을 굶는 삶을 가져다줄 수 있다. 게다가 전체 경기의 변동에 따라 정책에 대한 평가는 달라질 수 있다.

주 52시간 근로제가 시행된 7월 이후인 8월 3~10일 전국 만 19세 이상 성인 남녀 1,515명을 대상으로 진행된 '노동시간 단축에 대한 인식 여론조사'에 따르면, 국민 10명 중 6명은 노동시간 단축을 긍정적으로 평가한 것으로 조사됐다. 이를 연령별로 나눠보면 조사 연령인 만 19~29세에 해당하는 90년대생들의 긍정 평가가 72.6퍼센트로 나타나 전체 연령 중에서 가장 높은 것으로 나타났으며, 전체 평균보다 8.4퍼센트 높은 것으로 나타났다.

노동시간 단축 이후에 시간을 어떻게 활용하고 있는지 질문한 결과 전체에서는 '가정생활(가족과 함께 보내는 시간)'이라는 응답이 64.0퍼센트로 가장 높게 나타난 반면 만 19~29세에 해당하는

90년대생들은 '취미·여가·여행활동'이라는 응답이 59.7퍼센트로 가장 높았다. 실제로 이와 같은 반응을 보인 90년대생들을 대상으로 한 취미 강좌 및 다양한 여가 활동들이 늘어나고 있다. 특히 주 52시간 근무제에 맞춰 백화점이나 마트에서 운영하는 문화센터 강좌가 크게 늘어났다. 한 백화점의 발표에 따르면, 2018년 여름 문화센터 강좌는 지난해 여름학기(6,800개)보다 1,900여 개 증가했으며, 직장인 퇴근 시간인 오후 5시 이후 강좌 수는 전년 대비 10퍼센트, 수강생은 15퍼센트가량 늘었다.

하지만 이와 반대로, 기존 국내 기업들의 잦은 회식에 맞춰 비즈니스를 운영하던 음식점이나 술집의 경우는 매출에 타격을 입을 것으로 예상된다. 특히 이번 조사에서 90년대생들은 '평소 일과 삶의 균형을 이루기 어려운 이유'로 11.8퍼센트가 '회식, 업무 외적 모임 등 관행 때문에'라고 답했다. 전체 조사 대상 중에서 가장 높은 응답이었다. 젊은 20대층을 주 타깃으로 잡았던 외식업체들은 매출 타격이 불가피할 것으로 보인다. 이와 같은 트렌드에 맞춰 비즈니스 지도도 빠르게 재편될 것으로 보인다.

90년대생들의 퇴근 후 시간을 두고 경쟁해야 하는 기업들

윤정구 이화여대 교수는 2018년 6월 본인의 페이스북에 "쓰나미가 HRD를 덮치다. HRD업의 사형선고"라는 글을 썼다. 그는 주 40시간 혹은 주 52시간 근무가 제도화된다면 가장 타격을 받을 수 있는 업계가 인적자원개발Human Resources Development, HRD 업계이며, 회사는 교육 시간도 당연히 근로시간에 포함해야 할 것이라고 말했다. 그리고 물리적으로 시간을 내야 하는 기존의 교육은 자연히 축소될 것이라고 말했다. 그의 주장과 같이 52시간 근무 제도가 전통 HRD를 붕괴시킬지는 모르지만, HRD의 근본적인 변화를 이끌 것만은 분명하다. 그리고 이제 회사는 퇴근 후의 직장인들의 시간을 구매해야 할지도 모른다.

90년대생 직장인들은 퇴근 후 본인들의 취미를 즐기거나 여가를 위해 스스로 돈을 내고 모임에 참석하고, 문화센터에 등록하여 시간을 보낸다. 그러니 개인의 커리어 개발을 통하여 회사의 생산성에 도움이 될 수 있는 아카데미 또는 외국어 프로그램 등록을 지원하는 방식이 늘어날 것이다. 기존보다 근무시간이 줄어든 만큼 여가 시간 활용을 회사가 원하는 방향으로 유도할 것이라는 이야기다.

이는 기존에 회사 안에서 교육을 듣는 방식과 큰 차이가 있다. 회사 안에서의 교육 프로그램 등록 혹은 온라인과 모바일 교육 이수를 강요하는 기존의 방식은 근무 제도의 변화와 더불어 사라지는 반면, 그들의 시간을 회사가 원하는 능력의 발전으로 유도하는 방식의 금전 지원이 새로운 세대에 맞는 HRD의 발전 방향이 될 것이다. 이는 반드시 강의 수강과 같은 자기 계발 형태가 아닐 수도 있다. 기업 HRD의 큰 방향이 '직원들의 생산성 향상'

이라고 한다면, 직원들에게 충분한 휴식을 제공하거나 심신 단련에 도움을 줄 수 있는 프로그램을 지원하는 방향도 있다.

실제로 LG그룹 계열사인 서브원은 서양의 대표적인 명상 기법으로 꼽히는 '마음챙김 프로그램'을 운영 중이다. 서브원은 최근 3년간 직장 내 행복을 위해 사원급부터 매니저까지 곤지암리조트 힐링캠퍼스에서 마음챙김 프로그램을 진행해왔다. 이 프로그램은 직원이 이수해야 할 필수 과정 중 하나다. 만일 이와 같은 명상 프로그램이 주 52시간 이슈로 유지가 어렵게 된다면, 직원들의 효과적인 심리 및 성과 관리를 위해 동종 프로그램 이수를 지원하는 방향으로 진행이 가능할 것이다.

일주일에 4일만 일하는 날이 올까

대한민국에 주 5일 근무제가 최초로 시행된 것은 2004년 7월이다. 이후 단계적으로 주 5일제는 전 산업군에 걸쳐서 자리를 잡게 되었다. 하지만 주 5일제를 시행하기 전에 국내에서는 양쪽 의견이 팽팽하게 대치하기도 했다. 반대 진영은 아직 완전한 선진국으로 도약하지 못한 한국이 어설프게 선진국을 따라해서는 안 된다고 보았다. '뱁새가 황새 따라가면 가랑이 찢어진다'는 논리였다. 하지만 10여 년이 지난 지금 주 5일제는 잘 안착했으며, 가랑이가 찢어지지도 않았다. 그리고 이제는 한 걸음 더 나아가 미국과 영국을 중심으로 주 5일제를 넘어선 주 4일 근무제를 도입해야 한다는 의견들이 속속 등장하고 있다.

영국 공중보건전문가기구FPH 회장 존 애슈턴John Ashton은 영국 《가디언》과의 인터뷰에서 주 4일 근무제가 근로자의 스트레스를 줄이고, 가족과 더 많은 시간을 보내게 하면서 실업률도 줄일 수 있다고 밝혔다. 그는 "주 5일 근무제하에서 근로자들은 시간이 부족해 압박을 느끼면서 스트레스를 받고, 결국엔 병가를 내기까지 한다"라며 "일과 관련한 정신 건강이 근로자에게 매우 중요한 이슈가 되고 있다"고 말했다. 이어 "너무 많은 사람이 미친 듯이 오래 일해서 문제인 반면에 다른 많은 사람은 일자리가 없다"라며 주 4일 근무제를 도입해야 한다고 제안했다.[21]

미국에서는 구글 공동 창업자 겸 최고경영자인 래리 페이지 Larry Page가 기술 발전으로 노동 시간이 계속 줄어드는 것이 시대의 흐름이라고 지적하고 이를 더 줄여나가야 한다고 주장했다. 페이지와 유력 벤처캐피털인 코슬라벤처스의 창업자 비노드 코슬라Vinod Khosla, 구글 공동 창업자 세르게이 브린Sergey Brin은 미래의 기술 발전 흐름과 이것이 사회에 끼치는 영향을 논의하는 비디오를 공개하기도 했다. 여기서 페이지와 코슬라는 1900년 미국에서는 90퍼센트가 농업에 종사했으나 2000년에는 그 비율이 2퍼센트에 불과했다고 지적하면서 노동 시간 축소가 대세임을 강조했다. 페이지는 "우리는 풍요의 시대에 살고 있다고 확신한다"며 기술 발전으로 사람들이 장시간 노동에 시달릴 필요가 없다는 점을 지적했다. 사람들이 행복을 누리기 위해 절대적으로 필요한 것은 주택, 안전, 자녀 교육 등인데, 이를 위해 자원과 노동이 그렇게 많이 필요하지는 않다는 것이다. 페이지는 필수 분야에 투입돼야 할 비중이 사회 전체 노동력과 자본의 1퍼센트 미만일 것이라고 말했다.[22]

여기에 한술 더 뜬 사람이 있었으니, 그는 바로 멕시코 통신업계의 거물이자 세계적인 거부 카를로스 슬림 Carlos Slim 이다. 그는 CNN머니와의 인터뷰에서 "주 3일 근무제를 시행하면 개인의 삶도 행복해질 것이고 궁극적으로 경제 전반에도 더 좋은 영향을 미칠 것"이라며 "당신의 삶에서 당신이 주인이 되는 시간이 더 많아야 할 것"이라고 덧붙였다. 주 3일, 하루 11시간 근무 후 나머지 4일은 휴식을 취할 것을 제안한 그는 "일하는 시간을 줄이는 대신 가족들과 함께 즐겁게 지내는 데 더 많은 시간을 할애하고, 더 나은 직업을 찾기 위해 공부하는 삶을 살아야 한다"라고 말했다.

이렇게 근무시간을 줄이자는 주장은 점차 늘어나고 있다. 그렇다면 실제로 주 4일제 등의 근무시간 단축을 시도했던 기업은 없었을까?

변하는 노동 환경과 1930년 켈로그 실험의 시사점

글로벌 식품 기업 켈로그의 창업자 윌 켈로그 Will Kellogg 는 대공황이 막 시작된 1930년에 직원 1,500명을 대상으로 당시 보편적이던 1일 8시간 근무에서 1일 6시간 근무로 근무 시간을 단축하기로 했다. 당시 켈로그의 루이스 브라운Lewis Brown 회장은 "3교대 8시간 대신 4교대 6시간으로 근무 체계를 바꾸면 배틀크리크에 사는 3백 명이 넘는 가장에게 일자리와 봉급을 줄 수 있을 것"이라고 발표함으로써 창업자의 결단을 옹호했다. 그러나 이 변화로 기존 인력은 봉급이 줄어들 수밖에 없었다. 이에 켈로그는 시간당 임금을 올려서 임금을 보충해주었고, 수당을 약속함으로써 사람들이 열심히 일하도록 격려했다.

켈로그는 거기서 만족하지 않았다. 그는 사람들이 그 어느 때보다 빠르게 돌아가는 노동과 소비라는 사이클 안에서 길을 잃고 있다는 걸 알아챘다. 이 열기 때문에 사람들은 공동체로부터 분리되고 있었다. 벤저민 허니컷Benjamin Hunnicutt은 『켈로그의 6시간 근무Kellogg's Six-Hour Day』라는 책에서 "브라운과 켈로그는 자유시장에서 이뤄지는 재화와 용역, 노동의 자유로운 교환이 곧 무분별한 소비지상주의나 인간의 천연자원에 대한 끝없는 착취를 의미하지는 않는다"라고 했다. 이는 아주 대담한 비전이었고, 잠시 동안이지만 성공을 거두기도 했다.

배틀크리크 지역 근로자들은 2시간의 여유를 기꺼이 받아들였다. 주로 가족이나 친구들과 집에서 시간을 보냈지만, 시간의 여유가 안겨준 해방감을 맛본 이들은 여가 생활에 관심을 갖기 시작했다. 여자들은 바느질을 하고, 정원을 가꾸고, 이웃을 방문하고, 함께 요리를 했다. 남자들은 운동을 하고, 사냥을 다니고, 도서관에 가는 등 다른 취미 생활을 즐겼다. 허니컷은 "2시간의 여유는 노동자들에게 가족과 공동체, 시민권에 대한 의식을 불러일으키는 귀중한 계기가 되었다"라고 했다.

켈로그의 1일 6시간 근무제는 보다 여유 있는 여가 시간으로 근로자들을 더 행복하게 했고, 이를 통해 편익을 창출했다. 이는 기업에도 이익을 가져왔다. 근무시간이 짧아지자 근로자들은 더 열심히 일했다. 그 전까지는 잘게 자른 통밀 비스킷을 시간당 평균 83개 포장했는데, 근무시간이 줄자 시간당 포장 개수가 96개로 늘어났다. 간접비와 노무비, 노동 관련 사고도 줄었다. 프로그램을 일시적으로 중단한 다음 1946년에 실시한 여론조사에서 남자 직원의 77퍼센트, 여자 직원의 87퍼센트가 주 30시간 근무를 선택했다. 임금이 줄어드는데도 말이다.

단축 근무제가 성공을 거두고 대중적인 인기를 얻었음에도 켈로그는 1943년 이 실험을 중단할 수밖에 없었다. 제2차 세계대전으로 일손이 부족하고 제품 수요가 많아지자 다시 1일 8시간 근무제로 돌아가야 했던 것이다. 당시 미국의 루스벨트 대통령은 주 40시간 근무를 표준화하는 일련의 정책 기획에 착수했고, 대부분 지금까지 이 방식을 고수하고 있다. 켈로그 역시 그 결정에 저항하지 못했다. 그러나 훗날 한 근로자는 "하루에 8시간씩 근무하면 부자가 될 거라고 다들 생각했지만 실제로는 큰 차이가 없었다"라고 말했다.

최근 켈로그에는 1일 6시간 근무제의 의미를 되살려보자는 움직임이 일고 있다. 미국과 대부분의 유럽, 그리고 호주에서도 자기 계발을 위해 여가 시간을 되찾고, 경시되었던 사회적 자본을 소생시키려는 운동이 일어나고 있다. 인생의 의미와 공동체의 가치를 회복하려는 욕구가 사방에서 솟아나고 있다.

국내에서도 근무시간을 단축하는 사례가 나오고 있다. 2018년 신세계 그룹은 대기업 최초로 '주 35시간 근무제'를 시작했다. 이는 주 5일 40시간 근무를 기준으로 보았을 때 하루에 1시간씩 근무시간이 줄어드는 셈이다. 야근을 없애고 오후 5시에 정시 퇴근을 할 수 있도록 5시 30분에 PC 셧다운제를 실시한다. 담당 임원의 사전 결재 없이는 PC가 재부팅되지 않아 무분별한 야근이 불가능하도록 만들었다. 더 나아가 야근이 잦은 부서는 공개하고 임원·부서장의 평가·시상에서 감점하기로 했다.

이와 같은 변화에 따른 우려의 시선은 적지 않았다. 하지만 이제 반년이 더 지난 시점에서 조직원들의 만족도는 높은 듯했다. 신세계 그룹에 근무하는 지인 신모 씨(1988년생)는 "우리들도 35시간 근무가 정착될 줄은 몰랐어요. 그런데 아직까지 35시간 근무는 철저히 지켜지는 편이고, 직원들 만족도도 높아요"라고 말했다. 이와 같은 대기업들의 변화와 더불어 주 4일 혹은 주 4.5일 근무 제도를 시행하는 기업들도 꾸준히 생기고 있다.

음식 배달 앱인 '배달의민족'으로 유명한 회사 우아한형제들에서는 매주 월요일 오전을 휴무로 지정, 오후에 출근하는 주 4.5

일제를 운영 중이다. 출판사 김영사에서도 2015년부터 금요일은 1시까지만 근무하는 4.5일 근무제를 시행 중이다. 종합여행사 여행박사에서는 격주 금요일을 휴무로 지정, 주 4일 근무를 시험 운영 중이다. 숙박 앱 '여기어때'를 운영 중인 워드이노베이션에서는 매주 월요일 오전을 휴무로 지정, 점심시간을 90분으로 하는 주 35시간 근무 제도를 시행하고 있다. 물론 위와 같은 국내 사례는 아직까지는 손에 꼽을 만한 몇 개의 기업에서만 운영될 뿐이고, 아직까지는 하나의 실험에 가깝다.

눈앞에 다가온 주 4일 근무 유토피아 시대

> 유토피아인들은 하루를 24시간으로 나눠 그중 여섯 시간만을 일할 시간으로 배정하고 있습니다. 정오까지 세 시간 일하고, 정오가 되면 점심을 먹으러 갑니다. 점심 후에 두 시간 쉬고 나서, 다시 세 시간 일합니다.
>
> — 토머스 모어, 『유토피아』 중에서

1516년 토머스 모어Thomas More가 쓴 『유토피아Utopia』에서 유토피아는 하루에 단 6시간 정도만 일하면 되는 곳이다. 여기서 유토피아라는 이름은 중의적 의미를 갖고 있는 것으로 보인다. Utopia라는 단어는 not이라는 의미의 그리스어 ού와 place라는 의미의 τόπος에서 유래했다. 즉 '없는 곳'이라는 뜻이다. 그렇다면 이처럼 꿈 같은 낙원인 유토피아는 현실에서 존재할 수 없는 것인가?

사실 유토피아에서 사람들이 6시간만 일하는 합리적인 이유가 있다. 유토피아에는 계급제가 없고, 모두 공평하게 노동하며, 놀고먹는 사람이 없기 때문에 하루에 6시간 정도만 일해도 모두가 부족함 없이 쓸 만큼의 생필품을 생산할 수 있기 때문이다. 6시간이면 충분한 것이다.

실제 이웃 나라 일본에서는 1주일에 4일만 일하는 '주 3일 휴무제' 도입 기업이 급속히 늘어나고 있다. 2017년 일본 후생노동성 조사에 따르면, 주당 3일 이상 휴무 제도를 둔 기업은 전체 기업의 8퍼센트에 이르는 것으로 나타났다. 이는 10년 전보다 3배 증가한 것이다. 대기업 중 주 3일 휴무제를 시행하고 있는 대표적인 기업은 일본 KFC홀딩스와 의류매장 유니클로를 운영하는 패스트리테일링이 있으며, IT기업인 야후 재팬도 곧 같은 제도를 도입한다고 밝혔다.[23]

2018년 뉴질랜드의 최대 신탁회사 퍼페추얼가디언 또한 주4일 근무 도입 뜻을 밝혔다. 퍼페추얼가디언의 창업자 겸 대표인 앤드루 바네스Andrew Barnes는 2018년 3월부터 6주간의 '급여 삭감 없는 주 4일 근무' 실험을 진행했다. 2개월간 직원 240명을 상대로 실험을 한 결과, 그는 "조직참여도와 만족감, 회사 충성도가 월등히 높아졌고 생산성도 전혀 떨어지지 않았다"라고 밝혔다.[24] 그리고 "이번 파격 실험 결과를 놓고 논쟁을 이어가다 보면 21세기에 맞는 근로시간제의 아이디어가 나올 것"이라고 언급했다. 그의 말처럼 우리는 지금 21세기에 맞는 근로시간제를 테스트하고 있는지 모른다.

일본과 뉴질랜드 외에도 주 4일 제도를 시범적으로 운영하는 국가와 기업은 지속적으로 늘어나고 있어, 그 결과에 따라 전 세계로 제도가 확산될 것으로 예상되고 있다. 알리바바 회장 마윈은 2017년 미국 경제 전문 방송 CNBC와의 인터뷰에서 향후 30년 안에는 사람들이 하루 4시간씩 한 주에 4일만 일하게 될 것이라고 말했다. 그의 말이 정확히 들어맞을지는 모르겠지만, 한 가지 확실한 점은 차세대 직원들은 우리와 다른 환경에서 근무를 하게 될 것이고 그들이 바라보는 노동은 우리가 생각하는 노동과 확실히 다르리라는 점이다.

21세기의 고용은 어떻게 될 것인가?

20세기는 인간의 물질적 욕구에 기반하고 있는 자본주의가 엄청난 생명력을 발휘했던 시기였다. 그러니 기업의 입장에서 20세기는 생산성의 시기였다. 생산성이 높을수록 많은 부를 축적할 수 있었기 때문이다. 생산성만이 자본주의의 거의 유일한 기준이었다. 인간성을 무시한 채 노동의 강도를 높여 생산성을 제고하는 방식으로 자본주의는 부를 쌓아왔다. 이 생산성 싸움에서 이기기 위해, 인류는 20세기 '공동체주의'와 '기능체주의'라는 두 가지 이념 체계를 발전시켰다.

특히 20세기에 몇몇 기업들은 '공동체주의적인 관리 방식'으로 생산성을 높여왔다. 공동체주의적 관리란 사람 중심의 도제 관계에 의해 생산성을 확보하는 방식이다. 이러한 방식을 고수했던 독일 등 유럽의 대륙계 국가 기업들과 이에 영향을 받은 동아시아 기업들은 20세기 후반에 높은 생산성으로 성장했다. 대표적인 기업이 일본의 파나소닉이다. 세계 5대 전자업체인 파나소닉은 경영의 신으로 추앙받는 마쓰시타 고노스케松下幸之助가 1918년 오사카에서 창립한 마쓰시타전기로 출발했다. 오사카전등회사에서 견습사원으로 근무하던 그는 전기소켓 개량 연구를 시작하면서 퇴사 후 마쓰시타전기를 창립했다. 이후 1927년 산요전기 창업자이자 처남인 이우에 토시오井植歳男와 손잡고 내셔널이라는 브랜드를 만들었다. 경쟁사에 비해 값싼 제품을 만드는 데에 성공하면서 마쓰시타전기는 제1차 세계대전 후의 불경기도 헤쳐나갔고 1923년 70평 규모의 공장을 건설하는 데 성공했다.

하지만 1929년 말 정부의 긴축정책으로 재고가 쌓이고 자금이 부족해지자 난관에 직면했다. 당시 경영진은 직원을 절반으로 줄이는 구조조정을 통해 비용을 절감하자고 했다. 이에 마쓰시타는 이른바 '유리창경영'을 도입했다. 주 2일 휴무제를 실시해 생산량을 줄이면서 고용을 그대로 유지했던 것이다. 이는 훗날 일본의 종신고용 철학을 낳는 출발점이 됐다. 그러나 마쓰시타 역시 2001년 시대의 흐름을 못 이기고 마침내 희망퇴직을 실시했다. 2002년 3월에는 4,000억 엔에 이르는 막대한 적자를 내면서 직원 2만 명 이상을 정리하기도 하였다. 2011년에는 전체 직원의 10퍼센트가 넘는 4만 명을 감원했다.

"종업원을 자르느니 차라리 회사 문을 닫겠다"라고 했던 일본의 가전업체 샤프는 어떨까? 1950년 연합군 최고사령부 통치하에 있던 샤프는 군정의 긴축조치에 따라 경영난이 심화됐다. 거래 은행들은 "회사 문을 닫지 않으려면 210명의 인원을 삭감해야 한다"며 창업자 겸 사장인 하야카와 도쿠지早川德次를 압박했다. 시각장애인 전용 공장을 설립할 정도로 기업의 책임을 강조해온 하야카와에게 종업원 감원은 있을 수 없는 일이었다. 그는 "인원 정리로 회사를 유지할 정도라면 회사를 해산하는 게 낫다"는 뜻을 은행에 전했다. 이 소식이 사내에 전해지자 "그래도 회사는 살려야 한다"며 210명가량이 자발적으로 퇴직했다. 이후 샤프에는 종업원 고용 유지를 최우선으로 하는 사풍이 정착됐으며, 일본형 종신고용제의 대표적 기업으로 성장했다.

그런 샤프도 엔화 가치 급등과 실적 악화로 고용유지의 백년전통을 허물게 됐다. 샤프는 2001년 가전업체 불황 당시 마쓰시타전기가 1만 3,000명을 감원했을 때도, 2008년 세계 금융위기로 주식 시장 상장 이래 첫 적자를 냈을 때도 창업자의 사훈에 따라 고용만은 유지해왔다. 하지만 2011년에 3,760억 엔이라는 사상 최대 규모의 적자를 냈고 경영 악화가 지속됐다. 결국 샤프는 2016년 대만의 폭스콘에 인수되었다.

이들과 달리 미국계 기업에 의해 형성된 기능체주의적 관리방식이 있다. 이는 조직이 직무 중심의 시장원리에 따라 운영되는 방식이다. 이들에게는 철저한 약육강식으로 피비린내 나는 구조조정이 일상화되어 있다. 충전된 배터리를 시장에서 사다가 약효가 떨어질 때까지 쓰고, 다 떨어지면 다른 배터리를 시장에서 구하는 방식이다. 피도 눈물도 없다. 아니 피와 눈물이 필요하지 않다는 것이 더 적절하겠다. 수많은 종업원을 일시에 해고하는 구조조정은 단순 무식한 방법으로 할수록 좋다는 입장이다. 그래서 수많은 근로자들은 졸지에 거리로 내몰리기도 하고, 노동시장은 유연해진다.

기능체주의적 관리 방식을 보여주는 대표적인 기업으로는 잭 웰치 재직 시절의 제너럴일렉트릭이 있다. 경영의 귀재로 추앙받는 잭 웰치는 1981년 45세의 최연소로 제너럴일렉트릭의 회장이 되었는데, 취임한 이래 대대적인 구조조정을 단행해 핵심사업분야, 첨단기술사업분야, 서비스사업분야의 3개 분야로 정리했다. 회장에 취임할 당시 170개에 이르렀던 사업부 중 110개 부문을 정리한 것이다. 이후 제너럴일렉트릭은 1991년 IBM을 추월하여 미국에서 가장 가치 있는 기업이 되었다.

하지만 이 과정에서 5년간 10만 명의 종업원을 해고하면서 80

년대 초 업계에는 리스트럭처링 바람이 불게 되었다. 그는 '중성자 잭'이라는 별명도 얻었다. 건물과 장비는 최대한 보존하고 사람만 사라지게 만든다는 중성자 폭탄에서 따온 말이다. 그는 앞서 살펴본 일본의 기업들과는 전혀 다르게, 종신고용에 대해서 비판적인 입장을 보였다. 그는 "고용안정을 실현할 수 있다고 여기는 조직은 죽음의 문턱으로 들어서고 있는 것이나 마찬가지"라며, "일자리는 기업이 아니라 제품과 서비스에 만족하는 고객이 보장해주는 것이다"라고 말했다.

공동체주의와 기능체주의는 20세기를 대표해온 두 가지 생산·고용 방식이다. 그렇다면 앞으로의 세대들이 주력이 될 21세기에는 어떠한 고용 방식이 대세를 이룰 것인가? 아직까지도 많은 논쟁이 있지만, 한국의 사기업들이 일본식 종신고용을 유지하리라는 생각을 가진 사람은 그리 많지 않다. 무엇보다 21세기 고용 문제에서 생각해봐야 할 것은 향후에는 이런 고용 방식이 구직자에게 의미가 없어질 수도 있다는 것이다. 이는 20세기처럼 취업이나 고용 유지가 용이하지 않았던 시기, 즉 일자리가 부족해 수요자인 기업이 유리한 시기에 중요했던 문제다. 이와는 반대로 대학생을 포함한 성인들이 취업하고 싶은 회사를 골라 가는, 공급자인 구직자가 절대 유리한 구직 시장이 된다면 고용 보장 여부는 중요하지 않을 수 있다.

최근 일손이 부족해진 일본의 경우, 기업이 이직이나 퇴사를 원하는 근로자를 막는 일명 '퇴사 거부'가 문제가 되고 있다. 글로벌 금융위기 직후인 2009년 일본 후생노동성에는 해고 관련 상담이 퇴사 문제 상담보다 4.1배 많았으나 2016년 역전됐으며 지난해부터는 격차가 더 벌어졌다.[25] 이러한 현상 때문에 퇴사를 대행하는 업체도 등장했다. 도쿄 지역에서 퇴사를 대행하는 업체 EXIT는 5만 엔(약 50만 원)의 수수료를 받는데, 지난해 5월 창업 이후 약 1,000명의 의뢰를 받았다고 한다.

하지만 일본이 항상 지금처럼 고용 호황이 이어진 것은 아니었다. 1980년대 거품경제 시절이 지나고 불황이 이어지던 1991년부터 2000년대 초까지는 '잃어버린 10년Lost Decade'이라고 불린다. 일자리 수보다 일을 찾는 사람의 수가 많아진 1993년 이후부터는 '취직 빙하기'가 전개되었다. 그래서 이 시기에 취업 전선에 나서야 했던 1970년생부터 1980년대 전반생까지를 '로스트 제너레이션Lost Generation'이라고 부르기도 한다.[26]

현재 우리나라도 일자리가 부족한 상태로, 이는 수요자인 기업에 유리한 시기다. 하지만 90년대생들이 구직 활동을 진행하는 이 시간을 지나 2000년대 출생자들이 본격적으로 입사를 하게 되는 시점에는 일본과 같이 상황이 역전될 수 있다. 일자리보다 취업자가 적어지는 현상이 일어날 수 있는 것이다. 실제로 한국의 90년대 출생자는 687만 명, 2000년대 출생자는 496만 명이다. 우리나라의 기업들도 구직자들의 눈치를 봐야 할 시기가 올 수 있다.

새로운 세대는 새로운 채용 방식으로

일본에도 한국의 전국경제인연합회에 해당하는 단체가 있다. 게이단렌經團連은 매년 취준생들과 기업들을 대상으로 취업과 채용 활동의 기준이 되는 일정을 발표한다. 이는 금년에는 언제부터 채용 면접을 실시할 것인지, 언제부터 채용을 최종적으로 확정할지 등을 정하는 일종의 지침이다. 이렇게 채용 지침을 발표하는 이유는 취업과 채용이 과열되는 것을 방지하기 위해서다. 일종의 기업 간에 맺어진 채용 신사협정이었던 것이다.

그러나 게이단렌 회장 나카니시 히로아키中西宏明은 2018년 9월 기자회견에서 "게이단렌이 채용 일정을 정하는 건 너무나 어색하다"라며 '취업활동 룰(일정)'이란 제도 자체를 없애겠다는 생각을 밝혔다.[27] 1953년부터 이어진 이 채용 지침에 변화가 생긴 것은 바로 완전고용이라는 말이 나올 정도로 취업 호황기를 겪고 있기 때문이다. 굳이 정해진 채용 시점에 매이기보다, 유능한 사원을 먼저 채용하고자 하는 기업들이 생겨나고 있는 것이다. 구직난이 아닌 구인난을 겪고 있는 상황에서 더 이상 신사협정을 지킬 수 없게 되었다.

이는 대규모 공채를 통해 신입 직원을 채용하는 일본과 우리나라도 이제 다른 나라처럼 '인재 상시 채용' 시스템으로 변경될 수 있다는 것을 의미한다. 이러한 대규모 공채가 변화를 겪으면서 일어날 수 있는 현상 중에 하나는 자소서와 같은 기업 중심적인 지원 서류가 사라질 수 있다는 것이다. 최근 스펙을 보지 않는 블라인드 전형이 늘어나면서 이력서의 스펙보다는 자기의 역량을 글로 표현하는 자소서의 반영 비중이 높아졌다. 하지만 이러한 자소서 역시 취준생들에게는 부담으로 작용하고 있다. 수십 개 기업에 지원하는 취준생 입장에서 기업당 적게는 3,000자 많게는 5,000자가 넘는 자소서를 써야 한다. 이는 취준생들을 뜻하지 않은 소설가로 변신시킨다.

구인구직 매칭 플랫폼 사람인이 2018년 구직자 400명을 대상으로 '자소설' 작성에 대해 조사한 결과, 39.3퍼센트가 '경험이 있다'고 답했다. 또한 텍스트보다는 영상 콘텐츠가 익숙한 이들에게 자소서 작성은 큰 고통으로 다가오기도 한다. 이러한 상황에서 향후의 자소서는 동영상 중심으로 진화가 예상된다. 실제로 영국의 대표적인 채용 사이트 Inspiring Interns는 '비디오 이력서'를 통해 구직자의 적격 여부를 판단하는 데 걸리는 시간을 대폭 단축했다. 해당 비디오 이력서는 1분 내외의 짧은 내용을 담고 있어 기업들이 구직자와 관련된 정보를 12초 내외로 파악할 수 있었던 것이다.

또한 앞으로 한 회사원이 하나의 회사와 배타적인 근로 계약을 맺고 근무하는 형태에도 변화가 예상된다. 실리콘밸리의 고용 전문가로 알려진 와사비벤처스 자문위원 벤 카스노카Ben Casnocha는 이렇게 말했다.

"직장은 가족이 아닌 스포츠팀처럼 운영돼야 합니다. 한번 고용관계가 맺어지면 평생 지속되는 것이 아니라 전술·포지션에 필요한 최고의 선수들을 갈아 끼우는 식으로 노사관계가 바뀌어갈 것입니다."[28]

그는 실리콘밸리의 스타트업 기업들이 인재를 유치하고 활용하는 방법을 대기업들도 배워야 한다고 강조한다. 마치 프로축구팀이 전력 보강에 필요한 선수와 2~4년 동안 계약하듯 유연하게 움직여야 한다는 것이다. 카노스카는 업무와 상관없이 대규모로 고용했다가 경기가 안 좋으면 구조조정을 단행하는 고용정책을 '무책임한 고용관계'라고 지칭했다. 그는 정보화 시대에 맞는 새로운 고용 관계가 필요하다고 주장한다.

그가 내세운 대안은 '투어 오브 듀티tour of duty'라는 제도다. 이것은 회사와 개인 간의 단기 고용 계약과 비슷하다. 다만 직원 스스로 스타트업을 운영하듯 많은 결정권을 갖고 일을 하도록 해주는 것이 차이다. 기업이 '창업가형 직원'을 고용하는 셈이다. 물론 우리나라는 이러한 제도가 당장 주요 채용 형태로 발전할 가능성은 낮다. 많은 학자들은 늘 인재 개발에 있어 직무 경험이 중요하다고 주장해왔지만, 정작 많은 기업들은 '직원 배치'라는 중요한 결정에 크게 신경을 쓰지 않는다. 하지만 신입 사원이나 경력 사원을 신규로 채용한 뒤 프로젝트에 따른 배치와 이동을 진행하는 방식으로는 얼마든지 가능할 것이다.

무엇보다 90년대생들은 기존의 세대들과는 다르게 기업의 종신고용에 대한 기대가 굉장히 낮다. 반대로 기업에서 개인의 미래와 가치 상승에 대한 관심은 높다. 여기서 기존의 경직된 인사제도에서 벗어나 회사와 개인의 필요에 따라 탄력적으로 인력을 운영할 필요가 생긴다. 새로운 세대가 이렇게 유연하게 변화한 인사관리의 틀에 맞춰서 프로젝트를 독립적으로 진행할 수 있다면 성장 및 독립의 기회도 생겨날 것이다.

현재 기업들은 중대한 도전에 직면해 있다. 우선 규모를 계속 키우면서도 소기업적, 개인적 분위기를 간직해야 한다. 그러면서도 창조성과 효율성을 잘 종합해야 하고, 번영을 이루면서도 사회적으로 용인되어야 한다. 이러한 중대한 도전 앞에서 많은 젊은 세대가 유튜버와 같은 '1인 크리에이터'를 꿈꾸는 현상은 하나의 기회로 다가올 수도 있다. 실제로 유튜브 채널 운영은 주 52시간 근무제 시행 뒤 90년대생 직장인들이 주로 검토하고 있는 활동 중 하나이기도 하다.

하지만 국내 기업 대부분은 '영리활동 겸업'을 금지한다는 내규를 채택하고 있고, 인사상의 불이익에 대한 두려움 때문에 많은 직장인들은 1인 크리에이터에 대한 꿈을 가슴에만 묻어둔 채 실행하지 못하고 있는 상황이다.[29] 하지만 일본의 경우 정부가 나서 직장인의 '디지털 부업'을 장려하고 있다. 올해 초 일본 후생노동성은 직장인 대상 부업 촉진 가이드라인을 발표했는데, 본업에 지장을 주거나 기업 비밀을 누설하거나 회사 명예를 손상시키거나 본업과 같은 분야여서 회사 이익을 해하는 경우에만 겸업을 불허하도록 설계됐다. 하지만 국내에서는 여전히 회사가 직원들이 근무시간 외에도 회사에 집중하기를 원하기 때문에 이와 같은 겸업 금지의 내규는 사라지지 않고 있다.

하지만 이러한 상황을 기업이 제대로만 이용한다면 인력 확보와 유지에 도움을 받을 수도 있다. 예를 들어 직원들이 본인의 직무와 관련된 전문성을 바탕으로 스트리밍 방송을 한다면 회사는 비용을 들이지 않고도 직원의 직무 전문성 개발을 기대할 수 있을 것이다. 또한 기업 비밀이 새어 나가지 않는 수준의 가이드를 제시한다면, 비용을 들이지 않고 소비자들에게 자사의 제품이나 서비스를 홍보하는 기회를 얻을 수도 있다.

2018년 출간된 『프리랜서 시대가 온다』에서 저자 이은지는 콘텐츠 제작 분야의 크리에이터 모임에서 '어린 친구들은 자신이 가진 재능을 콘텐츠화하고 이를 통해 수입이 창출된다는 것을 알고 있는 세대인데, 능력 있고 실력 있는 친구들이 회사 입사가 목적이 아닌 자기다움을 갖추고 잘 살기를 꿈꾼다면 수많은 기업들이 인재를 잃게 되리라'는 이야기가 나왔다고 했다. 창의성과 효율성을 종합해야 하는 과제를 안고 있는 기업이 새로운 세대의 니즈를 제대로 디자인해 인사 제도에 반영할 수만 있다면 하나의 새로운 인재 채용의 모델은 물론, 새로운 비즈니스의 기회를 창출할 수도 있을 것이다.

4장

새로운 세대의 직원 관리 어떻게 할 것인가

폭스콘의 연쇄 투신 사건은 왜 일어났을까

폭스콘은 대만의 컴퓨터, 전자기기 분야의 제조회사다. 자체 브랜드가 있기는 하지만 이보다는 다른 기업의 전자제품을 위탁 생산하는 기업으로 유명하다. 특히 아이폰 등 애플의 제품들을 위탁 생산하는 기업으로 많이 알려져 있다. 그러나 사실은 애플뿐 아니라 마이크로소프트의 엑스박스, 소니의 플레이스테이션, 닌텐도 위를 모두 폭스콘이 만들고 있으며, 아마존의 킨들도 여기서 만들어진다.

하지만 폭스콘이 전 세계 사람들에게 가장 널리 알려지게 된 계기는 2010년 발생한 연쇄 투신 사건이었다. 2010년 폭스콘에서는 한 해 동안 수십 명이 자살을 기도했는데, 그중에서 투신 사건은 14차례 발생해 11명이 죽고 3명이 중상을 입었다. 폭스콘의 젊은 사원들은 혹사와 억압에 대한 불만을 투신으로 표현했던 것이다. 이로써 폭스콘의 열악한 노동환경과 군대식 조직문화는 널리 알려졌다.

사실 이러한 폭스콘의 관리 방식은 위탁 생산 중심의 기업이 원가를 통제하고 효율성을 높이기 위해 오랜 기간 고수해온 것이었다. 그렇다면 왜 갑자기 투신 사건이 집중적으로 벌어졌을까? 주목할 만한 사실은 바로 그들의 나이다. 투신한 14명의 평균 연령은 20.6세였고, 평균 근무 기간은 6개월이 채 안 되었다. 1990년대 출생자인 이들은 대부분 저학력으로 폭스콘의 신입 사원이 되었다. 폭스콘의 강압적인 관리 방식으로 이들은 사회적 관계가 단절되는 경험을 했다. 폭스콘의 전체 직원은 현재 100만 명이 넘는 것으로 알려지는데, 이러한 대규모 공장에서 제대로 된 관계를 맺지 못하고 감정적으로 기댈 곳이 없었던 젊은 세대가 극단적인 선택을 한 것이다. 그들에게 필요했던 것은 낡은 통제 방식이 아닌 대화였다.[30]

강한 통제 방식이 통하지 않는 세대

한 은행 연수원에서 신입 사원 교육을 담당하는 박 과장은 최근 신입 사원 교육을 진행하다가 그들의 솔직한 이야기를 듣고 충격을 받았다고 했다. 연수원 교육 중에 신입 사원들이 저녁에 몰래 가져온 술을 마신다는 소식을 들은 그는 다른 교육 담당자와 함께 숙소를 급습해서 맥주를 몰래 마시고 있던 신입 사원 두 명을 잡아냈다.

신입 사원의 음주는 엄밀히 따지면 연수원 퇴소 사유였지만, 박 과장은 그 대신 같은 방에 있던 10명을 모아 얼차려를 시켰다. 그에 따르면 음주 사실을 알고도 이를 방치한 신입 사원들에게 '동기애'를 고취하기 위해 취한 조치였다. 그러나 교육이 끝나고 신입 사원을 면담하던 박 과장은 얼차려를 받았던 신입 사원에게 다음과 같은 이야기를 들었다.

"왜 술을 마시지 않았던 저도 같이 얼차려를 받은 거죠? 다음날 경찰에 과장님을 신고하려다가 동기들이 말려서 이번 한 번만 참기로 했습니다."

신규 입사한 사원들을 모아서 함께 신입 사원 연수를 시키는 것은 대규모 공개 채용을 실시하는 국내 대기업들에 익숙한 방식이다. 이 과정을 통해서 기업들은 신입 사원들에게 회사의 철학과 이념을 학습시키고 회사 생활에 필요한 태도와 기술, 지식을 교육한다. 수십 년 전에는 입사 동기들과 회사 선배들이 함께 어울려 자유롭게 음주가무를 즐기던 시절도 있었지만, 2000년대 이후 철저한 규율과 통제 아래에 신입 사원들을 단련시킨다. 기업마다 차이는 있지만 이와 같은 과정에는 단체 기합과 철야 행군 등 군대에서 나올 법한 과정도 포함되어 있다. 학창 시절 경험했던 극기 훈련을 떠올리면 된다.

대기업 인사 담당자들은 개인주의 성향이 강하고 이직을 쉽게 생각하는 신세대 신입 사원들을 교육하기 위해 연수가 강화되고 있다고 말한다. 한 대기업 인사 담당자는 2012년 "2000년대 이후 학번이 기업에 입사하면서 신입 사원들의 정신력과 체력이 약하다는 이야기가 많이 나왔다"며 "연수를 강화하라는 지시가 위에서 내려왔다"고 했다.[31]

실제로 1980년대생들이 입사를 했던 2010년 초반까지는 이렇게 강한 신입 사원 연수가 효과적이라는 생각이 많았다. 2012년 한 은행의 신입 사원 연수에 참여했던 박모 씨는 "대강당에 몰아넣고 분위기를 잡더니 기합을 주기 시작했다"라며 "어두컴컴한 강당이 후끈 달아오를 때까지 팔굽혀펴기와 마치 의자에 앉아 있는 것처럼 벌을 받는 '투명 의자'를 했다"라고 전했다. 한 건설회사도 비슷했다. '조직력 배양' 프로그램이라고 했지만, "우리는 하나다"를 외치며 신입 사원들이 어깨동무를 하고 앉았다 일어났다와 헤쳐 모여를 반복했다. 목에 호루라기를 건 선배가 교관으로 나서 신입 사원들을 통제했다. 학교와 군대에서도 점차 사라지고 있는 단체 얼차려가 기업 신입 사원 연수 현장에서 벌어진 것이었다. 그러나 이에 신입 사원 최모 씨는 "연수 기간 내내 다리가 떨리고 목이 쉬었지만, 동기들과 가장 친해질 수 있었던 계기가 됐다"고 했다.

1980년대생들은 이러한 단체 기합과 행군 같은 활동이 분명 체력적으로나 정신적으로 힘들었지만 나름 보람차고 끈끈한 동기애를 느끼게 한다고 말한다. 내 경우, 2007년 신입 사원 입문 교육을 받았을 당시 한번은 기상 알람을 제대로 맞추지 못해서 새벽 6시에 신입 사원 모두가 모여서 하는 아침 운동에 빠진 적이 있었다. 이 때문에 200명에 가까운 신입 사원 전체가 얼차려를 받은 적이 있다. 그 여파로 연수 기간 내내 동기들에게 미안하다는 말을 읊조리고 다녔는데, 그럼에도 불구하고 많은 동기들은 이러한 활동을 통해 나름의 끈끈한 동기애를 키울 수 있었다고 웃음으로 넘기기도 하였다.

2017년 축구 국가대표팀에 합류한 김남일 코치는 "간절함이 부족한 대표팀 선수들을 '빠따'로 다스리고 싶지만 이젠 세월이 흐른 만큼 그렇게 해서는 안 될 것 같다"라는 발언으로 화제를 모으기도 하였다. 그의 말대로 이제는 빠따로 다스리던 시절은 갔다. 무엇보다 90년대생들은 자아에 대한 인정과 존중을 중시한다는 점에서 이전 세대들과 뚜렷한 차이가 있다.

90년대생들이 신입 사원으로 입사하게 된 지금, 위와 같은 신입 사원 연수 풍경은 호랑이 담배 피우던 시절의 이야기가 되고 있다. 이들에게는 권위와 통제가 통하지 않는다. 위의 박 과장과 신입 사원들의 사례처럼 이제 갈등만 일으킬 뿐이다. 이제 혹독한 연수 과정을 바라보는 시선은 곱지 않다. 이러한 연수는 강압적이고 획일적인 군대 문화의 하나로 창의적 인재나 글로벌 기업 등의 시대적 흐름에 역행한다는 평가를 받는다. 특히 90년대 생들에게는 창의성을 강조하면서 정작 보수적 기업 문화를 고집하고 있다고 비판받기 일쑤다. 이들에게 이러한 연수는 사라져야 할 적폐일 뿐이다.

80년대생까지도 어찌 보면 기존 세대들과 같이 '본인의 이익'에 따라 움직였다. 장기적으로 자신의 이익에 도움이 된다면 강압적인 신입 사원 교육 과정을 인내하고, 권리는 잠시 유보할 수 있었다. 하지만 90년대생들은 강압적인 요구에 그들의 권리를 잃으려 하지 않고, 전체를 위한 소수의 희생은 합리적이지 않다고 생각한다. 과거의 관리 시스템은 적절히 조절하면 80년대생들의 기본적인 가치에 대한 요구를 만족시킬 수 있었다. 그러나 90년대생들은 권리를 지키고 행사함으로써 자신의 존재감을 확인하고 과감한 사고와 행동의 자유를 누리고자 한다. 복종이나 권위를 통한 강압적 통제가 더 이상 통하지 않는 이유다.

'참견'이 아닌 '참여'를 원하는 세대

스마트폰 앱을 활용하여 생방송으로 진행하는 짧은 모바일 퀴즈쇼가 인기다. 대표적인 것이 20~30대 직장인을 대상으로 하는 잼라이브다. 하루 평균 동시 접속자는 7~8만 명에 달한다. 이 퀴즈쇼의 주 진행자이자 '잼아저씨'로 유명한 김태진 씨는 방송이 시작할 때 이렇게 말한다. "우리는 참견이 아닌 참여를 합니다."[32] 이 말은 상징적이다.

새로운 세대는 참여라는 말에는 긍정적이지만 참견에 대해서는 부정적이다. 그 차이는 무엇일까? 참견參見의 사전적 의미는 '자기와 별로 관계없는 일이나 말 따위에 끼어들어 쓸데없이 아는 체하거나 이래라저래라 함'이고, 참여參與의 사전적 의미는 '어떤 일에 끼어들어 관계함'이다. 이 정의에 따르면 그들은 자기와 어느 정도 관계있는 일이나 말 등에 직접 나서고자 한다.

퀴즈 프로그램 이야기로 돌아가 보자. 퀴즈 프로그램은 오래된 장르로서 주로 TV와 라디오를 통해서 진행이 되어왔다. 대표적인 프로그램으로는 1973년부터 40년이 넘게 방영된 EBS의 〈장학퀴즈〉가 있으며, '문제가 남느냐, 내가 남느냐?'로 유명한 KBS의 〈도전 골든벨〉, 그리고 2003년부터 방영된 KBS 1TV의 〈우리말 겨루기〉, 2007년부터 방송된 KBS 2TV의 〈1대 100〉이 있다. 이 중 유일하게 일반인들이 참여하는 상식 퀴즈쇼가 〈1대 100〉이다. 해당 프로그램에 일반인이 참여하기 위해서는 1대 100 홈페이지에 들어가서 1인 참가하기 탭을 눌러 온라인 예심 신청을 해야 한다. 통과를 하면 1인 또는 100인으로 참여가 가능하다. 50문제가 주어지고 평균 30개 이상만 맞히면 100인으로 참가할 수 있다.

중요한 건 100인의 참가자가 아닌, 해당 프로그램을 시청하면서 함께 문제를 풀어보는 일반 시청자들의 마음이다. 일반 시청자들은 방송을 보며 〈1대 100〉에 출연하는 참가자들과 함께 문제를 푼다. 그리고 참여하지 않는 나와 같은 시청자들은 "저런 문제를 어떻게 틀리지? 내가 참여해도 되겠다"라며 참견에 그친다. 한참 뒤의 이야기지만 답답했던 나는 온라인 예심에 실제 참여했다. 물론 보기 좋게 탈락했지만 말이다. 그런데 90년대생들에게 이는 훨씬 자연스러운 일이다. 그들은 참견에서 끝나지 않는다. 스마트폰 앱으로 실시간 퀴즈쇼에 참여하고 실제 문제를 풀고 그들의 실력을 시험한다. 이제 새로운 세대는 평가자들의 어떤 요구에도 직접 답한다.

적절한 참여를 통한 인정 욕구 충족

직장에서 신입 사원들은 일정한 업무 역량이 갖추어질 때까지 짧게는 1개월에서 길게는 1년까지 수습 기간을 거치게 된다. 정식 사원이 된 이후에도 현장 훈련On the Job Training, OJT을 받게 된다. 그들이 현장에서 일하게 될 때까지 팀 내에서 그들의 선배 혹은 동료들에게 지속된 학습을 받는 것이다. 이는 현장이야말로 최고의 교실이라는 의미이며, 특히 미국 기업에서는 이전부터 OJT 방식의 비중이 압도적으로 높아 신입 사원 훈련도 입사 직후 본격적으로 실시하는 경우가 많다.

중요한 것은 90년대생들은 숙련공이 되기 전에도 자신의 회사나 팀 내에서 중요한 역할을 하길 원하며, 직접 참여를 통해 주목받기를 갈망하고 있다는 것이다. 이들에게 필요한 것은 조직이 본인을 필요로 한다는 느낌을 받는 것이다. 회사 업무에의 참여는 이들에게 일종의 '인정'의 의미이고, 이는 그들의 직무와 회사에 대한 만족도를 높일 수 있는 방안의 하나이다. 하지만 실제 현장에서는 한정되거나 보조적인 역할을 부여받게 되고, 이상과 현실의 부조화를 겪게 된다.

> "회사의 입문 교육 기간에 들었던 말은 '너희들은 회사의 중요한 존재이고, 창의성과 열정으로 회사의 좋은 분위기를 만들어줘야 한다'는 것이었습니다. 물론 교육 과정 중에서는 다양한 프로젝트에 참여하면서 이러한 느낌을 받을 수 있었죠. 하지만 팀에 배정이 된 후 2년이 지난 지금까지도 제가 업무를 주도적으로 진행하거나, 담당자가 될 기회가 없더군요. 제가 할 수 있었던 것은 단지 선배들이 하던 찌꺼기 업무나, 보조적인 역할뿐이었습니다. 입문 교육 내내 들었던 내용은 실제 현장에서는 거짓말이었던 셈입니다."
>
> — 입사 2년 차 김모 씨(1990년생)

물론 위의 사례와 같이 김모 씨가 보조적인 역할을 담당하는 이유가 있을 수 있다. 그가 찌꺼기 업무라고 표현했던 문서 작업이나 부서 커뮤니케이션을 포함한 모든 보조적인 업무는 향후 핵심 업무를 성공적으로 이행하기 위해 필수적인 활동이고, 이에 대한 해결 과정에서 핵심 업무에 대한 지식을 배울 수 있을 것이다. 하지만 참여의 욕구가 해결되지 않는다면 이들에게는 받아들이기 어려운 업무이기도 하다. 이를 해결하는 방식은 여러 가지가 있을 수 있다.

하나는 그들에게 발언권을 부여하는 것이다. 회사원들은 기업 익명 게시판으로 통하는 블라인드와 같은 비공식적 루트를 통해 회사에 대한 의견을 표출하곤 한다. 그러니 업무 과정에서 먼저 그들에게 하고 싶은 말을 마음껏 할 수 있는 기회를 제공해주는 것이 바람직하다. 예를 들어, 신입 사원을 크고 작은 회의에 참석시켜 발언 기회를 주는 방식이다. 기존 성원들의 사고방식을 전환하는 데 도움이 되는 새로운 시각을 얻을 수도 있다. 90년대생 신입 사원들을 한데 모아 특정 주제에 대한 토론을 진행할 수도 있다. 특히 회사에서 발표할 새로운 정책, 연구개발 중인 신제품, 새로운 시장 전략과 홍보 전략 등 새로운 내용과 관련된 이슈를 토론해보도록 하는 게 좋다. 이는 입문 교육 때 강조했던 신선한 감각과 센스가 기업에 직접 도움을 주는 길을 마련하는 것이기도 하다.

또한 기업 내 관리자들은 신입 사원들이 고위층과 쌍방향으로 소통할 수 있는 기회를 많이 제공할 필요가 있다. 쌍방향에 방점이 찍힌 이유는 기업 내 대부분의 소통이 수직적으로 이뤄지기 때문이다. 많은 기업들에서 진행하는 '경영진과의 대화'나 '임원과의 정기 간담회'는 신입 사원의 발언은커녕, 고위층의 훈화에서 끝나는 경우가 대부분이다. 여과되지 않은 현장의 이야기가 흘러 나가기를 원치 않는 관리자들과 이를 포함한 사내 분위기로 인해 솔직한 참여가 이뤄지지 않는다. 이에 필요한 것은 경영진과 관리자의 열린 태도이지만, 보다 필요한 것은 솔직한 이야기를 할 수 있게 만드는 프로그램 설계다.

몇 년 전, 한 대기업은 '역멘토링' 프로그램을 진행한 적이 있다. 풍부한 경험과 지혜를 겸비한 경영진이나 선배들이 1대1로 신입 사원에게 진솔한 지도와 조언을 해준다는 '멘토링' 프로그램을 반대로 차용한 것이다. 쉽게 말해서 대표 신입 사원들이 본인이 속한 조직의 임원에게 역으로 본인의 진솔한 조언을 해준다는 내용이었다. 하지만 이 프로그램은 두 달도 가지 못해 폐지되었다. 회사에서 내세운 표면적인 폐지 사유는 '임원이 참여할 시간이 아직은 부족해서'였지만, 실제로는 '너무도 솔직한 신입 사원의 의견을 임원들이 받아들이기 힘들어서'였다.

한 부서에서는 근무한 지 1년이 되는 사원이 임원에게 "상무님은 회의 시간에 본인의 의견만 말하고, 반대되는 의견을 받아들이지 못하는 답정너 스타일입니다. 부서 회의도 강압적이어서 부서원들이 솔직한 의견을 제시 못하는 것도 문제입니다"라고 말했다고 한다. 다음에 벌어진 일은 그리 놀랍지 않다. 솔직한 역멘토링에 얼굴이 굳어진 임원이 관리자에게 신입 사원 교육을 똑바로 하라고 했다는 것이다. 결국 제도의 취지는 무색하게 되었다. 이런 사달이 난 이유는 프로그램의 설계가 제대로 진행되지 못했기 때문이고, 이에 참여하는 경영진이 전혀 준비가 되어 있지 않았기 때문이며, 참여를 할 진심도 없었기 때문이다.

회사에서의 참여는 90년대생들에게 성장이나 성취만큼이나 중요하다. 참여는 그들이 가장 바라는 것이자 가장 얻기 힘든 것이기 때문이다. 무엇보다 그들에게 줘야 할 것은 권력이 아니라 표현할 수 있는 일종의 권리다. 그들이 목소리를 내고, 주목을 받고, 성과를 내게 해주는 것이다. 참여도가 높을수록 90년대생 직원들은 더 빨리 기업에 적응하며, 그들의 의견이 더 많은 주목을 받을수록 그들의 책임감도 더욱 커진다. 그에 따른 성과를 끊임없이 눈으로 확인할 수 있도록 해주는 것이 그들에게 줄 수 있는 최고의 동기부여 방안이다.

마시멜로 이야기의 함정

스탠퍼드대학교의 심리학자 월터 미셸Walter Mischel은 마시멜로 실험으로 유명하다. 취학 전 어린이들을 상대로 작은 책상에 마시멜로 두 개와 종 하나를 올려놓고 인내심과 순간의 욕구, 성공과의 관계를 알아본 실험 말이다. 그로부터 10년 후 실시된 2차 연구에서, 마시멜로의 유혹을 이겨낸 어린이는 그렇지 않은 어린이들보다 몸매가 날씬하고 사회 적응을 잘하게 됐을 뿐 아니라, SAT에서 210점이나 더 많은 점수를 받았다.

이렇다 보니 마시멜로 이야기는 회사 생활에서 가장 흔한 조언인 '참고 견디라'의 가장 대표적인 근거로 쓰인다. 그런데 정말 마시멜로 이야기가 '참을성이 강하면 성공한다'라는 교훈을 주는 이야기일까?[33] 마시멜로 이야기가 잘 알려진 건 어쩌면 사람들이 재밌어하면서도 가장 궁금해하는 문제, 즉 '성공하는 사람들의 특성은 무엇인가?'라는 문제를 단순한 공식으로 환원했기 때문일 수 있다. 여기서 단순한 공식이란 '성격은 타고난 것'이며 '인내는 미덕'이라는 것이다.

하지만 2013년 로체스터대학교의 홀리 팔메리Holly Palmeri와 리처드 애슬린Richard Aslin은 잡지 《코그니션Cognition》에 「합리적 간식 먹기Rational Snacking」라는 논문을 발표했다. 그들에 의하면 "첫 번째 마시멜로를 빨리 먹은 아이들 중 일부는 참을성이 부족했던 것이 아니라 '나중에 돌아오면 하나를 더 주겠다'는 연구원의 말을 의심했기 때문"이다. 그들은 "불안정한 환경에서 자란 아이들은 '먹는 것이 남는 것'이라는 생각을 갖게 된다"며, 안정적인 환경에서 자란 아이들일수록 약속이 지켜질 것이라고 기대하며 좀 더 오래 기다리는 경향이 있다고 주장했다.

이뿐만이 아니라 많은 연구자가 미셸의 실험 결과를 비판하는 논문을 발표했다. 그러나 상당수의 사람들은 복잡한 이야기를 읽으려 하지 않고, 동기부여 강사들이 하는 단순한 이야기를 듣는다. 많은 동기부여 강사들은 마시멜로 실험을 들먹이며 여전히 '네 살짜리도 인생의 성공에 필요한 것이 무엇인지 이해하고 있다. 그것은 참을성이다'라고 소리 높여 외친다.

하지만 오랫동안 참은 대가로 두 번째 마시멜로를 먹은 어린이들이 인생에서 성공했다고 해서 그들이 선천적으로 유혹에 넘어가지 않는 자질을 갖고 있었다고 말할 수는 없다. 로체스터대학교의 연구진이 말한 바와 같이 어떤 어린이는 단지 연구자의 말을 믿지 못해서 오래 기다리지 않았을 수도 있다. 또는 그날따라 배가 고팠을 수도 있다. 복잡한 세상 속에서 단순한 참을성만이 인생의 성공 비결일 수는 없다. 세상의 수천 가지 요인들이 우리의 일상에 영향을 미친다.

버티라 하지 말고 버텨야 하는 기한을 알려야

보통 조직 내에서 신입 사원들을 상대해본 관리자들과 상사들은 90년대생들이 인내가 부족해 업무가 일정 수준에 오를 때까지 참지 못하고, 제 풀에 지치거나 회사를 쉽게 그만두곤 한다고 평가한다. 이는 기존에 가지고 있었던 90년대생들에 대한 선입견과 크게 다르지 않다. 미국에서는 젊은 세대가 너무 나약해서 쉽게 녹아내린다는 의미로 '눈송이 세대Generational Snowflake'라고 부르기도 하고, 한국에서는 이와 같은 사람들을 한 과자의 이름을 차용해 '쿠크다스 멘털'이라고 부르기도 한다. 그렇다면 왜 90

년대생들은 참고 견디는 것을 힘들어하고 별것 아닌 일에도 쉽게 무너지는 것일까?

미국의 동기부여 연설가이자 작가인 사이먼 시넥Simon Sinek은 '밀레니얼 문제The Millennial Question'라는 대담에서 미국의 조직 내 밀레니얼 세대가 뭔가를 잊어버리고 있다고 말했다. 그들이 원하는 바를 즉각적으로 이뤄낼 수 있는 기술의 발전에 따라 조급함이 생기고, 깊고 의미 있는 관계를 형성하기 어려우며, 스트레스에 취약해졌다고 설명한다.

그들은 자라오는 동안 즉각적으로 만족하는 습관을 들였다. 만약 원하는 제품이 필요하면 기다릴 필요가 없이 아마존에서 상품을 주문해 바로 받아 볼 수 있고, 원하는 TV 프로그램이 있으면 인터넷과 넷플릭스로 즉각 시청할 수 있는 환경에서 살아왔다. 모든 것을 기다릴 필요 없이 즉각적으로 찾을 수 있는 것이다. 이러한 환경으로 인해 이들은 시간과 노력이 필요한 '직장 내에서의 인간 관계'나 '직무 만족도'를 얻는 데 어려움을 겪게 된다. 그렇다면 이들에게 어떠한 처방을 내려야 할까? 기존처럼 단순히 버티라고 말해야 할까?

해결의 실마리를 찾기 위해 미국의 밀레니얼 세대를 성공적으로 관리해온 미국 육군의 사례를 살펴볼 필요가 있다. 미 육군 인력 관리의 최고 책임자인 로버트 카Robert Carr 대령은 "우리는 최고의 인재를 유지하기를 원한다. 그런 면에서 여타 사기업과 다를 바가 없지만, 군대이기 때문에 그 어려움은 더 크다"라고 말했다.[34] 군대는 핵심적인 전통이나 표준 운영 절차로 움직이기 때문에, 항상 새로운 방식을 제안하는 밀레니얼 세대와의 간극이 있다는 말이다. 또한 "일부 신병들은 야심가적인 면모를 보인다. 그들은 고위 참모직을 위해 20년을 기다리고 싶지 않아 한다"라고 말했다.

하지만 미국 군대는 이와 같이 높은 야망을 가지고 있는 밀레니얼 신병들에게 '까라면 까는 거지 무슨 말이 많아?'라든가, '버티고 버티다 보면 언젠간 기회가 올 것이다'라고 말하는 대신, 현실적인 기대를 설정함으로써 조직력의 강화를 가져올 수 있었다고 말한다. 예를 들어, 군대에서의 경력이 큰 기회를 제공하지만, 그것을 얻어내기 위해 초기 2년간은 저임금을 받으면서 원치 않는 임무나 어렵고 짜증 나는 업무를 수행해야 함을 사전에 고지함으로써 신병들의 현실적인 기대를 설정하고 근속을 높일 수 있었던 것이다.

90년대생들은 묵묵히 선배들의 도제식 교육을 따르거나, 기약 없이 그들의 방식을 배우는 것을 받아들이지 못한다. 이들에게 이러한 방식은 불확실성만 높이기 때문이다. 하지만 아직까지도 국내의 많은 조직들은 소위 '농업적 근면성'만을 강조하고, 단순 버티기를 거부하는 사원들을 '열정 없는 패배자'로 낙인찍고 혀를 차기에 바쁜 것이 현실이다.

90년대생들이 일하는 조직의 관리자들은 이제 이들이 입사 후 얼마 동안 도제식 방식으로 교육을 받아야 하고, 이러한 교육을 통해 성장할 수 있는 부분과 그에 따른 모습을 현실적으로 제시할 수 있어야 한다. 그리고 문제 해결의 표준 답안을 제시하기보다, 더 나은 방안을 스스로 찾아낼 수 있는 공간을 제공해야 한다. 그리고 이러한 해결 방안을 제시하기 이전에 전제되어야 할 것은 그들에게 장기적인 관심을 가져야 한다는 것이다.

사이먼 시넥은 이 '놀라운 아이들'을 받아들여야 하며, 그들이 협동하는 환경을 만들어야 한다고 말했다. 이 아이들에 대해 더 장기적으로 신경을 쓰는 사람들이 늘어나야 한다는 점을 강조했다. 1년이 아니라 일생 동안을 말이다. 그는 이들의 성장 환경에 기인한 조급성을 해결하기 위한 책임은 기업에 있다고 말한다. 이제는 우리도 이들을 조직의 문제아로 인식하는 것을 넘어, 이들의 성장과 생활 전반에 관심을 가져야 한다. '너희는 참는 법을 배워야 해'라고 말하는 것이 아니라 참을 수 있는 환경을 조성하고 적응을 도와주는 것이 90년대생들이 맞이하는 조직의 새로운 리더십이 될 것이다.

회사가 즐거운 것이 가능한가?

90년대생들은 소위 최초의 게임 세대라고 불린다. 이들은 특히 2000년대 초반 '초딩'으로 유명세를 떨치기 시작하였다. 방학이 되면 무리를 지어 PC방으로 달려갔고, 게임 시장을 순식간에 점령하곤 했다. 지금도 많은 온라인 게임사에서는 방학 특수를 명분으로 여러 가지 이벤트를 벌이기도 한다. 이에 각종 게임 사이트 게시판 관리자들은 초비상사태다. PC방 점원들도 방학이면 이들을 대비하지 않을 수 없다. 위의 이유 때문인지 방학 직전에는 게임 회사의 주식이 오르기도 한다.

게임을 '일부 아이들' 혹은 '사내아이들'의 전유물로 생각했던 기존의 세대와는 달리 1990년대생들은 남녀 차이 없이 어렸을 때부터 게임을 TV처럼 쉽게 접했다. 기존 70년대생들이 오락실, 80년대생들이 PC와 콘솔게임에 한정된 환경에서 게임을 접했다면, 이들은 PC와 온라인, 모바일 등 특정 채널에 한정되지 않고 모든 곳에서 게임을 접했다. 이렇게 어렸을 때부터 게임을 쉽게 받아들이는 환경에서 자라온 이들에게 게임은 그 이전 세대가 생각하는 것처럼 단순한 도피처가 아니다. 생활과도 밀접하게 연관된다.

80년대와 그 이전의 출생 세대들은 인생의 목표가 무엇인지 설정하는, 소위 삶의 목적을 추구했다. 그러나 90년대생들은 지금의 인생이 어떤지를 더 중요하게 여기고, 삶의 유희를 추구한다. 이와 함께 이들을 움직일 수 있는 힘도 오로지 '흥미'에서 나온다. 그렇다면 흥미가 중요한 90년대생들에게 회사는 어떠한 의미일까?

"회사에서도 재미가 있었으면 좋겠어요. 이런 이야기를 회식 시간에 팀원들에게 한 적이 있는데, 그때 한 대리님이 '즐거움은 돈을 내고 찾아. 회사는 엄연히 돈을 받고 일을 하러 오는 곳이야. 그런 곳에서 즐거움을 찾는 게 말이 되니?'라고 답하더군요. 회사에서 일을 안 하고 놀고 싶다는 뜻이 아니에요. 단지 어차피 할 일이면, 즐겁게 하고 싶다는 말이죠. '열심히 하는 사람도 즐기는 사람을 이길 수 없다'는 말은 잘도 하면서 왜 회사를 즐겁게 만들려는 생각은 안 하는 거죠?"

얼마 전까지 회사에서 즐겁게 지내고 싶다는 말은 임금을 받고 근무하는 회사원의 입장에서 일종의 반동과 같은 것이었다. 즐거움은 돈을 내고 사는 것이고, 이와 반대로 돈을 받는 곳은 절대 즐거움의 장소가 될 수 없다는 논리였다. 물론 90년대생들에게도 회사란 노동을 하러 오는 곳이다. 다만 그들은 어디에서라도 '유희'를 즐기고 싶을 뿐이다. 유희가 충족되지 않는다면 회사는 일터로서의 매력을 잃게 된다.

직장인 권태기를 살펴보자. 취업포털 잡코리아가 직장인 662명을 대상으로 직장인 권태기를 겪은 적이 있는지에 대해 조사한 결과, 전체 응답자의 97.3퍼센트가 '겪은 적이 있다'고 답했다. '권태기를 겪은 적이 없다'고 답한 직장인은 2.7퍼센트에 그쳤다. 이보다 흥미로운 건 회사 생활에 권태를 느꼈던 시기였다. 이 질문에서 가장 많은 32.3퍼센트가 입사 후 1년 차라고 응답했다. 직장인들 사이에서 최고의 이직 타이밍으로 꼽히는 3년 차가 그다음으로 25.9퍼센트였다. 앞으로 1년 차 직장인들이 될 세대를 맞이할 기업들이 이 조사를 유심히 봐야 할 이유가 여기에 있다.

그렇다면 이들이 직장 생활에 권태를 느끼는 이유는 무엇일까? 1위는 21.8퍼센트로 '반복되는 업무가 지겨워서'라는 응답이었다. '업무 의욕이 사라져서'라는 응답이 18.5퍼센트, 과도한 업무량이 14.7퍼센트, 낮은 연봉이 13.5퍼센트, '일이 적성에 맞지 않아서'라는 응답이 11.3퍼센트였다.

기존 세대들이 직장 생활에 권태를 느끼는 가장 흔한 이유는 사람 문제와 업무량이었다. 하지만 새로운 세대가 등장할수록 회사 생활에 권태를 느끼는 이유는 흥미와 연관되고 있다. 다시 말해, 지금 하는 일에서 흥미를 느낄 수 없다면 권태를 느끼는 것이다.

흥미를 어떻게 이끌 수 있는가

스티브 윌리스Steve Willis라는 미국의 복싱 심판이 있다. 주요 경기의 심판을 맡고 있는 그의 특징은 링 위에서 누구보다 집중한다는 것이다. 그렇다 보니 사람들은 복싱 경기만큼 그가 어떠한 제스처를 취하는지에 관심을 가지곤 한다. 그는 정확하고 냉정한 심판을 보면서도, 복싱이라는 스포츠, 그리고 본인이 심판하고 있는 경기를 너무도 사랑하는 것으로 보인다. 링 위에서 보이는 그의 표정에는 희로애락이 고스란히 담겨 있다. 국내에서도 인기를 끌고 있는 이유다.

스티브 윌리스뿐만이 아니다. 스티브 잡스를 비롯한 CEO들은 모두 자기의 일을 사랑해야 한다고 말했다. 그러면 우리는 과연 얼마나 일을 사랑하거나 혹은 재미있어하는 걸까? 그 전에 왜 우리는 일이나 회사가 원래 즐겁지 않은 것이라고 정해놓은 것일까? 사랑하는 일이라면 즐겁게 하지 않을 수 없지 않을까?

중국의 바링허우와 쥬링허우를 연구하는 8090허우연구소 원장인 리팅다오李霆道는 90년대생 직원 관리의 포인트는 그들을 기분 좋게 만드는 데 있으며 즐거움이 어떠한 관리 전략보다 효과적이었다고 한다. 그는 90년대생 직원들과 일할 때에는 그들의 감성에 더욱 주목해야 한다고 강조하면서, 감성 관리의 한 방식으로 '전 업무 프로젝트화 동기부여 관리법'을 소개했다. 이는 그가 경험에서 효과를 체험한 방식이다. 리팅다오가 관리를 맡았던 교육 업체와 미디어 업체에는 쥬링허우 직원이 많았는데, 이 방법을 이용하고 나서 직원들의 회사에 대한 만족도나 업무 태도, 나아가 관심을 받고 있다는 느낌이 모두 크게 좋아진 것으로 조사되었다고 한다.

구체적인 방법은 이렇다. 일의 종류나 직위에 관계없이, 심지어 프론트 데스크 업무까지, 모든 직원의 업무 내용을 모두 '프로젝트화'한다. 모든 사람이 프로젝트 매니저가 되는 것이다. 월별 업무 목표는 하나의 월별 프로젝트가 되어 엄격한 관리하에 진행된다. 직원들은 평소 하지 않던 업무를 프로젝트 단위로 할 수도 있다. 이렇게 하면 직위를 바꾸지 않아도 순환보직, 순환근무의 효과를 볼 수 있다. 프로젝트를 제대로 완성한 직원들에게는 다양한 방식으로 격려와 포상을 한다. 프로젝트를 완성하지 못한 담당자들은 문제점과 개선 방안을 찾는 시간을 갖는다.

회사는 직원별로 성공 프로젝트 누적 순위를 공개하는데, 직원들은 여기에 하나같이 비상한 관심을 갖기 마련이다. 그는 이 방법을 통해 모든 직원들, 특히 쥬링허우 직원들이 스스로 원하는 자주성과 주인의식, 성취감, 참여의식, 평등의식을 충분히 누린다고 했다. 회사의 실적도 자연히 좋아질 것이라고 했다.

에드 마이클스Ed Michaels 등이 쓴 『인재전쟁The War for Talent』에서 스털링 리빙스턴Sterling Livingston은 "만약 관리자들에게 스킬이 부족하다면, 그들은 부하 직원들의 경력에 흠집을 내게 되고, 자신감을 약화시키고, 부하 직원들이 자신에 대해 갖고 있는 인간상을 왜곡할 것이다"라며, "그러나, 만약 우리가 스킬을 갖추고 기대치를 높게 한다면, 부하 직원들의 자신감은 높아질 것이고, 역량이 개발될 것이며, 생산성 또한 향상될 것이다"라고 말한다. 리빙스턴이 말했듯이 사람들이 성장하기 위해서는 새로운 도전과 경험이 필요하다. 그들에게는 그들이 아직 잘 모르고 있는 임무를 맡길 필요가 있다. 특히 많은 잠재력을 지닌 젊은 직원들의 경우에는 더욱 그러하다.

직원들은 책임이 더 무거운 직무뿐 아니라, 다른 종류의 직무도 필요로 한다. 모건 맥콜Morgan McCall 등이 쓴 『경험이 주는 교훈들The Lessons of Experience』이라는 책에서는 직원이 발달해가는 과정에서 겪게 되는 여러 가지 도전을 규정하고 있다. 여기에는 일선 담당자에서 간부가 될 때, 아무것도 없는 상황에서 프로젝트를 시작해야 할 때, 곤란을 겪는 사업을 시정해야 할 때 겪는 어려움 등이 있다. 저자들에 따르면 다재다능한 관리자가 되기 위해서는 경력 과정에서 이러한 어려움들을 경험해야만 한다.

국내 조직에서도 90년대생 직원들이 좀 더 확장되고 재미있는 역할을 할 수 있도록 조직의 구조를 세울 수 있을 것이다. 가능하면 자율성과 권한이 있는 직무를 만들 수도 있다. 가능한 한 이익과 손실에 대한 책임 소재가 분명한 직무를 만드는 동시에, 좀 더 많은 상호기능적인 팀을 만들어서 직원들의 사업 전반에 대한 이해를 도울 필요가 있다. 물론 이와 같은 단순한 제도의 변화만으로 90년대생들의 진정한 흥미를 이끄는 것에는 한계가 있다. 대표적인 오해는 일터에 당구대나 게임기를 설치하는 것이 그들의 흥미를 높여주리라고 오해하는 것이다. 직장에 오락 시설이 설치되었다고 해서 그 회사가 구글이나 페이스북이 되는 것이 아니다. 업무 몰입이나 흥미 증진에 있어서 제도의 변화보다 중요한 것은 바로 90년대생들에게 '일을 통해서 배울 것이 있다는 사실'을 알려주는 것이다. 내가 지금 하는 일을 통해 성장을 할 수 없다면 지금의 일은 의미가 없고 죽은 시간이 되어버린다.

하지만 지금의 이 업무가 나를 성장시키는 시간이 된다면 일은 단순한 돈벌이 이상의 의미가 될 수 있다.

앞서 언급한 워라밸은 특히 우리나라 90년대생들에게는 굉장히 중요한 문제이다. 하지만 우리는 그들에게 정당한 근로시간의 확보를 제공해주는 것과 동시에 본질적으로 일과 삶이 별개가 아니라는 사실을 인식하도록 도와줄 필요가 있다. 찰스 핸디는 2006년 그의 저서 『찰스 핸디의 포트폴리오 인생Myself and Other More Important Matters』에서 '일과 생활의 균형'은 잘못된 표현이며, '일의 균형'이라고 표현하는 것이 적합하다고 언급했으며, 최근 아마존의 CEO 제프 베조스 또한 "워라밸은 거래 관계로 유지되는 시스템이기 때문에, 인간을 지치게 한다고 생각하여 지지하지 않는다"라며 '워크 앤 라이프 하모니', 즉 일과 삶의 조화를 언급하기도 하였다.

연세대 교육학과 장원섭 교수는 최근 저서 『다시 장인이다』에서 일의 의미를 상실한 시대의 해법은 '장인匠人'이라고 강조한다. 그에 따르면 현대적 장인은 더 이상 전통 기술을 고수하고 그대로 전수하는 역할이 아니라 그보다는 높은 숙련도를 가지고 있음에도 끊임없이 배우며 자기의 지식과 기술을 지속적으로 혁신하고 창조적으로 일한다. 나아가 작업 과정에 장인적 요소를 더 많이 집어넣는 '작업의 재구조화'를 통해 권한의 분산과 즐거운 작은 성취의 경험을 줄 수 있다고 하였다. 일주일에 이틀뿐인 주말만을 바라보고 5일을 지옥 속에서 견디고 살 것인지, 아니면 자기 계발과 자기 실현을 근무시간에서 구현할 것인지는 개인의 문제인 동시에 90년대생들을 다루는 조직의 문제이기도 하다. 흥미 있고, 의미 있고, 균형 잡힌 일을 부여하면 인력을 유지할 수 있기 때문이다.

업무의 흥미와 관련하여 마지막으로 검토해야 할 사항 하나가 더 있다. 그것은 새로운 세대가 정말 흥미 있고 의미 있는 일을 원한다고 해서 적은 보상을 감수한다는 의미는 아니라는 것이다. 우리나라의 기업들은 '열정'이란 단어에 유달리 높은 가산점을 준다. 일에 대한 열정을 빌미로 정당한 대가를 지급하지 않는 열정페이와 부당 노동 행위는 수도 없이 벌어졌다. 90년대생들이 일에서 흥미를 찾는 태도를 적은 보상에 대한 마중물로 이해하면 안 된다. 그들은 앞의 어떤 세대보다도 보상을 중요하게 생각한다. 단지 그러한 보상의 개념이 단순한 연봉 액수만을 가리키는 것이 아니라, 법정 휴가 사용과 법정 근로시간 준수 및 근무 유연성 등 비금전적인 보상을 모두 포함하고 있을 뿐이다. 이들에게 '개처럼 벌어서 정승처럼 쓰라'는 말은 더 이상 통용되지 않는다.

그들의 이직을 막지 말고 도와라

이직률은 그 조직이 건전한지 건전하지 않은지를 판단하는 대표적인 지표로 꼽힌다. 유형별로 직원들의 이직 의도를 파악하고 이직률을 낮출 수 있는 방안을 찾는 것이 HR 연구의 큰 축을 담당하고 있을 정도다. 그런데 이직을 막지 말고 도와야 한다니 무슨 말일까?

요즘 조직의 관리자들은 90년대생 신입 사원들이 입사하는 순간부터 이직을 생각한다는 사실에 충격을 받는다고 말한다. 그들은 기존 세대의 인재들이 최소 3년 이상의 경력을 쌓은 다음에 기회를 찾았던 것에 반해, 90년대생들은 경력의 유무와 관계없이 해당 조직에 남아야 할 이유를 찾지 못하면 언제든 조직을 떠날 수 있다는 것을 경험을 통해 체득하게 되었다. 이제 관리자들은 90년대생들의 이직을 강제로 막거나 통제할 수 없다는 것을 느낀다. 역설적으로 그들의 이직을 막는 방법은 '그들의 성장을 돕는 방법밖에 없는 것'이다. 하지만 전 세계 1980년에서 1995년 사이에 태어난 밀레니얼 직장인을 대상으로 '성장목표를 달성하기 위한 과정에 만족하고 있는지'를 묻는 설문에서, 스페인, 멕시코, 프랑스, 브라질, 네덜란드, 미국 등 주요 국가는 70퍼센트 이상이 자신의 성장 목표를 달성하기 위한 과정에 만족감을 가지고 있다고 대답한 반면, 한국의 경우 29퍼센트의 응답자만이 만족하고 있다고 대답했다. 이는 일본과 함께 전 세계 최저 수치다.

제너럴일렉트릭의 잭 웰치가 '종신고용Lifetime Employment' 대신 '종신취업능력Lifetime Employability'을 보장한다고 말했듯, 90년대생들에게 필요한 것은 정년 보장처럼 신뢰할 수 없는 말이 아니라 경력 개발을 위한 교육과 훈련이다. 이에 따라 기업 관리자들도 '이직'에 대한 개념을 바꿔야 할 필요가 있다.

전통적으로 국내 기업에서는 이직이나 그 시도조차도 조직에 대한 적대 행위로 여기곤 했다. 동고동락했던 동료들을 외면하고 자기만 잘 먹고 잘살겠다는 기회주의자로 낙인을 찍었던 것이다. 하지만 경력직에게 신입보다 많은 취업의 기회를 제공하는 지금은 이직 자체를 부정적으로 생각하고 통제하기보다는 이를 활용하는 방안들이 제시되고 있다.

미국 샌디에이고대학교 법학과 교수인 오를리 로벨Orly Lobel은 자신의 저서 『인재 쇼크Talent Wants to Be Free』를 통해서 "이직자를 회사의 잠재적 자원으로 잘 관리하면 결국 기업은 이득을 얻게 된다"라며 "이직을 막으려 애쓸 필요가 없다"라고 강조했다. "자유로운 인력 이동이 전체 기업의 성과를 올리기 때문"이라는 것이다. 그러니 역설적으로 이직에 관대한 기업일수록 우수한 인재들을 확보하기 쉽다. 외부 인재들은 이직에 관대한 회사에 입사하고 싶어 하기 때문이다. 아직까지 많은 국내 회사들은 규정에 '동종업계 재취업 금지' 조항을 넣고 이직을 제한하지만 미국 캘리포니아주에서는 이러한 경쟁 금지 조항을 법적으로 제지하고 있고, 뉴욕에서도 폐지를 검토하고 있다.

이직한 직원을 버리지 않고 관리하는 것은 장기적으로 현재 조직에 이득을 가져오기도 한다. 최근 4차 산업혁명과 같은 융합과 혁신을 통해 기업 간, 산업 간의 경계가 무너지면서 경쟁자가 어느 순간 협력자가 되기도 하고, 전혀 상관이 없었던 산업과 컬래버레이션을 이룰 기회도 생기고 있다. 이러한 상황에서 경계를 넘나들 수 있게 만들고 관계를 유지시켜주는 존재는 이직자들이다. 따라서 미국의 P&G, 마이크로소프트, 맥킨지, 어니스트&영과 같은 글로벌 기업들은 이직 직원들을 동창생으로 관리하는 프로그램을 운영하고 있다.

3부
90년대생이 소비자가 되었을 때

1장
90년대생, 소비업계를 뒤흔들다

호갱의 탄생 그리고 반격

국어사전에는 없지만 90년대생들 사이에서 흔하게 사용되는 말이 또 하나 있다. 바로 '호갱'이다. 어수룩해서 이용하기 좋은 사람 혹은 이용을 잘 당하는 사람이라는 뜻의 '호구'와, '고객님'의 자음동화 현상에서 유래한 인터넷 은어 '고갱'이 합쳐진 말이다. 일부 인터넷 커뮤니티에서는 호구와 호갱이 금지어로 지정되어, '흑우'와 '흑두루미' 같은 단어로 변형해 사용하기도 한다.

호갱이라는 말은 주로 통신사 대리점이나 휴대폰 판매점을 중심으로 소비자들에게 할부원금을 과도하게 적용하는 계약에 넘어간 고객을 가리키는 데서 유래했다. 그러나 2010년을 기점으로는 특정 제품이나 영역이 아닌 전 분야에 걸쳐서 사용되고 있다. 기업의 차별적인 가격 부과 행위나 억지스러운 상술에 당한 고객은 전부 다 호갱이라고 부르게 된 것이다. 그렇다면 이러한 호갱은 어떻게 탄생하게 되었을까?

지금까지 기업이 즐겨 쓰는 전략은 '어디에서 가장 좋은 조건의 거래를 할 수 있는지'를 고객에게 숨기는 것이었다. 경제학 모델에서 제시하는 이상적인 경쟁 상태에서는 '소비자가 경쟁하는 제품들을 쉽게 비교하고 선택'할 수 있지만 실제로 완전 경쟁 상태가 펼쳐진 적은 없었다. 왜냐하면 고객이 제품을 찾는 데 드는 노력, 즉 탐색비용Search Cost이 발생하기 때문이다. 전자상거래가 발달하기 이전에 소비자들은 인터넷은 고사하고, 같은 지역의 다른 상점에서 특정 제품이 얼마에 팔리는가를 알기가 매우 어려웠다. 또한 많은 기업에서 소비자들이 자신의 보유 금액에 맞는 최적의 가치를 어디에서 획득할 수 있는지 파악하기 어렵게 하는 꼼수를 사용하면서 자사의 이득을 극대화하기도 하였다. 예를 들어 오프라인 매장에서는 값비싼 제품의 매대를 다른 제품의 매대보다 훨씬 잘 보이는 곳에 배치하여 소비자들이 값싼 제품을 찾기 힘들게 만들었다. 제품의 가격 할인과 가격 인상을 반복하는 것도 어디서 팔리는 제품이 가장 저렴한지 소비자가 계산하기 어렵게 만들었다.

하지만 글로벌 전자상거래가 점차 발달하면서 2000년대 초에 다나와, 에누리 같은 최저가 비교 사이트들이 등장했다. 가격 비교의 맹점이 해소되기 시작했다. 하지만 이러한 최저가 사이트가 소비자와 생산자 간 정보의 비대칭을 어느 정도 해소해주긴 했으나, 그렇다고 해서 당시 소비자 모두가 최저가로 합리적인 구매를 한 것은 아니었다. 왜냐하면 기업들은 온라인에서조차 소비자의 가격 비교를 방해하는 장치를 마련했기 때문이다. 예를 들어, 온라인 사이트에 일부러 제품을 혼란스럽게 설명하고, 비슷해 보이지만 서로 다른 여러 가지 버전의 모델을 등록하여 가격 비교를 더욱 곤란하게 만드는가 하면, 저가형 미끼 상품을 검색 상위에 올리거나 광고 창에 게시하여 소비자를 자기 웹사이트로 유인한 다음 결국 더 비싼 제품을 사게 만들었다.

인터넷이 발달한 2000년대에도 스스로가 호갱이라는 사실을 깨닫지 못했던 소비자들은 많았다. 하지만 본인들을 포함하여 기존 세대들이 어떻게 호구가 되는지 지속적으로 지켜보고 학습한 90년대생들이 소비의 전면에 나서기 시작하면서 소비업계는 새로운 국면을 맞이한다.

2013년에 국내 검색 사이트에서 가장 많이 검색되었던 애니메이션 〈진격의 거인〉은 '오직 인간만을 잡아먹는 거인'과 '거인의 공격에서 살아남기 위해 사투를 벌이는 인간'의 싸움을 주요 모티브로 삼고 있다. 〈진격의 거인〉에서 인간들이 100년의 시간 동안 그들보다 크고 무지막지한 힘을 가진 거인에게 대항했던 방법은 50미터 높이의 벽을 세우고 그 안에 숨는 것뿐이었다. 그렇다면 이런 스토리를 현대의 기업과 소비자의 관계에 대입해보면 어떨까? 지난 100년 동안 생산자의 시대에서 막대하게 성장한 기업이 거인이라면, 정보의 비대칭과 그동안의 소비 프레임

속에 갇혔던 소비자들은 거인에 대항하지 못하고 벽만 쌓아 올렸던 인간에 비유할 수 있지 않을까?

하지만 〈진격의 거인〉에서 인간은 거인에 대한 연구를 거듭하여 마침내 '입체기동'이라는 장비를 개발한다. 그리고 거인에게 대항할 수 있는 힘을 가지게 된 이후, 거인에 대한 인간의 반격이 시작된다. 그리고 90년대생들이 주 소비자층으로 부상한 지금, 소비자들은 인터넷과 모바일을 무기 삼아 기업에 반격을 시작하게 되었다.

스마트 컨슈머와 스튜피드 컨슈머

3년 차 직장인인 한모 씨(1994년생)는 온라인 커뮤니티 '스마트 소비자의 모임'에 가입해 있다. 그녀는 최근 델타 에어라인의 멤버십 포인트를 적립하여 하와이 왕복 항공권을 받아서 다녀왔다. 정보는 주로 온라인 카페에서 얻었으며, 주위 친구들에게 이런 멤버십 혜택을 알리고 있다.

그녀는 업무 시간 외에 점심시간과 퇴근 이후에는 주로 '뽐뿌'라는 커뮤니티를 이용해 깜짝 할인 정보와 공동 구매 정보를 얻는다. 그녀는 보통 출시된 지 6개월 정도 지난 스마트폰을 전략적으로 구매하는데, 본인과 가족들의 휴대폰을 공짜 혹은 10만 원 이하에 구매하였고, 여기에 추가하여 정말 싼 기기가 나왔을

시에는 이를 사서 되팔기도 한다.

지난여름 한모 씨를 다시 만나, 서울의 한 커피숍에서 인터뷰를 진행했을 때도 그녀는 신용카드사에서 출시한 앱카드를 사용해 제공받은 쿠폰으로 커피를 시켜 마셨다. 특정한 기업의 할인, 이벤트 정보는 할인 정보를 공유하는 커뮤니티와 카카오톡 등을 통해 삽시간에 퍼지고 있었다. 그러나 이런 정보를 많이 안다면 오히려 충동구매를 부추길 수 있지 않을까? 나의 질문에 그녀는 차분하게 대답했다.

"저는 많은 물건을 사는 편이지만 할인을 한다고 해서 쓸모없는 물건을 사지는 않아요. 그리고 기업들이 보통 대박 세일이라고 부르는 것들이 실제로 대박이 아니라는 것도 알고 있죠.

보통 저 같은 사람을 체리 피커라고 한다더라고요. 할인만 노리는 소비자라고요. 하지만 불법을 저지르거나 비윤리적인 행동을 하는 건 아닙니다. 저는 제가 특별하게 스마트하다고 생각하지 않아요. 단지, 다른 어른들처럼 싼 물건을 비싸게 구입하지 않을 뿐이죠."

기존의 세대들에게 어떤 상품을 최저가로 구입한다는 것은 특정한 노력의 대가라고 여겨졌다. 80년대생들만 해도 좋은 물건을 값싸게 구매하기 위해서는 발품을 팔 필요가 있다고 생각했다. 어떤 물품을 누구보다 싸게 싼 것은 굉장한 기지를 발휘한 것으로 인식되었다. 그러니 어떤 물품을 어느 누구보다 좀 비싸게 구입을 했다고 해서 호갱 취급을 받지도 않았다.

하지만 지금은 상황이 다르다. 90년대생들이 20대가 된 2010년대에 어떤 상품을 조금이라도 비싸게 주고 구입하는 행위는 '호갱이 되었다'며 주변의 안타까운 시선을 받는다. 이제 스마트 컨슈머Smart Consumer라는 말은 당연하고 자연스러운 것이 되었다. 그러니 스마트하게 소비를 하지 않는다면 '스튜피드 컨슈머'가 되는 셈이다. 좋은 물건을 싸게 구입하는 합리적인 구매는 더 이상 특별한 미덕이 아니고, 같은 제품을 남보다 더 비싸게 사는 행위를 하는 사람이 단지 호갱이 될 뿐이다.

상황이 이렇다 보니 정보의 비대칭성을 이용하여 필요 이상의 과도한 이익을 남긴 기업은 부도덕한 기업으로 낙인이 찍히기도 한다. 해외에서 파는 국산 가전제품의 상당수를 해외 직구를 하면 훨씬 싼값에 살 수 있다는 건 이제 일반 대중에게도 잘 알려져 있다. 이런 인식은 해외 직구를 가속화했다. 이는 전자상거래의 발달로 인해 거래의 영역이 전 세계로 넓어지면서 동일 상품 및 서비스에 대한 가격 비교가 가능해졌기 때문이다. 따라서 국가별 경쟁 상황 및 특수성에 따라 가격을 별도로 책정하였던 기업 전략은 더 이상 유용하지 않게 되었다.

소비를 꿈꾸게 하라 VS 돈은 안 쓰는 것이다

우리는 자본주의의 세상에 살고 있다. 양극화 등 수많은 문제점을 안고 있지만 당분간 지속될 것이다. 미국의 문화이론가 프레드릭 제임슨Fredric Jameson의 말처럼 우리는 자본주의라는 체제의 종말보다 세계의 종말을 상상하는 것이 더 쉬운 시대에 살고 있다. 18세기 이래 여러 단계를 경유해온 자본주의는 20세기 후반 소련의 붕괴와 함께 지금의 소비 자본주의에 이르게 되었다.

보드리야르는 1970년에 발간한 『소비의 사회La societe de consommation』를 통해 현대 소비사회의 구조와 특징에 대해 설명했다. 그에 따르면 현대 자본주의는 산업 자본주의를 지나며 생산수단과 생산기술의 비약적 발전을 이룬다. 그 결과 자본주의는 과잉생산이라는 구조적 문제를 갖게 된다. 끊임없이 소비하지 않으면 생산은 멈추게 되고 자본주의 역시 멈추게 될 운명을 맞는 것이다. 이러한 '끊임없는 소비'가 필요하게 된 소비 자본주의는 '고객의 니즈를 창출해야 한다'는 구호를 만들어냈다. 이는 달리 말하자면 '없는 소비도 만들어야 한다'는 것이다. 따라서 오늘날 마케터는 소비를 꿈꾸게 하는 것이 지상 과제가 되었다.

국내의 경우 1980년대 컬러TV가 본격적으로 보급되면서 마케팅의 전성시대가 열리기 시작했다. 특히 광고 커뮤니케이션 중에서 ATL(Above the Line)이 폭발적으로 성장했는데, 이는 4대 매스미디어, 즉 TV, 신문, 잡지, 라디오를 중심으로 하는 광고 전략이다.

6월 항쟁이 일어난 1987년은 대한민국의 민주화뿐만 아니라 기업 경영에도 커다란 영향을 미쳤다. 군사정권의 지배 이후 안보와 성장이라는 명분 아래 유보되었던 노동자들의 권리 찾기가 시작된 것이다. 기업들은 대폭적인 임금 인상을 통해 노사관계 안정을 추구했다. 그 결과 제조업체의 실질임금 상승률은 1987년 8.3퍼센트에서 1989년 18.3퍼센트로 급등했다. 1987년부터 1996년까지 10년간 평균 상승률은 9.1퍼센트였다. 이로써 대한민국의 노동자들에게도 본격적인 소비 활동이 시작되었고, '굶지 않고 살기'에서 '갖고 싶은 것을 갖고 살기'로 삶의 패러다임이 변했다. 이는 서구 사회의 소비 지상주의가 급격하게 유입된 계기가 되기도 하였다. 21세기가 시작될 당시 한국 사회의 주류로 떠오른 70년대생들과 80년대생들은 기업 마케터들의 가장 큰 소비자층, 즉 타깃층이 되었다. 이와 동시에 출현한 다양한 마케팅 방법은 마케팅의 전성기를 이끈 동시에 이들 세대로 하여금 끊임없이 소비를 하도록 만들었다.

그리고 2001년 12월 28일, 한국 광고 역사에 한 획을 그은 대중광고가 시작되었다. 바로 배우 김정은의 "부자 되세요"로 유명한 BC카드 광고였다. 2002년 새해의 시작을 알린 이 광고는 한 카드 업체의 광고 효과를 넘어서 하나의 패러다임을 만들어냈다. 기존의 새해 인사였던 '새해 복 많이 받으세요'를 '부자 되세요'로 바꿔놓기도 했다.

사실 전 세대들에게 부자라는 것은 하나의 조롱과 같은 것이었다. 돈이 많다는 것은 욕심이 많고, 본인만 잘살고 남을 위해 베풀지 않았다는 의미로 이해되었다. 이전 세대들이 접했던 동화들을 살펴보면 알 수 있다. 기존의 세대들은 어렸을 때 〈흥부와 놀부〉라는 전래동화를 들으면서 자랐고, 그 이야기로 아이들에게 전달하려는 바는 결국 권선징악이었다. 또한 매년 크리스마스에는 항상 터줏대감처럼 〈스크루지 영감〉이 방송되었다. 스크루지는 1842년 발표된 찰스 디킨스의 소설 『크리스마스 캐럴』의 주인공으로, 부자이지만 인색한 사람, 일명 구두쇠를 뜻하는 말로 쓰이기 시작했다.

이 이야기들의 공통점은 돈을 쌓는 삶을 비판하고 인덕을 쌓는 삶을 강조한다는 것이다. 하지만 이후 세대를 거듭할수록 사람들은 이전처럼 착하기만 하고 가난한 흥부의 편에 설 수 없게 되었다. 구두쇠를 비판하는 맥락도 달라졌다. 사회가 절약보다는 소비를 미덕으로 삼는 소비 자본주의로 변했기 때문이다.

그러나 90년대생들은 이러한 소비 지상주의에 반기를 들고 나선다. 이들 세대는 소비 자체가 기존의 마케팅의 산물이라는 것을 알게 되었다. 물론 그렇다고 해서 이들이 무조건 소비를 지양하는 것은 아니다. 단지 수동적으로 기업 마케팅의 영향을 받지 않고, 스스로의 판단에 의해 소비를 선택할 뿐이다.

2017년 '스튜핏'과 '그뤠잇'이란 구호를 유행시키며 화제가 된 〈김생민의 영수증〉은 이러한 소비 지상주의로부터 다시 저축과 절약, 일명 '짠테크' 열풍을 몰고 왔다. 〈김생민의 영수증〉은 원래 팟캐스트 방송인 〈송은이&김숙 비밀보장〉의 고민 상담 코너였는데 청취자들의 좋은 반응을 얻게 되자 2017년 6월 19일 단독 팟캐스트로 분리되었다. 이후 팟캐스트 상위권에 랭크되면서 인기를 끌던 중 2017년 8월 19일 11회부터 KBS 2TV에서 1시간 분량의 팟캐스트를 15분으로 편집하여 방영하기 시작했다. 김생민은 프로그램에서 영수증을 꼼꼼히 살펴보면서 신청자를 분석한 다음 칭찬할 만한 상황에는 '그뤠잇!'을 외치고, 지적할 만한 상황에는 '스튜핏!'을 외치며 합리적인 소비의 필요성을 역설한다. 반대로 김숙의 경우 김생민과는 사실상 반대 성향인 '소비요정'으로 나와, 소비가 미덕이었던 기존 70~80년대생들과 궤적을 같이한다.

여기서 김생민이 외치는 '스튜핏'은 욜로You Only Live Once, YOLO가 소비 행위에 집중된 것에 대한 일종의 경고라는 분석이 많았다. 애청자인 강모 씨(35세)는 "장난스레 스튜핏을 외치지만, 욜로마저도 소비로 해결하라고 부추기는 사회에서 소비의 의미를 돌아보는 계기를 만들어줬다"고 말했다. 대중문화평론가 배국남 씨는 "오늘을 담보 잡히며 사는 삶을 반성하자는 욜로의 의미가 '당장 즐기자'는 소비적인 가치로 변질됐다. 이에 대한 반감이 김생민으로 상징되는 절약과 검소라는 전통적 가치에 새로운 의미를 부여했다"고 말했다.

이 프로그램은 2018년 김생민의 과거 불미스러운 사건으로 인하여 불명예스럽게 퇴장했고, 그 자체로 예능 프로그램이라는 한계를 지니고 있기도 했다. 그러나 그에 대한 열광적인 반응은 기존 소비 만능주의에 대한 피로감을 나타낸 새로운 사회의 모습이기도 하다.

간결하게, 더 간결하게

길고 복잡한 것은 피하고 짧고 간단한 것을 원하는 90년대생들의 특성은 소비자가 되었을 때 어떻게 구현이 될까? 먼저 이들의 간단함에 대한 갈구는 기존 기업들이 사활을 걸었던 '고객만족'보다 더 중요한 것이 있음을 알렸다. 여기서 고객만족이라는 개념은 1972년 미국 농산부에서 발표한 농산품에 대한 소비자 만족 지수와 1975년부터 5년간에 걸쳐 미국의 소비자문제국이 실시한 소비자 불만 처리 조사 결과를 기초로 만들어진 '굿맨Goodman 이론'으로 거슬러 올라간다. 이는 당시 고객의 정서적인 불만 요소를 정량적으로 지수화했다는 점에서 획기적인 것이었다. 미국과 유럽 일본에서는 고객만족경영으로 발전하여 기업 경영의 필수적인 기법으로 자리 잡았고, 국내에는 고객만족경영, 소비자중심경영 등으로 불렸다. 너도나도 고객만족을 넘어서 '고객감동'을 캐치프레이즈로 내세우던 시기였다. 하지만 90년대생들은 고객만족이나 고객감동보다 중요한 것이 있다고 말한다. 바로 '번거로움의 제거'다.

한 제품이나 서비스가 성공하기 위해서는 두 가지가 필수적이다. 그것은 바로 신규 고객을 창출하고 기존 고객을 유지하는 것이다. 그래서 기업은 신규 고객 유치를 위해 잠재 고객을 대상으로 브랜드 인지도 및 브랜드 이미지 제고 활동을 전개하는가 하면, 기존 고객의 유지를 위해 현재 고객을 대상으로 각종 서비스를 제공하여 만족도를 높이고자 한다. 즉 브랜드 전략이 신규 고객 창출에 무게를 둔다면, 고객만족 전략은 기존 고객의 유지를 위한 전략이라고 할 수 있다.

신제품 개발이 활발하며 경쟁이 치열하지만 관여도가 낮은 일용소비재 산업의 경우 신규 고객 유치를 위한 브랜딩이 상대적으로 중요하지만, 의사결정 과정이 복잡하고 소비자의 관여 정도가 상대적으로 높은 내구재나 기타 서비스 업종에서는 고객만족 비중이 더 크다. 또한 매년 신제품 출시 개수가 줄어들고, 제품들 간의 물리적 차별화가 둔화되고, 대다수의 시장이 성숙기에 접어들고, 고객들마저 심리적으로 위축된 상황에서 고객만족의 중요성은 더 높아진다.

하지만 이러한 고객만족도가 곧바로 고객충성도로 이어지지 않는 것으로 보고되었다. 75,000명을 대상으로 진행한 매튜 딕슨Matthew Dixon, 캐런 프리먼Karen Freeman, 니컬러스 토먼Nicholas Toman의 2010년 연구 결과에 따르면, 고객만족과 브랜드 로열티는 상관관계가 적은 것으로 나타났다. 고객의 기대를 넘어서기 위한 각종 서비스는 충성도 제고에 기여하지 못할 뿐만 아니라 과할 경우 오히려 고객의 기대수준을 높여 충성도를 약화할 수 있다. 나아가 고객의 충성도를 높일 수 있는 것은 제품의 질이나 가치와 같은 핵심 편익이지 부가적인 서비스가 아니며, 고객들이 지닌 핵심 문제를 신속하게 해결해줄 때 고객충성도가 강화된다고 하였다.

연구자들은 2010년 《하버드 비즈니스 리뷰》에 기고한 글 "고객을 기쁘게 하기 위한 노력을 그만두라Stop Trying to Delight Your Customers"에서 고객충성도 제고를 위한 새로운 측정 지표로 '고객노력지수Customer Effort Score, CES'를 제안했다. 기존 기업들이 관리하고 있는 '고객만족도 지표Customer Satisfaction, CSAT'는 고객의 재구매 및 지출 증가에 대한 예측력이 떨어지는 것으로 나타났다. 그 밖에 2000년대 중반 제너럴일렉트릭 등의 기업들이 채택하면서 인기를 끌고 기존의 고객만족도를 대체할 것으로 기대되었던 '순추천지수Net Promote Score, NPS'는 보통 수준의 예측력을 보여주었다.

CES는 '당신이 처한 문제 해결을 위해 얼마나 많은 노력을 들였느냐?'라는 질문의 답을 5점 척도로 측정해서 관리한다. '거의 노력이 들지 않았다'면 1점을, '매우 많은 노력이 필요했다'면 5점을 체크한다. 점수가 낮으면 낮을수록 고객이 브랜드와 관련하여 불필요하게 소모하는 노력이 적은 것이다. 이는 고객충성도 제고에 이바지하게 된다. 연구 결과에 따르면 노력을 적게 들인 사람들의 94퍼센트가 재구매 의향을 드러냈다고 하니, 고객 충성도에 대한 예측력이 꽤 높은 지표라 할 수 있겠다. 물론 이와 같은 개념이 반드시 90년대생에게만 해당하는 조사 결과는 아니지만, 이와 같은 번거로움의 제거와 최소화는 누구보다 90년대생 소비자들에게 중요한 요소다.

가정편의식 성장의 이면

최근 식품·외식업계는 큰 어려움을 겪고 있지만, 유독 '가정편의식Home Meal Replacement, HMR' 시장은 가파른 성장을 기록하고 있다. 농림축산식품부와 한국농수산식품유통공사가 발표한 「가공식품 세분시장현황, 간편식시장 보고서」에 따르면 HMR시장은 2015년 1조 7,000억 원을 기록한 이후 2016년 2조 3,800억 원, 2017년 3조 7,000억 원(추정치)을 기록했다. 지난 3년간 2배 이상 성장했으며, 2018년 말 4조 원을 넘어설 것으로 전망된다.

HMR은 영어 원문의 약자를 그대로 풀면 '가정식 대체 식품'으로 가정 내에서 하는 식사를 대체하는 것으로 정의를 내릴 수 있다.[1] 하지만 국내에서는 HMR을 가정식 대체 식품이 아닌 가정 간편식으로 의역하여 부르는 경우가 많다. 이는 HMR이 국내에서 가정식을 대체하는 개념보다 간편하게 식사를 하는 것에 방점이 찍혀 있다는 의미로 해석된다.

국내 1인 가구 비중이 점차 늘어나고 있다는 것은 이제는 모두가 알고 있는 사실이다. 통계청에 따르면 2005년 42.2퍼센트였던 1~2인 가구의 비율은 2015년 53.3퍼센트로 늘어났다. 개인의 상황에 따라 개별적으로 거주하는 형태로 변하고 있는 것이다. 전체 연령대 중 1인 가구의 구성비가 가장 높은 연령대는 20대 이하(18퍼센트)로 나타났는데, 이들은 가정에서 아침, 점심, 저녁 끼니를 모두 해결하는 전통적인 식사 방식보다 외부에서 식사하거나, (반)조리된 음식을 편의점 등에서 구입하여 해결하는 빈도가 높아지고 있다. 여기서 중요한 것은 90년대생들이 20대가 된 지금, 기존의 가족 중심적인 식생활에서 시간을 절약할 수 있고 조리도 더 편리한 제품을 선호하는 식생활로 변화했다는 것이다.

HMR 시장의 급속한 성장과는 반대로, 시장이 겹치게 된 패스트푸드와 패밀리 레스토랑은 점차 HMR 제품과의 경계가 사라짐과 동시에 존폐의 위기를 맞게 되었다. 특히 2000년대 초중반 80년대생들의 마음을 사로잡으며 전성시대를 열었던 패밀리 레스토랑의 경우, 2000년대 중반 이후 경기침체 장기화로 인한 청년 실업 증가와 혼인율, 출산율 저하 등으로 인구구조가 급속히 변화하면서 내리막길을 걷기 시작했다.[2] 특히 90년대생들의 소비 패턴 양극화는 몰락의 결정타가 되었다. 연인이나 가족과의 기념일을 패밀리 레스토랑에서 즐기던 80년대생들과 달리, 90년대생들은 평소에 간단히 끼니를 때우고 특별한 날에는 호텔처럼 더 화려하고 고급스러운 곳을 찾게 된 것이다.[3] 패밀리 레스토랑은 90년대생들에게 더 이상 특별한 장소도 아니고, 간편하게 식사를 해결할 수 있는 장소도 아니게 된 것이다.

편리함에 가중치를 높게 두는 90년대생들의 소비 패턴은 HMR 이외의 가공식품에도 큰 영향을 미쳤다. HMR 제품뿐만 아니라 다른 제품들도 편리함으로 무장하게 됐다. 해당 카테고리의 다른 제품들의 판매가 부진해도 편의형 제품들이 실적을 견인하고 있다. 그 사례는 국내 기업에서도 찾아볼 수 있다.

우리나라의 대표적인 조미료인 '다시다'의 경우는 HMR의 성장과 내식 빈도의 감소와 함께 지속적으로 매출이 줄어들고 있었다. 그러자 젊은 세대가 편리성을 중시한다는 소비자 조사 결과를 바탕으로 모든 양념이 다 들어 있는 편의형 조미 제품 '다시다 요리의 신'을 출시했다. 해당 제품의 콘셉트는 'ALL in One 조미료'로 추가 양념 없이 해당 제품과 주재료만 있으면 집밥을 완성할 수 있다는 것이었다.

자연 조미료 시장에서도 이러한 트렌드는 유지됐다. 링크아즈텍 코리아에 따르면 자연 조미료 시장은 2017년 기준 약 276억 원 규모로 분말, 액상, 육수 내기 세 가지로 형성됐다. 이 중 편의형 육수 내기 카테고리는 약 76억 원 규모로 최근 4년간 평균 42퍼센트의 성장률을 보이며 커가고 있다. 자연스러움, 맛, 간편함을 동시에 추구하는 트렌드가 이러한 가공 제품 사용을 늘리고 있다. 육수 시장이 발달한 일본의 경우 혼다시와 같은 기초 조미

제품은 역신장하고 있는 반면, 액상 육수 시장은 2016년 기준 연간 1,300억 원 규모를 기록하며 최근 3년간 평균 7퍼센트의 성장세를 보이고 있다.

이와 같은 변화의 바람은 조미료 제품뿐만 아니라 장류 제품에서도 발견된다. 고추장, 된장, 쌈장으로 대표되는 장류 제품은 2010년대에 이르러 지속적인 역신장을 하는 대표적인 카테고리에 속했지만, 이 중에서 유일하게 마늘, 고춧가루 등 양념이 더해진 편의형 조미된장 제품군이 '나홀로 성장세'를 보이고 있는 것이다. 편의형 조미된장 제품은 된장에 갖은양념들이 더해져 있어 된장국이나 찌개를 끓일 때 육수나 추가 양념 없이 야채와 두부만 있으면 맛있는 된장찌개를 완성할 수 있다.

고객센터로 전화를 하지 않는 세대

기존의 세대는 제품과 서비스에 문의 사항이 있거나 불만이 생겼을 경우, 가장 먼저 해당 서비스를 제공하는 기업의 고객센터로 전화를 걸었다. 그러나 90년대생들은 문의나 불만 사항이 생겼을 경우, 가장 먼저 본인의 모바일 기기를 통해 검색을 하고, Q&A게시판에 문의 사항을 남기거나 챗봇을 통해 즉시 상담을 한다. 비대면상담을 선호하는 것이다.

이와 같은 패턴을 보이는 가장 큰 이유는 전화를 하기가 번거롭기 때문이다. 해당 기업에 전화를 걸면 통상 ARS센터로 넘어가서 몇 번의 단계를 거쳐야 하고, 그나마도 몇 번씩 전화를 돌려야 겨우 상담원을 연결할 수 있다. 이런 번거로움은 이들이 상담센터로 직접 전화하는 것을 주저하게 만들었다.

전화 상담을 꺼리는 세대의 등장에 따라, 기존 상담원들의 일자리는 점차 위기를 맞이하게 되었다. 이뿐만이 아니다. 영국 옥스퍼드대학교의 마이클 오스본Michael Osborne, 칼 프레이Carl Frey 교수가 2015년 발표한 논문에 따르면 미래 로봇이 대체할 확률이 가장 높은 직업군은 '텔레마케터'로 꼽혔다. 일이 요구하는 창조성·예술성·사회성 등 9개 요소를 수치화해 계산한 결과 텔레마케터가 자동화 로봇에 의해 대체될 확률은 99퍼센트에 달한다고 연구진은 내다봤다. 하지만 새로운 세대로 인하여 많은 텔레마케터들은 로봇으로 대체되기도 전에 해고될 위기에 처했다.

물론 모든 상담센터가 번거로운 존재는 아니다. 서울에 사는 김모 씨(1997년생)는 서울 생활에서 궁금한 사항이나 불만 사항이 생길 때마다, 간단하게 휴대전화의 120을 눌러서 문의한다. 김 씨는 "기존에 문의 사항이 생겼을 경우, 일일이 구청 홈페이지에서 해당 업무를 담당하는 과를 찾아 전화하고 그나마도 기다리게 하거나 전화를 돌리는 경우가 많았는데, 다산콜센터가 생긴 이후에는 하나로 통합이 돼서 너무 편리하다"라고 말했다.

2007년 9월 출범한 120다산콜센터는 365일 24시간 상담 서비스를 진행하고 있는 서울시의 통합 민원서비스로, 서울시와 25개의 자치구, 16개의 서울시 산하 공공기관, 사업소 등의 민원을 통합 상담한다. 2010년 통합 상담 오픈 1주년 후 서울시 분석에 따르면, 통합 이전 하루 평균 상담이 1만9천707건에 그쳤던 것에 반해, 통합 이후 4만514건으로 2배 이상 증가했다. 상담 건수 증가는 민원전화 통합에 따른 물리적 영향도 있겠지만, 서울시민의 '120다산콜센터'에 대한 인식이 높아짐에 따른 이용률 상승이었다.

120다산콜센터가 출범하기 전, 서울시에는 16개 기관과 25개 자치구의 별도 자동응답전화 69개가 운영되고 있었다. 시민들은 민원이 생겼을 때 어디로 전화를 걸어야 해결할 수 있을지조차 헷갈리는 상태였다. 자동응답전화를 넘어 실제 전화가 연결되기도 어려웠을뿐더러, 설사 전화가 연결된다고 하더라도 해당 실무 공무원과 접촉하기 위해서는 많은 사람을 거쳐야 했다. 2006년 11월 서울시 조사에 따르면 시민이 민원상담을 하기 위해 해당 공무원과 통화하기까지 걸린 시간은 70.7분으로 조사됐다. 또한 공무원들 역시 바쁜 업무시간에 수시로 걸려 오는 민원 전화를 받느라 불만이 많았다. 전화 때문에 업무에 집중하지 못하겠다는 볼멘소리가 나왔다. 당시 시민들이 체감하는 민원 전화 만족도는 41점이었다. 서울시는 이러한 민원서비스 개선을 위해 120다산콜센터를 출범했다.[4]

다산茶山이라는 명칭은 조선 후기 실학자 다산 정약용의 호를 따온 것으로, 그의 위민爲民, 청렴淸廉, 창의創意의 철학으로 편리한 서비스를 제공하겠다는 의미였다. 다산콜센터 성공을 위해서는 표준 전화 상담 데이터베이스 구축이 필요했으나, 많은 실무 공무원들의 반대에 부딪혔다. 하지만 서울시는 다산콜센터가 성공하면 공무원의 업무량이 감소해 창의적 업무에 전념할 수 있다는 점을 강조했고, 서울시장과 주요 간부 등의 설득과 수많은 난관을 뚫고 성공적인 협조를 이룰 수 있었다. 서울시는 120이라는 하나의 번호로 시민고객의 다양한 문의를 신속, 정확, 친절하게 상담해준다는 기본 개념 아래, 결국 수만 건의 데이터베이스를 구축했다. 단 한 통의 전화로 고객의 문제를 해결할 수 있도록 유도해 오늘의 성공에 이르렀다.

120다산콜센터의 성공 요인으로 위와 같은 방대한 수준의 표준 데이터베이스 구축이 있지만, 이와 더불어 콜센터 상담원 개개인의 높은 역량을 꼽기도 한다. 서울시는 고객의 문의 사항을 신속히 검색해 정확히 답변하는 능력을 배양하기 위해 전문 상담원 육성에 노력을 아끼지 않았다. 먼저, 120다산콜센터 상담원들은 전부 정규직이다. 신규 상담원은 시정·구정 업무, 고객만족 교육, 자치구 현장학습, 응대 실습 등 연간 240시간의 교육을 받는다. 기존 상담원 역시 상담 업무, 보수 교육, Q&A 개인별 코칭, 보안 교육 등 연간 144시간의 교육을 받아야 한다. 실제로 민원 부서를 방문해 현장에서 공무원들이 민원을 어떻게 처리하는지 직접 살펴봄으로써, 본인들의 상담 내용이 어떻게 현장에 적용되는지 확인하며 상담 업무의 의미를 알게 된다.

서울시는 다수의 120다산콜센터 상담원들이 일부 잘못된 민원인들의 욕설과 비하 발언 등에 고통받는다는 사실을 발견하고, 일부 악성 민원인을 검찰에 고소하는 등 상담원의 처우를 개선하는 활동을 진행했다. 또한 기존 민간위탁으로 운영되던 120다산콜센터 상담사들의 고용불안 해소 및 정규직 전환을 위해 2017년 5월 서울시 산하 120다산콜재단을 설립했다. 이는 민간업체를 공공의 영역으로 전환한 최초의 사례였다.

이러한 긍정적인 변화들은 결국 상담 전화를 거는 시민들의 이득으로 돌아왔다. 120다산콜센터 통합 후 1년 동안 응대율이 98.3퍼센트에서 99.2퍼센트로, 15초 내 상담 개시율은 85.0퍼센트에서 91.3퍼센트로 서비스 주요 지표 달성도가 동반 상승했으며, 이를 반영하듯 만족도 또한 93.6점에서 94.5점으로 상승했다. 이는 단순 통합운영에만 머물지 않고 시민들의 민원을 보다 빠르고 정확하게 해결하고자 다양한 부문에서 노력을 기울인 결과이기도 했다.

다산콜센터는 이러한 결과에 만족하지 않고, 끊임없이 서비스를 업그레이드해왔다. 청각·언어장애인을 위한 화상, 문자 상담을 시작으로. SNS, 휴대전화 문자 상담 서비스 및 외국어 상담 서비스도 진행하고 있다.

통합 상담 서비스를 진행한 지 10년이 되는 현재는 연간 600만 건에 달하는 상담 데이터가 쌓여 있다. 자주 들어오는 민원을 분석해, 행정상의 문제를 발견하고 이를 통해 새로운 정책의 방향을 제시하기도 한다.

고객센터로 직접 전화를 걸지 않는 세대의 인원이 늘어난다는 사실을 단순히 사람들이 비대면 상담을 원한다고 해석해서는 곤란할 것이다. 중요한 것은 고객의 편리함을 어떻게 극대화시킬 수 있느냐는 것이다. 이는 소위 인공지능AI 시대에서 다양하게 도입되고 있는 챗봇Chatter Robot 이 무조건적인 성공을 담보하지 못하는 이유이기도 하다.

연결이 권리가 된 세대의 모습

2000년 제러미 리프킨Jeremy Rifkin은 그의 저서 『소유의 종말 The Age of Access』에서 '접속의 시대'가 도래하고 있다고 했다. 인쇄기가 지난 수백 년 동안 인간의 의식을 바꾸어놓았던 것처럼, 20세기의 컴퓨터는 앞으로 두 세기 동안 인간의 의식에 커다란 영향을 미칠 것이라고 예견했다. 실제로 20세기에서 21세기로 넘어오면서 PC를 포함한 정보통신기술의 발달은 인터넷 접속을 통한 연결의 시대, 그리고 여기에 익숙한 '디지털 네이티브'들을 탄생시켰다.

특히 스마트폰 세대인 90년대생들은 디지털 생활에 더 익숙하다. 90년대생을 정의할 때, 디지털 네이티브나 모바일 세대, 앱 제너레이션 등의 표현은 이제 너무나 흔하게 되었다. 이제 중요한 것은 단순히 모바일을 통한 비즈니스를 해야 한다는 것이 아니라, 모바일과의 연결이 궁극적으로 이들을 어떻게 변화시켰는지를 알아보는 것이다.

90년대생들에게 연결은 이제 하나의 권리처럼 여겨진다. 당연하고 기본적인 것이므로 빼앗기면 불안해지는 것이다. 그렇기 때문에 이들은 스마트폰을 휴대하지 못하거나 배터리가 떨어져서 전원이 꺼졌을 때 유난히 불안해한다. 배터리가 없다는 뜻의 '방전'과 공포를 뜻하는 '포비아Phobia'가 합해진 '방전포비아'라는 말까지 등장했다. 배터리가 없는 상황을 견디지 못하는 사람들의 심리는 SNS에서도 쉽게 찾아볼 수 있다. 공항, 역사 등의 공공장소에서 콘센트 주변을 떠나지 못하는 사람들은 인터넷상에서 소위 '배터리 거지'라고 불린다. 이는 SNS에 현재 상태를 표현하는 '해시태그(#)'에서도 단골 수식어가 돼버렸다. 새로운 세대의 배터리 의존증은 일상 깊숙이 들어앉았다.[5]

이는 커피 프랜차이즈의 경쟁에서도 중요한 요소가 되었다. 많은 카페들에는 카페에서 죽치고 공부하는 사람들을 뜻하는 일명 '카공족'과 카페에서 일하는 사람을 뜻하는 일명 '코피스족'이 가득하다. 이들에게는 충분한 콘센트가 무엇보다 중요하다. '카페는 커피 마시며 쉬는 공간이므로 우린 커피 맛으로만 승부한다'던 커피 프랜차이즈 커피빈이 거듭되는 실적 하락에 못 이겨 결국 2016년에 콘센트를 설치하기 시작했고 꾸준하게 콘센트와 대형 공용 테이블, 바 테이블을 늘리며 카공족 유치에 나섰던 스타벅스는 '카공족의 성지'로 불리며 승승장구하기도 하였다.

또한 대한민국의 군대에도 큰 변화가 일어나기 시작했다. 2010년대를 지나면서 군부대 앞에는 새로운 비즈니스가 나타났다. 바로 국군 장병들의 휴대폰을 보관해주는 '휴대폰 은행'이 생겨나기 시작한 것이다. 나라의 부름을 받은 자들에게도 스마트폰을 통한 접속이 얼마나 중요한지 알 수 있는 대목이다. 군대에서는 그동안 보안의 이유로 사병들이 전자기기를 소유하지 못했다. 그러나 군대가 자유를 억압한다는 비판의 목소리는 점점 커지고 있다. 그리고 90년대생들에게 자유는 '접속의 자유'까지 포함하는 것이었다. 이와 같은 세대의 요구에 따라 앞으로는 군대에서도 휴대전화 사용이 가능해질 것으로 보인다. 2018년 3월 국방부가 확정 발표한 '2018~2022년 군인복지기본계획'에 따르면 일과를 마친 병사들이 내무반에서 휴대폰을 사용할 수 있도록 한다는 내용이 포함되었다. 국민 기본권 보장 차원에서 이뤄지는 이 계획은 전방 11개 사단에 우선 시행한 뒤 2020년부터 전군에 확대할 예정이다.

물론 군대 기밀 누설과 도청이나 해킹을 우려하여 이를 반대하는 의견도 적지 않지만, 국방부가 2018년 7월 발표한 '일과 이후 병사 휴대폰 사용에 대한 만족도 조사' 결과에 따르면, 병사 가운데 96퍼센트가 일과 후 휴대전화 사용 허용에 찬성한다고 말했고, 간부들은 병사보다 낮았지만 무려 72.9퍼센트가 찬성한다고 답했다. 간부와 병사를 합한 통계는 89.6퍼센트였다.

휴대전화를 사용함으로써 가장 긍정적인 부분은 '부모님, 친구와의 연락' 등 사회와의 소통 확대가 47퍼센트, 자기 계발 20퍼센트, 정보 검색 18퍼센트 순으로 나타났다. 이 밖에도 특별한 일이 있을 경우 이를 알리는 데 요긴하게 사용할 수 있고, 이후 구직 활동을 하는 데도 큰 도움이 된다는 의견도 일부 있었다.

90년대생들이 영화를 극장에서 보지 않는 가장 큰 이유는?

> 망연자실한 리서치 결과 십대들이 영화를 극장에서 보지 않는 가장 큰 이유 중에 하나로 두 시간 동안 휴대폰을 꺼놔야 하기 때문이라는 대답이 일위를 차지했다. 나는 영화의 적이 핸드폰이 될 거라고는 상상하지 못했다.[6]
> - 영화평론가 정성일 트위터 중

80년대생들이 20대가 되기 시작했던 20세기 말에는 멀티플렉스 극장인 CGV가 탄생했다. 삼성역 코엑스몰에도 메가박스가 들어서면서 극장은 멀티플렉스 시대로 변모하게 되었다. 그리고 같은 시기, 휴대폰(기존의 피처폰)이 급속도로 보급되기 시작하면서 사람들은 통화와 메시지 송수신을 언제 어디서나 할 수 있는 자유를 얻게 되었다. 그 이후에는 공중전화기가 사라지기 시작했고 점차 집전화도 사라졌다. 영화관 관객들 중에서 휴대폰을 가지고 있지 않은 사람은 없었다.

　이로써 영화관 에티켓도 바뀌었다. 기존의 영화관 예절에 휴대폰 예절이 추가되었다. '앞좌석을 발로 차지 마세요', '쓰레기는 쓰레기통에 버려주세요'에 더해 '휴대폰은 꺼두거나, 진동모드로 해두세요'가 포함된 것이다. 휴대폰 보급률이 높아지면서 극장에서는 영화 상영 도중에 이곳저곳에서 휴대폰 벨소리나 문자 수신음이 발생하곤 했다. 문제는 소리였다. 영화관은 휴대폰을 끄거나, 휴대폰을 진동모드로 하는 것을 에티켓으로 삼고 안내했다.

　10년이 넘어가는 에티켓 운동 덕분인지 최근에 영화관에서는 휴대폰 소리가 들릴 일이 거의 없다. 그러나 또 다른 문제가 생겼다. 바로 빛이다. 이제 영화 관람객들은 주위 사람들의 밝은 스마트폰 액정에 시달린다. 반딧불이에 빗대어 소위 '폰딧불이'라고 한다. 폰딧불이는 이제 영화관에서 대표적인 몰지각 행위로 꼽힌다. 이와 같은 문제를 방지하기 위해 영화관의 에티켓 문구는 기존 '핸드폰은 진동으로 해주세요'에서 '핸드폰 불빛 및 벨소리는 다른 관람객의 영화 관람에 방해가 됩니다'로 바뀌는 경우가 많아지고 있다.

　하지만 연결의 권리를 핵심으로 삼고 있는 세대의 요구를 언제까지 에티켓 캠페인으로 막을 수만은 없다. 만약 이다음의 세대가 2시간 동안 휴대전화를 꺼놓고 영화관에서 영화를 보는 가치보다 2시간 동안 휴대전화를 보면서 간간이 영화를 보는 대안을 선택하게 된다면 영화관의 미래는 밝지 않을 것이다.

1998년 멀티플렉스 도입 이후, 영화 산업은 양적 성장을 계속했다. 1998년 당시 5,000만 명에 불과했던 연간 영화 관람객 은 현재 2억 명 수준으로 성장하였다. 영화진흥위원회의 영화관입장권 통합전산망 기준, 2017년에는 2억 1,987만 명으로 역대 최다 관객을 기록했다. 그러나 국내 극장이 꾸준히 늘어나고 있음을 감안하면 2013년 2억 명을 돌파한 이후 영화 산업은 저성장을 보이고 있다.

CGV 리서치센터의 빅데이터 분석에 따르면, 영화관을 찾는 젊은 연령대 관객들은 지속적으로 줄어들고 있는데, 연간 CGV 방문 고객의 연령대별 비중에서 영화를 많이 보는 세대인 30~34세 관객은 2015년 15.3퍼센트에서 2017년 14.1퍼센트로 줄었고 미래 핵심 고객인 10대가 차지하는 비중도 계속해서 줄고 있다. 2013년 10대 관람객 비중은 4.3퍼센트에서 2017년 2.8퍼센트로 줄었다.[7] 그렇다면 비행기 탑승 시 전자기기의 통신은 차단하지만 나머지 기능은 사용할 수 있는 휴대전화의 '비행기 모드'처럼, 영화관에서 다른 사람의 영화 관람을 방해하지 않는 '영화관 모드'가 생겨나면 어떨까? 이와 관련하여 2017년 초 애플이 신규 IOS 업데이트를 통해 '영화관 모드'를 탑재할 것이라는 루머가 있었다.[8] 루머에 따르면 영화관 모드는 스마트폰의 스크린 밝기를 더 어둡게 하면서도 조작이 가능하게 만들 것이라고 예상했다. 만약 영화관 모드가 탑재된다면, 사용자들은 더 자유롭게 스마트폰을 이용할 수 있게 될 것이고 사람들도 방해를 덜 받게 될 것이라고 예상했다.

결과적으로 루머는 정말 루머로 그치고 말았다. 물론 실제로 영화관 모드가 도입된다 하더라도 이를 영화관에서 허용할 가능성은 현재로서 높지 않아 보인다. 이는 국내뿐만이 아니라 해외에서도 지속적으로 이슈가 되고 있다. 2016년 4월 미국의 메이저 멀티플렉스인 AMC의 대표 애덤 애론Adam Aron은 "몇몇 상영관에서는 영화 상영 도중 스마트폰으로 문자 메시지를 쓰고 확인하는 것을 허용할 것"이라고 했다가 거센 반발이 일자 몇 시간 만에 발언을 취소한 바 있다. 이는 기술의 문제가 아닌 합의의 문제일 수 있다는 말이다.

하지만 지금까지 그래 왔듯, 현재의 기준에서 허용되지 못한다고 해도 향후 기술이 발전하고 소비자들의 문화가 변화하면 에티켓도 변화할 수 있다.

2장
90년대생의 마음 사로잡기

앞에서 살펴봤듯이, 시대가 바뀌면 그 시대에 걸맞은 문화가 생겨난다. 그리고 그 시대에 살고 있는 세대 또한 변화한다. 그렇다면 변화한 세대의 마음을 사로잡는 방법으로는 어떠한 것들이 있을까?

제품명까지 짧고 간단하게

편의점 프랜차이즈 CU에서는 90년대 출생 이하 세대 사이에서 유행한 초성체를 제품명에 반영한 디저트 케이크를 출시했다. 2017년 12월 'ㅇㄱㄹㅇ ㅂㅂㅂㄱ(이거레알 반박불가)'이라는 이름을 단 쇼콜라 생크림 케이크를 출시해 화제를 모았다. 반응이 좋아 'ㄷㅇ? ㅇㅂㄱ(동의? 어, 보감)', 'ㅇㅈ? ㅇㅇㅈ(인정? 어, 인정)'

등의 이름을 단 후속 제품도 출시했다. 관계자는 "편의점 디저트의 주요 소비층인 10~20대 사이에서 유행하는 말을 사용해 눈길을 사로잡는 것이 목표였다"라며 "실제로 소셜미디어에서 '인증샷' 열풍을 일으키는 등 반응이 좋다"고 했다.[11]

물론 90년대 출생자인 20대와 2000년대 출생자인 10대들은 폭발적인 반응을 보인 반면, 기성세대로 추정되는 누리꾼들은 '편의점을 갈 때마다 뭔가 싶었다', '이름이 잘못 찍혀 나온 줄 알았다', '배워도 까먹는다' 등의 댓글을 달며 이해의 어려움을 피력하기도 하였다.[12]

이와 같이 축약어의 극단적 형태인 초성체 제품명의 확대는 유통업체와 제조업체를 막론하고 더 넓게 퍼지고 있다. 삼립식품은 2018년 이러한 트렌드를 반영하여 'ㅋㄷㄷ(크고 달달한 단팥빵)'과 'ㅋㄱㅅ(크고 고소한 소보루)'을 출시하였다. 이 제품은 CU의 디저트 케이크 3종과 같이, 가격이 저렴하다는 점을 90년대생의 표현을 빌려 사용하고 있다.

그러나 새로운 세대의 언어를 사용할 때 중요한 것은, 그들의 언어를 그대로 베끼거나 무분별하게 사용해서는 안 되고, 제품이나 콘텐츠에 해당 언어를 사용하면서 그 특성을 직관적으로 떠올릴 수 있는지 사전에 확인해야 한다는 점이다. 예를 들어 CU의 ㅇㄱㄹㅇ ㅂㅂㅂㄱ은 해당 디저트 케이크 제품이 '정말로 반박이 불가할 정도로 용량이 큰데도 불구하고 가격이 저렴하다'라는 제품의 특성을 해당 초성체를 사용함으로써 강조했다.

잘못된 예도 있다. 2018년 초 SK텔레콤은 온라인과 일부 케이블 매체에 송출한 '어서와 새학기엔 T월드'라는 제목의 TV광고를 선보였으나, 급식체 남발 논란에 휩싸이며 결국 해당 광고를 서둘러 폐기했다. "애들은 다 띵작(명작)폰 쓰는데, 내 폰은 노답 클라스(좋지 않은 것) 실화(사실)임?"이라며 운을 떼고, 이어 "고딩(고등학생)되면 애바쌔바참치꽁치(정말) 오지게(열심히) 공부할 거니까 폰 바꿔주기로 한 약속 지키는 부분(약속 지키는 거예요)"이라며 "빼박캔트 반박불가(말 바꾸면 안 돼요)"라고 강조한다. 그러면서 "그리고 딴 애들은 다 T월드에서 폰 바꾸는 각(추세), 그러니까 졸업 입학 축하는 T월드에서 받을게요"라고 마무리를 한다.

SK텔레콤의 경우 2000년대 초반부터 TTL 광고 캠페인처럼 10~20대 청년들의 감성을 제대로 건드리는 광고를 제작하여 성공 경험을 축적하였다. 그래서 해당 광고 캠페인의 경우도 해당 타깃층이 사용하는 언어를 사용해 감각적으로 광고의 메시지를 전달하고자 했을 것이다. 그나마 자막으로 표준어를 병기한 것을 보면 반발을 최소화하고자 했음은 분명해 보인다. 그러나 언어 파괴라는 논란만을 불러일으키면서 광고는 짧은 생을 마감하게 되었다.

번거로움을 없애는 기술의 발전

2016년 스위스 다보스에서 열린 세계경제포럼에서 '제4차 산업혁명'이라는 말이 등장했다. 한국의 경우, 구글의 딥마인드에서 개발한 알파고가 이세돌을 완벽히 제압하자 4차 산업혁명의 물결로 뒤덮였다. 실제로 세계 각국에서 인더스트리 4.0, 디지털 트랜스포메이션 등으로 다양하게 불리지만 사전적으로는 '정보통신기술ICT의 융합으로 이뤄지는 차세대 산업혁명'이라는 의미다. 이는 인공지능이나 사물인터넷 같은 IT 기술과 다른 산업이 융합함을 의미한다.

귀에 못이 박히도록 언론과 방송에서 많이 언급된 이 단어를 굳이 다시 언급한 것은 바로 이러한 융합 기술의 발전 방향이 새로운 세대가 그토록 바라는 '번거로움의 최소화'에 활용되기 시작했기 때문이다. 우리의 실생활과 가깝게 다가올 변화부터 살펴보자.

세계 최대 전자상거래업체 아마존은 최근 '아마존고Amazon Go'라는 무인 매장을 선보였다. 이 무인 매장의 가장 큰 특징은 바로 계산대가 없다는 것이다. 당연히 바코드 판독이나 종이 영수증도 필요 없다. 아마존고에서는 입구에서 앱을 오픈한 뒤 아마존 계정을 인식하고 원하는 제품을 바구니에 넣어 나오는 것만으로 쇼핑을 끝낼 수 있다. 매장 안 구석구석을 센서와 카메라가 관찰하며, 최종적으로 바구니 속에 담긴 상품을 자동 정산하고 영수증을 스마트폰에 전송한다.

물론 이러한 쇼핑 환경의 변화를 보이는 곳이 미국과 아마존만은 아니다. 중국의 알리바바는 2016년부터 이미 미래형 매장인 허머盒馬를 테스트해왔으며, 이미 중국에서 60곳을 운영 중이다. 허머는 쇼핑과 식사, 음식 배달을 일체화한 정교한 서비스가 돋보인다. 허머에서는 디지털 스크린에 상품 정보가 표시되고 각 항목은 E 잉크로 적힌 가격표가 붙어 있다. 얼굴 인식 카메라에 얼굴을 대면 알리페이 앱을 실행해 지불하는 구조다. 또한 매장에서 3킬로미터 내에 거주하는 고객은 30분 내에 배달 서비스를 받을 수 있다. 매장 내 해산물과 신선한 식품을 즉석에서 요리해달라고 주문하면 매장에서 식사를 즐길 수도 있다.[13] 이미 중국에서 알리바바는 아마존보다 한 단계 진보한 것이다.

이와 같은 쇼핑 환경 변화에서 중요한 점은 단순히 사람이 있고 없고의 차이가 아니다. 매장에 사람이 없다고 무조건 편리하다고 볼 수도 없다. 각종 문의를 위해서는 매장에 사람이 있어야 더 편리할 수 있다. 중요한 것은 무인화의 핵심이 물건을 고른 후에 계산대 앞에서 순서를 기다릴 필요를 없애고, 지갑에서 카드를 꺼낼 필요도 없애줄 것이라는 점이다. 이는 새로운 세대가 번거로워하던 문제들을 해결한다.

만약, 기술의 발전의 방향이 소비자의 편리보다 점포 관리에 방점이 찍혀 있다면 새로운 세대의 호응을 얻기는 힘들 것이다. 실제로 일본과 한국에도 무인 점포는 있었다. 하지만 일본과 한국은 '사람의 소거'에 집중할 뿐이었고, 무인화를 통한 소비자의 편리를 이끌어내지 못했다. 예를 들어보자.

우리나라의 무인 편의점 1호는 롯데월드타워 31층에 있다. 31

층에 올라가려면 먼저 로비 데스크의 안내요원을 만나서 출입증을 발급받아야 한다. 31층에 도착해서도 무인 편의점을 이용하려면 롯데 회원에 가입을 하고, 롯데카드가 있어야 한다. 이를 위해서는 신용정보조회에 동의를 해야 하고, 계산할 때 내 휴대폰 번호를 입력해야 한다. 물론 물건도 일일이 스캔해야 결제할 수 있다. 그리고 '핸드페이'라는 스마트한 결제를 하기 위해서는 사전에 자신의 정맥을 등록해야 한다.[14] 이렇게 번거롭기 짝이 없는 무인화는 결코 환영받을 수 없다.

물론 국내에 실패 사례만 있는 것은 아니다. 앞서 언급한 가정편의식 시장에서는 작은 기술의 변화가 편의를 극대화하는 사례가 나타나고 있다. 간편식 브랜드 휘슬링쿡의 경우 음식이 가장 맛 좋은 상태가 됐을 때 소리로 알려주는 독특한 포장 기술을 적용했다. 물론 여기서도 문제는 맛이 아니다. 소리가 조리의 끝을 알려주기 때문이다. 실제로 해당 제품을 애용한다는 92년생 김모 씨는 이 제품을 이용하는 이유를 '가장 맛있는 제품 온도를 원해서'가 아니라 '전자레인지로 조리를 할 때, 시간을 별도로 확인하고 맞출 필요가 없기 때문'이라고 했다.

제품 포장을 벗기고 냄비나 그릇에 옮길 필요 없이 바로 조리가 가능한 용기 일체형 패키징도 등장했다. 이마트는 최근 조리 용기가 별도로 필요 없는 채소밥상 간편식 시리즈를 선보였다. 버섯 된장찌개, 버섯 모듬전골, 버섯 부대찌개 3종으로 제품의 용기 자체가 냄비 역할을 해 바로 불에 올려 끓여 먹을 수 있다. 이 용기는 영국, 캐나다, 미국, 이탈리아에서 식품 안전 인증을 받은 특수 용기다. 불에 직접 올려도 타거나 환경 호르몬이 발생하지 않는다. 1.1밀리미터 두께의 알루미늄 재질로 가스레인지뿐만 아니라 전자레인지, 오븐에서도 조리가 가능하다. 롯데푸드의 경우 프리미엄 간편식 브랜드 쉐푸드의 만두 제품 '쉐푸드 육교자'에 스팀팩 포장 기술을 도입했다. 포장한 채로 전자레인지에 돌려도 조리가 가능하고 포장이 부풀어 오르며 증기 유출을 막는다. 일정 시간이 지나면 증기가 배출구를 통해 자동으로 빠져 약 2분 만에 촉촉한 만두가 완성된다.[15] 이러한 작은 기술의 변화들은 번거로움을 싫어하는 새로운 세대의 취향을 더욱더 자극할 것으로 보인다.

한편 얼마 전까지, 국내에서 주말에 할인점과 같은 점포에서 쇼핑을 하는 것은 하나의 놀이에 가까웠다. 주말에 가족과 함께 쇼핑카트를 끌고 점포를 누비면서 시식을 하고 새로운 제품을 체험하는 활동들은 제대로 된 놀이시설이 부족한 도시에서 하나의 주말 놀이였던 셈이다. 하지만 90년대생들은 이러한 오프라인 쇼핑 자체를 번거로워한다. 할인점 계산대에서 기다리는 시간조차 아까워하는 이들은 가능하다면 오프라인 쇼핑에 쓰는 시간을 아끼려 한다.

마켓컬리는 프리미엄 식재료 배송으로 시작한 스타트업 기업이다. 밤 11시 이전에 앱으로 주문하면 다음 날 아침 7시 전에 집에서 받는 새벽배송의 원조다. 가입자는 60만 명으로, 하루 1만

건 이상 주문이 쏟아진다. 음식배달 스타트업인 배달의민족은 신선식품 배송 전문이던 자회사 '배민프레시'를 지난해 '배민찬'으로 바꾸면서 HMR 시장에 본격 진출했다. '집밥의 완성' 시리즈가 대표적인 브랜드다. 당일 낮 1시까지 주문하면 다음 날 아침 7시 전에 직접 가져다준다.

'걸어다니는 편의점'으로 불리는 전국 1만여 명의 '야쿠르트 아줌마'들도 HMR 시장에 작은 돌풍을 일으키고 있다. 지난해 HMR 전문 브랜드 잇츠온을 내놓고 국·탕·찌개는 물론 반찬과 각종 '밀키트(손질된 재료와 완성 소스가 들어 있는 간편식)' 배송을 시작했다. 잇츠온은 1년 만에 345만 개가 팔려나갔다.[16]

20대가 유튜브를 보는 또 다른 이유

애플리케이션 분석 사이트인 와이즈앱이 공개한 자료에 따르면 2016년 3월부터 2018년 2월까지 국내의 유튜브 전체 사용시간은 무려 257억 분으로 카카오톡, 네이버를 제치고 1위에 올랐다. 2년여 전만 해도 사용시간이 79억 분으로 3위였지만 그사이 3배 이상 성장한 것이다. 또한 유튜브는 모바일 동영상 앱 사용시간 점유율에서도 85.6퍼센트를 기록하면서 아프리카, 네이버 V앱과 같은 타사의 앱들을 압도하고 있다.

유튜브는 이제 검색 포털까지 위협하고 있다. 국내에서 검색

포털 네이버의 점유율은 63퍼센트가량으로 비교적 높다고 말할 수 있지만, 자세히 살펴보면 꼭 그렇지만도 않다. 인터넷분석 사이트인 인터넷트렌드에 따르면 1년 전인 2017년 7월의 네이버 점유율은 87.58퍼센트, 구글 점유율은 0.18퍼센트였다. 이러한 수치를 보자면 네이버는 1년 새에 16.44퍼센트가 낮아지면서 급격한 점유율 하락을 보이고 있다. 반면 구글은 18.96퍼센트의 성장을 하면서 점유율을 모두 가져오고 있다.[17]

유튜브의 급격한 성장의 이유로는 능동적으로 본인의 콘텐츠를 무료로 제공하는 크리에이터들의 성장, 세대별 놀이터 등 여러 가지 분석이 있다. 그러나 실제 90년대생들은 네이버캐스트와 같은 타 동영상 서비스에 비해서 짧은 광고 때문이라고 입을 모아 답한다. 네이버TV나 카카오TV 동영상의 경우 통상 15초의 의무 시청 광고로 건너뛰기가 불가능한 것에 반해, 유튜브 광고는 6초 이하의 짧은 광고 혹은 5초 후에 건너뛰기가 가능한 광고를 게재한다.

90년대생들이 15초 이상의 의무 시청 광고를 외면하는 이유는 크게 두 가지다. 첫 번째는 짧게 녹화된 동영상인 비디오 클립 Video Clip을 중심으로 동영상을 시청하는 이들에게 15초 광고는 배보다 배꼽이 큰 느낌을 준다는 것이다. 예를 들어 2018년 월드컵 당시, 단지 30초짜리 골 장면을 보기 위해서는 15초짜리 광고를 봐야만 했다. 그나마도 광고 수익을 높이기 위해 고의적으로 하이라이트를 전·후반으로 나누거나 장면을 쪼개서 업로드한 동영상이 많았다.

두 번째는 이러한 15초 광고가 데이터를 잡아먹는 괴물이라는 이유에서였다. 모바일 데이터가 1초당 약 1MB가 소진된다고 하고 이를 요금으로 환산하면 20원이 되는데 하루에 동영상 20편을 시청한다면, 광고 시청 비용은 6,000원이다. 한 달이면 18만 원, 1년이면 216만 원에 달한다는 것이다.

물론 이러한 유튜브 광고의 강점은 앞으로 사라질 가능성이 높다. 왜냐하면 최근 유튜브가 '건너뛰기 할 수 없는 광고'를 도입하겠다고 밝혔기 때문이다. 유튜브는 창작자들에게 도움이 되는 방향이라고 설명하고 있지만, 유명 유튜버들이 수익을 위한 목적으로 15~20초 광고를 붙이는 일이 많아질 것으로 보인다. 유튜브의 이런 행보는 광고 매출의 확대와 더불어 자사의 유료 서비스인 '유튜브 프리미엄'으로의 유입을 늘릴 목적으로 보인다.

또한 최근 방송의 화제성을 가늠할 때 본방송의 시청률 못지않게 중요한 것이 방송 클립 조회수다. 소위 '본방 사수'를 하는 프로그램은 별로 없고, 클립만 확인하면서 프로그램의 흐름을 파악하는 경우가 늘고 있기 때문이다. 그러나 많은 90년대생들은 이제 그 시간마저도 아까운 듯하다. 2018년 7월 피트니스 대회에서 우승한 배우 최은주 씨의 일상이 MBN 프로그램 〈비행소녀〉를 통해서 방영된 바가 있다. 곧 "최은주, 그녀가 퇴근길에 꼭 사야만 하는 그것은? (짠내진동 ┯┯)"이라는 제목의 비디오 클립이 포털 사이트에 게시되었다. 하지만 많은 90년대생들은 이 동영상을 클릭해서 내용을 보는 대신 다음과 같은 댓글을 달았다. "뭐지? 맥주? 보신 분 댓글 좀…."

이처럼 콘텐츠를 보는 시간도 아까운 이들은 큰 흥미가 없는 경우에는 짧은 클립도 클릭하지 않고 궁금한 점을 댓글에서 해소하기도 한다. 광고로 흐름이 끊기거나, 내용이 길거나, 굳이 볼 만큼 호기심을 유발하지 못한다면 클릭으로 가는 길이 멀어지기만 할 것이다.

그들의 시간을 가질 수 있는 유일한 방법, 유머

24시간 접속의 자유를 누리고 접속의 권리를 내세우는 90년대생들에게 기업들은 굳이 그들의 돈을 요구하지 않는다. 기업들이 사려고 하는 것은 그들의 시간이다. 인터넷이 국내에 본격적으로 보급되기 시작한 2000년대 초에 콘텐츠 기업들의 가장 큰 고민은 '어떻게 수익을 창출하느냐'였다. 이에 당시 국내 커뮤니티 시장을 석권하고 있던 프리챌과 같은 기업들이 유저에게 돈을 받는 유저 과금에 도전했다가 처절한 실패를 맛보았다. 이후 국내에서 주로 통용되는 수익 창출 방식은 프리미엄Freemium이다. 이는 Free와 Premium이 결합된 말로, 상품과 서비스를 무료로 제공한 후 충분한 사용자 기반이 확보되었을 때 제품의 일부 기능이나 콘텐츠 등을 유료화하여 수익을 창출하는 비즈니스 모델이다.

하지만 페이스북, 인스타그램 그리고 유튜브의 경우는 이러한 일부 유료화 모델이 아닌 완전 무료 모델로 비즈니스를 운영하고 있다. 그들에게 필요한 것은 유저의 돈이 아닌 광고주의 돈이기 때문이다. 광고를 끌기 위해서는 유저의 시간이 필요하다. 중요한 것은 어떻게 유저의 시간을 가질 수 있느냐는 것이다. 90년대생들은 답한다. 우리의 시간을 가질 수 있는 유일한 방법은 '재미'라고 말이다.

코미디센트럴TV의 2012년 연구 결과[18]에 따르면, 미국의 밀레니얼 젊은이들은 '유머'라는 렌즈를 통해 타인을 바라본다. 누군가를 평가할 때도 무엇보다 유머가 앞선 기준이 된다는 것이다. 국내의 콘텐츠 마케팅에서도 유머의 중요성이 나타나고 있다. 90년대생들은 단순히 유튜브라는 플랫폼 하나에만 집착하는 것이 아니라, 재미있는 콘텐츠가 많으니 유튜브를 시청한다고 말한다. 반대로 말하면 재미있는 콘텐츠가 있다면 반드시 유튜브를 볼 필요는 없다는 것이다.

최근 인기를 끌고 있는 모바일 홈쇼핑도 같은 맥락에서 이해할 수 있다. TV 홈쇼핑은 방송 심의 규제가 있어 표현에 제한을 받을 수밖에 없는 반면 모바일 홈쇼핑은 규제가 없어 다양한 내용을 다룰 수 있다. 무엇보다 구미를 당길 수 있는 잡담과 수다가 이어진다. 모바일 홈쇼핑은 흡사 예능 프로그램 같다. 시청자가 노래를 불러달라고 하면 진행자가 제품 팔다 말고 노래하고 춤

춘다. 마른 오징어 표면에 수분크림을 발라 제품의 성능을 보여주고, 소비자가 자신의 신체 사이즈를 알려주면 즉석에서 비슷한 체형의 스태프가 상품을 입고 등장하기도 한다. 이렇듯 90년대생들은 재미가 있는 곳이라면 어디든 찾아다닐 의향이 있다.

소비자들이 기피하는 광고 또한 재미가 곁들여지면 이야기가 달라진다. 물론 보려고 하는 영상의 흐름을 끊는 광고는 기피의 대상이지만, 어떤 광고는 전혀 거부감 없이 받아들여지기도 한다. 그렇다면 도대체 유튜브에서 사람들이 찾는 콘텐츠는 어떤 것일까? '병맛더빙'으로 유명한 유튜브 크리에이터인 장삐쭈에게 그 답을 물어보았다. 답은 단순했다. 그는 "1순위는 재미다. 재미없으면 안 본다. 유튜브는 무조건 재미있어야 한다. 교육용이든 정보 전달용이든, 단순한 소통용이든 일단 재미를 전제로 깔고 가야 한다"라며, 유튜브는 "대놓고 광고라는 걸 밝혀도 재미있으면 사람들이 찾아서 본다"라고 밝히기도 하였다. 실제로 그가 기업과 협업하여 2017년 말 만든 맥스웰하우스의 커피 브랜드 콜롬비아나 영상은 그의 콘텐츠와 어우러져 750만 이상의 조회수를 기록할 수 있었다.

페이스북과 유튜브에 초현실 B급 병맛 영상을 올리는 것으로 유명한 허지혜 씨의 '본격 LG 빡치게 하는 노래(불토에 일시킨 댓가다 ㅎㅎ)' 또한 2018년에 큰 화제를 일으킨 네이티브 광고로 뽑힌다. 해당 영상은 '토요일 밤을 즐기려 하는 순간 들어온 LG생활건강 광고 의뢰'에 화가 난 나머지 광고주인 LG생활건강 마케팅 부서를 짜증 나게 하겠다는 맥락에서 만들어낸 광고다. 해당 영상은 정말로 이런 광고를 LG생활건강 담당자가 확인을 했느냐는 생각이 들 정도로 기존의 광고 상식을 벗어난 내용으로 가득 차 있다. 그러나 오히려 이러한 점이 영상을 시청하는 세대에게는 재미있는 요소로 다가왔다.

기존에 유튜브 콘텐츠와 기업의 광고가 협업을 이루는 경우에는 광고가 아닌 것처럼 시청자들에게 자연스럽게 전달되는 것을 목표로 하였다. 하지만 재미와 솔직함을 특징으로 하는 지금의 세대에게는 재미있기만 한다면 광고임을 밝혀도 상관이 없다. 실제 허지혜 씨가 만든 광고 영상에는 아래와 같은 댓글이 달리기도 하였다. "보통 광고는 잠시만 봐도 짜증 나는데 사람들이 스스로 보고 싶어 하게 만드는 광고라는 점에서 되게 성공하신 듯함."

정직한 제품과 서비스만이 살아남는다

'창렬하다'는 단어는 2014년 가수 김창열 씨의 이름을 빌려 쓴 편의점 즉석식품에서 시작했다. 그 식품 시리즈는 '김창열의 포장마차'라는 이름으로 편의점에서 판매됐다. 그중 순대볶음, 곱창구이는 편의점 식품치고는 다소 비싼 5,000~6,000원이었다. 문제는 포장 안에 겨우 7~10조각이 들어 있었다는 것이다.

창렬하다는 말은 네티즌들이 이를 조롱하기 위해 만들어냈다. 과대 포장에 대한 소비자들의 불만 섞인 말인 것이다.

한동안 잠잠하던 '창렬푸드' 이슈는 '질소 과자'가 이슈로 떠오르면서부터 다시 화제가 됐다. 내용물이 부실한 과자와 관련한 기사에는 어김없이 "창렬하다"는 댓글이 달렸다. 이 밖에도 빵과 빵 사이가 비어 있는 홈플러스의 케이준치킨 또띠아, 미니스톱의 속이 텅 비어 있는 호빵과 김밥, 화려한 포장과 달리 부실한 내용물로 채워진 오뚜기의 피자떡볶이 등이 각종 인터넷 커뮤니티에 올라오며 소비자들의 공분을 자아냈다.[19] 물론 이 같은 네티즌들의 공분 덕분인지 최근에는 품질이 다소 나아졌다는 평도 올라오고 있다.

'창렬푸드'의 반대말은 '혜자푸드'로 통용된다. 이 역시 탤런트 김혜자의 이름을 내건 편의점 즉석식품 이름에서 유래했다. GS25에서 내놓은 PB상품 '김혜자 도시락'은 다른 상품들에 비해 내용물이 알차다는 게 네티즌들의 평이었다. 실제로 '창렬푸드'로 언급된 상품은 매출이 줄어든 반면, '혜자푸드'의 매출은 꾸준히 상승했다. '마더 혜레사'라는 신조어도 만들어졌다. 특히 '김혜자 진수성찬 도시락'은 출시 1년 만에 총판매량 200만 개를 돌파했다.

당시 GS25 관계자는 "과대 포장, 과장 광고에 대한 소비자의 시선이 따가운 때에 김혜자 도시락은 알차고 정성이 깃든 상품의 대명사로 인정을 받았다"며 "앞으로도 안심하고 맛있게 먹을

수 있는 도시락을 선보이겠다"고 말했다. 이만하면 기업들이 추구해야 할 방향이 명확해지지 않았을까.[20]

그렇다면 앞서 언급한 '혜자스럽다'와 '창렬스럽다'는 표현을 90년대생들은 어떻게 사용했을까? 2017년 배달앱 배달의민족에서 진행한 '제3회 배민신춘문예' 공모전에서 "치킨은 살안쪄요 살은 내가쪄요"가 영예의 대상을 차지했다. 2017년 '네이버 뮤지션 리그'를 통해 발굴된 신인 남성 듀오 '런치백'이 이 내용을 뮤직비디오로 만들었는데, 이 영상에 식음료의 고유명사처럼 굳어진 김혜자 씨와 김창열 씨가 등장하여 '치킨 댄스'를 선보였다. 이러한 해학은 바로 이러한 조직에서 새롭게 근무하게 된 90년대생들의 아이디어가 그 시발점이 된다.

또한 이제 새로운 세대는 배달음식을 시키기 위해서 번거롭게 전화번호를 찾아 음식점에 전화를 하지 않는다. 배달앱을 열어 간편하게 주문부터 결제까지 완료한다. 최근 이와 같은 트렌드로 인하여 배달앱은 폭발적으로 성장했다. 2016년까지 배달앱 시장은 성장 중에도 '영세한 국내 외식 시장에서 수수료만 떼어가는 봉이 김선달' 등으로 불리며 많은 비판을 받기도 하였다. 이에 업계 1위 배달의민족이 수수료 제로 등의 상생 정책을 발표했다. 여러 문제점에도 불구하고 배달앱은 성공적으로 안착하여 5조 시장까지 성장했다. 그런데 이렇게 배달앱 시장이 성장하게 된 것은 단순히 간편성 때문만은 아니다. 1996년생 김모 씨는 이렇게 말했다.

"배달앱은 분명 간편성도 있긴 하지만, 단순히 그것 때문에 배달앱을 사용하는 것은 아닙니다. 배달앱의 가장 큰 특징은 후기를 남길 수 있다는 것입니다. 전화로 주문을 하면 서비스가 엉망인 경우가 많았죠. 쿠폰을 빼먹는 경우도 많고요. 그래서 이제는 꼭 후기를 남깁니다. 소비자인 우리의 피드백이 솔직히 반영된다는 것이 앱을 통한 주문의 이유입니다."

반대의 사례도 있다. 바로 '인형뽑기방'이다. 2015년부터 본격적으로 생기기 시작한 인형뽑기방은 삽시간에 전국으로 퍼져 2017년에는 전국에 2만 개가 넘을 정도로 높은 성장세를 보였다. 인형뽑기방이 창업 아이템으로 인기를 끈 데에는 적은 비용으로도 개업이 가능하다는 게 한몫을 했다. 공간을 크게 차지하지 않는 데다 대당 200만~300만 원대인 경품 기계 몇 대면 손쉽게 창업이 가능했다. 1,000~2,000원이면 연령 제한 없이 누구나 이용할 수 있어 어린이들과 청소년들도 즐겨 찾으며 전국적인 열풍으로 이어졌다.

하지만 불야성을 이루던 인형뽑기방은 이제 파리만 날리는 곳이 많아졌다. 빠른 성장세만큼 폐업도 빨라졌다. 이유는 바로 인형뽑기방에서 '확률을 조작'한다는 것이 밝혀졌기 때문이다. 모든 인형뽑기방이 확률을 조작하지는 않았지만 인기는 급격히 식어버렸다. 게임물관리위원회가 2016년 9월부터 11월까지 전국

144개 뽑기방을 대상으로 한 실태조사에 따르면 101개소(70퍼센트)가 관련 규정 위반 업소로 적발됐다. 이 중 12개소(8.4퍼센트)가 기계 개·변조를 통해 뽑기 확률을 조작했다. 인형뽑기방의 주요 타깃 고객이었던 90년대생들은 이러한 확률 조작 사실을 알고 그 이후로 발길을 끊었다고 한다. 1992년생 김모 씨는 "인형뽑기방이 기계로 장난친다는 것을 안 이후에 절대 가지 않습니다. 더 이상 그런 호구가 되기는 싫거든요"라고 말했다.

이와 같이 90년대생들은 직원으로 일하든 소비자로서 제품과 서비스를 구매하든, 가장 중요한 요소로 '신뢰'를 꼽곤 한다. 배달앱의 후기처럼 신뢰를 강제할 수 있는 제도의 개선이 있으면 하나의 큰 성공 요인이 되기도 하지만, 신뢰를 잃어버리면 그 많던 인기도 신기루처럼 사라지기도 한다.

그들은 광고를 차단하기 바쁘다

스타벅스는 국내에서 가장 매출이 높은 커피 프랜차이즈다. 그렇다면 스타벅스의 매출은 어느 정도일까? 스타벅스의 2017년 매출은 1조 2,634억 원이다. 국내 2위에서 6위까지의 5개 회사(투썸플레이스, 이디야커피, 커피빈, 엔제리너스, 할리스커피)의 매출을 모두 합해도 스타벅스 한 곳에 턱없이 못 미친다.[21] 2~6위 다섯 회사 매출은 모두 합해도 8,200억 원에 불과했다.

이렇게 국내 1위의 커피전문점으로 성장했지만 스타벅스의 광고를 본 사람은 없다. 광고를 하지 않기 때문이다. 국내 기업은 마케팅 예산의 대부분을 제품 광고와 프로모션에 쓴다. 지금까지 마케팅의 목표인 브랜드 인지도와 선호도를 높이거나 시장점유율과 매출을 늘리는 데에 실제로 광고와 프로모션은 효과가 있었다. 하지만 지금의 90년대생 소비자들은 다양한 방법으로 광고를 차단하기 바쁘다. 어쩌다 노출된 광고 또한 믿을 수 없다고 말한다.

스타벅스의 인사팀에 근무한 경험이 있는 한 담당자는 스타벅스의 성공을 광고와 프로모션이 아닌 브랜딩에 대한 투자와 내부 직원을 첫 번째 고객으로 두고 아끼는 기업문화 때문이라고 말했다. 광고를 하지 않는 대신 브랜딩과 조직 관리에 힘쓴다는 것이다.

세계 최대의 소비재 기업 P&G는 2014년 마케팅 조직의 업무 범위를 축소하고 브랜드 관리 업무로 전환했다. 마켓 리서치 부서 또한 '소비자와 마케팅 지식'이라는 좀 더 전문적인 영역으로 개편했다.[22] 브랜드 그룹에 마케팅, 시장조사, 소비자와 이해당사자와의 대외 커뮤니케이션을 담당할 PR의 역할, 디자인 부서까지 덧붙인 것을 보면 알 수 있다. P&G는 조직을 개편하면서 더욱 통일된 브랜드 구축, 빠른 의사결정, 심플한 조직구조로 창의성 확대와 더 나은 작업들을 기대한다고 밝혔다. 이런 조직개편을 통해 더 넓은 관점에서 시장과 고객, 브랜드를 아울러 보기를 기대한 것이다.

P&G의 브랜드 구축 최고 매니저인 마크 프릿차드Marc Pritchard는 인터뷰를 통해 "결국 미래의 기업은 마케팅이 아니라 브랜드 구축의 시대로 회귀한다"라고 말했다. 또, "진실된 것, 즉 인간에 대한 인사이트에 기반해서 사람들이 진정으로 관심을 갖는 곳에 관심을 기울이라. 그리고 연관성 있는 대화 속으로 뛰어들라"라고 조언했다.[23]

3장
90년대생을 보다 깊게 이해하는 방법

샤오미가 밝힌 성공의 비밀

 샤오미는 때때로 애플, 삼성을 포함한 타 경쟁사 제품의 디자인을 모방했다는 이유로 비난을 받아왔던 회사다. CEO인 레이쥔의 제품 공개 방식도 스티브 잡스와 유사하다. 심지어 옷차림까지 유사하다. 물론《월스트리트 저널》과의 인터뷰에서는 잡스처럼 되고 싶지는 않으며 단지 잡스처럼 혁신적인 리더가 되고 싶다고 밝히긴 했지만 말이다.

 이런 샤오미의 성공 비결은 보통 중국 정부의 지원, 낮은 가격, 높은 기술력으로 알려져 있다. 실제로 중국 정부는 통신사들의 마케팅 비용을 규제하고 조달 시장에서 외국 브랜드를 배제하는 방식으로 삼성과 애플 등 경쟁사들을 견제해주었다. 또한 샤오미는 모바일 앱과 같은 서비스를 통해 수익을 창출했다. 거의 마진이 없는 저가로 스마트폰을 판매할 수 있었던 이유다. 이로써 샤오미는 하드웨어와 소프트웨어에서 모두 애플을 모방할 수 있을 정도의 기술력을 갖추게 되었다. 그런데 정작 레이쥔은 성공의 핵심을 다른 곳에서 찾는다.

그는 "하루 종일 사용자 의견에 귀를 기울였던 것"이 샤오미 성공의 핵심이라고 이야기한다. 여기에 "우리가 애플의 모방꾼이라고 하지만 우리는 몇 가지가 완전히 다르다. 예컨대 애플은 사용자의 의견을 안 듣지만 우리는 하루 종일 사용자 의견에 귀를 기울인다"라는 말을 덧붙였다. 어떤 의미일까?

샤오미의 주 고객층은 젊고 유행에 민감한 중국의 20~30대 젊은이들이다. 샤오미는 경제적 여유는 부족하지만 빠르게 스마트폰 시장의 빅리더가 될 수 있는 사용자층을 공략하고 있는 셈이다. 저렴한 가격에 제품을 공급하고 소비자가 제공하는 피드백을 바탕으로 빠른 운영체제 업그레이드를 지원해 제품 안정성을 높여 소비자의 충성도를 이끌어내고 있다. 여기서 중요한 점은 적극적인 쌍방향 소통을 통해 소비자가 개발에 참여한 최신 앱들을 매주 업데이트한다는 것이다.

샤오미의 핵심 경쟁력은 바로 운영체제다. 샤오미는 안드로이드에 기반을 둔 독자 운영체제 'MIUI'를 운영하고 있다. 보통 일주일, 짧게는 2~3일에 한 번씩 새 기능이 추가되거나 시스템을 보완해주는 패치가 자동으로 스마트폰에 전달된다. 이는 대부분의 안드로이드 스마트폰이 구글과 제조사, 통신사의 복잡한 이해관계에 얽혀 업데이트가 늦어지는 것과 대조적이다. 그렇다면 레이쥔의 말처럼 "사용자의 의견에 귀를 기울이는" 방법에는 어떤 것이 있을까?

VOC(Voice of Customer)란 '고객의 소리'라는 의미로, 말 그대로 고객으로부터 나오는 모든 종류의 의견을 뜻한다. 여기에는 불만이나 클레임같이 부정적인 것에서부터, 제품과 서비스에 대한 고객의 문의 사항, 그리고 회사의 제품이나 서비스에 대한 칭찬, 신제품 제안 등이 모두 포함된다. 시간이 지날수록 고객의 중요성은 점차 강조되고 있다. 고객은 오늘날 기업 생존의 유일한 키워드가 되었다. 지금의 고객들은 이전처럼 수동적으로 상품이나 서비스를 구매하지 않는다. 그들은 상품과 기업에 대해 실시간으로 리뷰를 올리고, 불만이 생길 때면 이를 널리 퍼트릴 수 있다.

여기서 파생된 기본적인 기업의 경영 원칙 중 하나가 바로 VOC경영이다. 이는 고객의 소리를 최우선으로 삼아 기업을 운영하는 것이다. 기업의 다양한 접점으로 들어오는 다양한 고객의 의견을 체계적으로 수집, 저장, 분석하여 기업의 경영활동에 활용하고 고객에게 다시 피드백함으로써 궁극적으로 고객의 소리에 근거한 경영활동을 할 수 있게 하는 체계를 말한다. 그리고 지금은 VOC를 어떻게 활용하느냐에 따라 기업의 성패가 갈리는 시대다. 그렇다면 한국에서는 VOC가 어떤 변천을 겪었을까?

VOC의 변천사

1980년대 이전의 시장은 지금보다 생산자의 목소리가 컸던 시기이다. 고도 성장기에는 시장의 모든 목소리를 차지했다. 이 당시 기업들에 중요한 것은 "어떻게 하면 낮은 가격에 많이 생산할지"였지, 고객의 목소리를 듣는 것이 아니었다. 이 시절의 고객들은 좀처럼 자신들의 목소리를 낼 기회를 얻지 못했다. 불편하면 불편한 대로 부족하면 부족한 대로 기업들이 선보인 제품이나 서비스를 묵묵히 이용할 수밖에 없었다.

하지만 1990년대에 들어오면서 소비자들의 소득과 생활수준은 비교할 수 없을 정도로 높아지기 시작했다. 1987년 노동법이 타결되고 노동자들의 평균임금은 가파르게 상승하기 시작했다. 시장도 급격하게 바뀌기 시작했다. 생산기술의 급속한 발달로 생산량이 크게 증가하고 시장에 상품과 서비스가 넘쳐나면서, 만들어도 팔리지 않는 시대로 접어들게 되었다. 시장의 무게 중심도 '생산'에서 '판매'로 서서히 옮겨 갔다. 기업들은 판매 증대를 위한 새로운 돌파구를 찾아 나섰고 그 문제를 해결해줄 열쇠가 바로 '고객'이라는 것을 알게 됐다. 그리하여 70년대생들이 성인이 되어 사회 활동을 하기 시작한 1990년대 기업 경영에 고객이 등장하기 시작했다.

기업은 고객을 만족시키기 위해 그들이 무엇을 원하는지 알아야 했다. 문제는 기업들이 그들의 이야기를 들어본 적이 없다는 것이었다. 물론 이 시기에도 고객의 소리를 들을 수 있는 채널이 없었던 것은 아니다. 전화나 엽서 등을 통해서 고객의 불만이나 의견을 듣기도 하였다. 하지만 고객의 불만이나 의견은 그저 조용히 처리해야 할 볼멘소리에 불과했다. 그리고 이러한 불만과 의견들도 보통 일회성으로 끝났기 때문에 자산으로 축적되지 않았다.

'고객만족경영'을 표방하기 시작한 기업들은 바로 이렇게 지나쳤던 고객의 소리를 들으려 노력했다. VOC라는 용어도 사용되기 시작했고, 기업들은 더 이상 고객들의 소리에 수동적으로 대응해선 안 된다는 것을 깨달았다. 빠르고 정확하게 고객의 불만을 해결해야 했다. 이를 위해서 기업에 콜센터를 구축하고 전문적인 고객 응대에 대해 교육을 진행하였다. 그리고 고객의 소리들이 그냥 버려지지 않도록 VOC를 보관, 저장, 분류할 수 있는 시스템을 구축하기 시작했다. 그동안 너무도 쉽게 버려지고 잃어버렸던 고객의 소리를 드디어 주워 담게 된 것이다.

1990년대 후반 기업들을 중심으로 PC가 급속히 보급되면서, 엑셀 등을 활용하여 VOC가 데이터베이스화되기 시작했고, 이를 시스템으로 구축하는 기업도 등장했다. 이렇게 VOC의 중요성을 깨닫고, 잃어버렸던 고객의 소리를 축적하고, 기업과 관련된 이슈가 발생했을 때 신속하게 응대할 수 있는 프로세스를 구축했던 것이 바로 VOC 1세대였다.

80년대생들이 성인이 되어 사회 활동을 시작한 2000년부터는

VOC가 새로운 시기를 맞이하게 된다. 2000년대에 급속하게 보급된 인터넷은 고객들이 더 이상 기존의 전화와 엽서 같은 VOC 채널을 통하지 않고도 의견을 낼 수 있게 했다. 21세기의 새로운 고객층은 점차 전통적인 VOC 접수 형태 대신 인터넷 게시판을 이용하기 시작했다. 그리고 그동안 느꼈던 수많은 불만들을 게시가 가능한 모든 곳에 올리기 시작했다. 고객들은 이제 온라인에서 본인들의 원군을 찾게 되었고, 이들은 점차 기업에 새로운 위협으로 다가왔다.

기업들은 이러한 변화에 맞춰 홈페이지를 구축하고 게시판을 통해 직접 고객과 소통하기 시작했다. 기업들은 인터넷 게시판 등을 통해 끊임없이 접촉해오는 고객의 VOC에 부지런히 대응하기 시작하였다. 이런 게시판을 통한 소통은 새로운 고객과의 소통 채널로 각광을 받았고, 당시 웹기반 소통의 전형적인 모델로 떠올랐다.

이 시기의 몇몇 기업 홈페이지 VOC 담당자들이 화제로 떠오르기도 했는데, 대표적인 예가 해충방제 기업 세스코다.

Q) 국에서 바퀴벌레가 나왔는데요, 설렁탕이라 버리기 아깝네요. 건지고 다시 끓여서 그냥 먹어도 될까요? 죽지는 않겠죠?
A) 다시 한 번 팔팔 끓이신다면 큰 문제가 없습니다(바퀴벌레 몸에 붙어 있던 세균을 제거하려면 이 방법밖에 없죠). 그리고 이

사실을 가족 누구에게도 알리지 않으면 됩니다.

이 글은 해충방제 회사로 유명한 세스코의 게시판 담당자가 어느 고객의 문의에 답변한 내용이다. 세스코는 이처럼 자사 홈페이지에 올라온 고객들의 VOC에 대하여 재치 있고 성의 있는 답변을 하는 것으로 유명해지기 시작했다. 세스코 게시판의 역사는 2000년으로 거슬러 올라간다. 현재 홈페이지에 남아 있는 Q&A 첫 질문에는 '앞으로도 많은 관심 부탁드립니다'라는 뻔한 답변이 달려 있다. 이후 해충에 대한 세세한 설명을 곁들였지만 특이한 답변이 눈에 띄기 시작한 것은 2001년이다. "날아다니는 바퀴벌레를 잡았는데 어머니가 풍뎅이라고 했다"는 질문에 "어머님께 말씀하십시오. 바퀴를 무시하지 말라고. 바퀴는 날 수도 있고 풍뎅이보다 클 수도 있다고"라고 답하는 식이다.

세스코 담당자의 답글들은 한데 묶여 각종 커뮤니티의 유머게시판을 장식하였다. 네티즌들은 천편일률적이지 않은 답변에 찬사를 보냈다. 온라인에는 팬클럽까지 개설돼 있다. 다른 업계에서도 세스코의 게시판을 벤치마킹한다. '유머경영'의 사례로 자주 소개되기도 한다. 하지만 무엇보다 세스코 게시판의 매력은 답변의 성실함이다. 아무리 질문이 엉뚱해도 일일이 답을 단다. 그렇다고 대충 얼버무리는 게 아니다. 전문 지식을 바탕으로 궁금증을 시원하게 해결해준다. 웃음도 있고 정보도 있다. 질문한 사람의 의도를 파악해 쿵짝을 맞춰주는 것도 기본이다. 이 회사는 이러한 진솔하고 위트 있는 소통으로 아시아 최대의 해충방제 분야 히든 챔피언이 될 수 있었다.

2000년대 VOC의 특징 중 또 하나는 VOC가 기업의 자산화로 진행되기 시작했다는 것이다. 기존 VOC 프로세스 개선을 통해서 기업들은 고객들의 불만에 신속하게 대응하게 되었고, 이를 통해 고객의 불만을 낮추는 데에 성공했다. 그러나 불만의 원인을 근본적으로 해결한 것은 아니었다. 기업들은 반복되는 고객의 불만을 해결하는 차원을 넘어서, VOC 분석을 통해 고객 불만의 근본 원인을 찾아 해결하기 시작했다.

기존의 VOC 대응이 한 건씩 들어오는 고객들의 VOC에 대답을 해주는 차원이었다면, 이제는 이런 VOC들을 하나로 모아서 통계를 만들고 그 속에서 문제의 근본 원인을 찾아보려는 노력이 이루어졌다. VOC가 점점 고도화되고 체계화되면서 VOC 시스템을 통해서 수집된 정보들을 상품과 서비스 측면에서 어떻게 활용할 것인가도 중요한 관심사로 떠올랐다.

이제 VOC는 고객VOC 담당 부서에 특정되는 일이 아니라, 관련 부서 모두의 일이 되었다. 고객 접점에 해당하는 현장 영업 담당자와 제품 및 서비스의 마케팅 부서, 관련 생산 부서까지 모든 부서는 VOC와 관계를 갖게 되었다. 그러다 보니 자연스럽게 고객 접점뿐만 아니라 관련된 지원 사업 부서에서도 VOC관리 체계를 구축해야 할 필요성이 제기됐다.

이제 기업은 VOC가 한 번 답변해주면 사라지는 데이터가 아니라는 것을 깨닫기 시작했다. 기업은 VOC 하나하나가 기업의 경영자산이며, 기업 전체를 변모시키는 소중한 자원이 될 수 있다는 점을 깨달았다. 다양한 채널을 통해 수집된 VOC를 통합하고, 피드백하는 일련의 프로세스를 구비하는 것은 물론 VOC데이터를 통계화함으로써 기업 경영의 자산으로 활용할 수 있도록 하는 시도도 이루어졌다.

VOC의 개념은 해결해야 할 과거의 골치 아픈 문젯거리가 아니라 기업의 미래를 쥐고 있는 열쇠다. 이제는 답변에서 끝나는 것이 아니라 분류를 통해 경영의 자산, 자원으로 활용하려는 시도가 활발하게 이루어지고 있다.

듣기 힘들게 된 90년대생들의 VOC

90년대생들이 대학에 진학하거나 사회 활동을 하기 시작한 2010년은 대한민국에 공식적으로 애플의 아이폰이 상륙한 시기였다. 대표적인 SNS 채널인 트위터도 2009년 미국 스타트업의 성지였던 박람회 SXSW(South by Southwest)에서 처음 공개되어 각광을 받았다. 당시 피겨 스타인 김연아가 사용한다고 해서 국내에 더 유명해진 트위터는 2010년 시작된 스마트폰의 급격한 보급 증가에 비례하여 사용자가 증가하였다. 여기에 네이버의 미투데이, 다음의 요즘 등 국내 기업의 서비스들도 등장하면서 단문 SNS의 채널은 더욱더 확대되었다. 그리고 많은 90년대생 고객들은 점차 본인의 불만을 기업의 고객센터에 전화해서 상담하거나 기업의 공식 온라인 VOC 채널에 등록하지 않고, 본인의 SNS에 잡담식으로 올리거나 자신이 활동하는 커뮤니티에 올리기 시작했다.

 기업은 다급해졌다. 자사가 관리하는 VOC 채널을 통해 접수된 VOC에 대응하고 관리하는 형식은 익숙했지만, 외부로부터 불특정하게 유입되는 VOC에 대한 항체가 미처 형성되지 않았기 때문이다. 기업 외부의 환경에서 유입되는 VOC에 빠른 대응이 필요한 시기였다. 이에 기업들은 빠르게 시스템을 갖추기 시작했다. 이 시스템 구축의 핵심은 기존과 같이 특정한 시스템이나 솔루션이 아니라 실시간으로 고객 VOC를 감지하고 이에 대한 소통을 하여, 새로운 가치를 찾아 전달하는 체계를 구성하는 것이었다. 이를 위해서는 기존 VOC 전담 혹은 유관 부서의 노력뿐만이 아니라, 회사의 전 부서가 총체적인 경영 혁신을 실현해야 했다. 고객의 즉각적인 피드백 및 확산을 전사적으로 관리해야 하는 과제에 봉착한 것이다.

신뢰할 수 없게 된 기존의 소비자 조사 방식

 그렇다면 이러한 새로운 세대를 깊이 이해할 수 있는 방법은 어떤 것이 있을까? 신제품 혹은 서비스에 대한 아이디어를 얻거나, 기존 고객의 숨겨진 요구 사항, 즉 잠재 니즈를 얻기 위해서 기업들은 전통적으로 소비자 조사를 실시한다. 이 소비자 조사는 크게 정량조사와 정성조사로 나눌 수 있다.

정량조사는 비교적 많은 수의 응답자를 대상으로 조사를 진행하는 것으로 결과를 계량화하게 된다. 당연히 모집단의 일부를 표본으로 선정하여 조사하므로 조사 결과가 대표성을 가지게 되며, 각종 통계분석을 적용할 수 있다. 실무에서 가장 흔히 사용되는 전화조사, 면접조사, 우편조사, 온라인조사 등이 모두 정량조사에 해당된다.

정성조사는 소수의 응답자를 대상으로 하여 어떤 대상이나 현상에 대한 생각, 인식, 태도 형성 등에 대한 구체적인 정보를 파악하는 데 목적이 있다. 응답자 수가 적으므로 대표성은 없으나, 응답자 개개인이 가지고 있는 주관에 대한 다양한 의견들을 얻을 수 있다. 대표적으로 FGI(Focus Group Interview) 등이 있다.

이러한 소비자 조사 방법은 지금까지도 넓은 영역에서 활용되고 있지만, 이와 관련해서 현직에 있는 마케터들 사이에서는 말하지 않는 비밀이 한 가지 있다. 바로 이런 소비자 조사는 대부분 엉터리라는 것이다.

물론 기본적인 조사에서 소비자들의 아이디어를 얻고, 특정 산업에 대한 인식을 얻는 것에는 도움을 받는다. 그러나 실제로 소비자가 제품과 서비스를 어떻게 사용하며 무슨 생각을 하고 어떤 느낌을 갖는지는 파악하기 어렵다. 왜냐하면 요즘과 같이 복잡한 사회에서 소비자들은 자기가 원하는 게 정확히 무엇인지 모르고, 안다고 해도 직접적인 언어나 구체적인 척도로 표현하지 못하기 때문이다.

따라서 기존의 많은 경영자들은 전통적인 소비자 조사를 믿지 않았다. 가장 유명한 사람으로는 포드자동차의 설립자 헨리 포드Henry Ford와 애플의 스티브 잡스가 있다. 헨리 포드는 "고객에게 무엇을 원하는가를 묻는다면 그들은 '빠른 말'이라고 대답할 것이다"라는 유명한 말을 남겼다. 이는 고객이 실제로 자신의 문제에 대한 적절한 해결책을 상상하는 데 어려움을 겪는다는 의미다. 스티브 잡스 또한 "사용자는 자기가 원하는 것을 모른다. 따라서 시장조사 같은 건 필요하지 않다"라며, 실제로 시장조사를 별로 하지 않았다.

확실한 건 점차 새로운 세대인 90년대생들이 주력 소비자가 되고 있는 현재 상황에서는 전통적인 조사 기법을 통한 조사의 신뢰도도 날이 갈수록 떨어지리라는 것이다. 기업의 포커스 그룹 인터뷰나 설문조사에 참여한 경험을 가지고 있는 서울 소재 대학교 4학년생 윤모 씨(1994년생)의 이야기를 들어보자.

> "기업 포커스 그룹 인터뷰 같은 것들은 2시간 정도 참여하고 현금 5만 원 이상과 기념품 등을 챙길 수 있기 때문에 짭짤한 아르바이트라고 생각해요. 지금까지 10군데가 넘는

기업의 소비자 조사에 참여한 경험이 있습니다. 그런데 시간이 3시간이라고 하더라도 사람이 많기 때문에, 어차피 정성껏 답변할 필요가 없다는 것을 알고 있습니다. 그저 열심히 하는 척만 하면 다른 기업들의 조사에도 다시 불러줍니다. 가장 웃겼던 조사는 한 담배 회사 신제품 조사였는데, 그냥 대충 답변을 하고 5만 원을 받아 왔습니다. 왜 웃겼냐면 저는 담배를 피우지 않거든요. 그저 피운다고 답변을 했을 뿐입니다."

앞서 말했듯 90년대생들은 솔직하고 꾸밈없는 것이 특징이라고 할 수 있다. 하지만 새로운 세대가 솔직하고 꾸밈이 없다고 해서, 당신이 한 모든 질문에 솔직하고 꾸밈없이 대답할 거라는 생각은 버리는 것이 좋다. 무엇보다 간단함이 핵심 가치 중에 하나인 그들에게 설문조사나 포커스 그룹 인터뷰는 너무나도 따분하고 길어서 솔직하게 답할 가치가 없다고 느낄 수 있다.

새로운 대안인 관찰조사, 그리고 한계

그렇다면 위와 같이 스스로 힘으로 불만을 털어놓지도 않고, 물어봐도 제대로 된 대답을 내놓지도 않는 90년대생 소비자들에 대한 깊은 이해는 포기해야 하는 것일까? 아니다. 마지막 방식이 하나 남아 있다. 바로 관찰조사다. 관찰조사는 말 그대로 소비자들에게 질문을 하지 않고, 그들의 행동을 관찰하는 것이다. 질문 형태로 하게 되는 조사는 소비자의 인식에 대해서는 알 수 있으나 실제 행동을 파악할 수 없는 반면, 관찰조사를 통해서는 실제 소비자의 행동을 파악할 수 있다.

관찰조사는 '참여관찰'을 의미하는 인류학의 '민족지학Ethnography' 개념을 도입한 것이다. 민족지학은 인류학자들이 인간의 행동 양식을 연구하면서 대상의 느낌과 경험을 직접 체험하기 위해 연구 대상 사회 속으로 직접 들어가 일상에 참여하고 이를 면밀히 관찰하는 것을 의미했다.

이러한 관찰 조사로 효과를 본 대표적인 기업이 세계 최대의 소비재 기업 P&G다. 수익침체로 허덕이던 2000년 P&G의 CEO로 취임한 앨런 조지 래플리Allan George Lafley는 매출 목표를 달성하기 위해 신제품을 출시하지 말고 소비자가 정말로 원하는 상품을 개발하라고 사원에게 호소했다. 그리고 '고객 중심의 혁신'이라는 어젠다를 우선시했다. 즉 고객 입장에서 고객이 원하는 것을 살펴보고, 그들의 감성을 자극하는 것이 무엇인지 이해해야 한다는 것이다. 그들이 누구인지, 어떻게 사는지, 자신들의 삶을 개선하기 위해 제품을 어떻게 사용하고자 하는지 등을 평가해야 한다는 것이었다.

P&G는 '살아보기(Living It)'라는 프로그램을 운영하였는데, 이것은 P&G 직원들이 직접 소비자의 집에서 일정 기간 함께 살며

식사도 하고 쇼핑도 하는 프로그램이었다. 소비자가 자신의 돈과 시간을 어떻게 사용하는가, 어떤 제품을 구매하고 어떻게 사용하는가, 어떤 면에서 그 브랜드와 제품이 소비자 자신의 삶과 맞아떨어지는가를 알아보기 위함이었다. P&G는 이 모든 물음에 대한 답을, 소비자의 삶을 직접 경험하며 몸으로 느낀다.

또 하나의 프로그램은 '일해보기(Working It)'다. 이 또한 소비자를 전인격적으로 이해하기 위한 P&G만의 특별한 프로그램이다. 이는 직원들이 매장의 카운터 뒤에서 일해보는 프로그램으로 소비자가 특정 제품을 사거나 사지 않는 이유를 알 수 있다. 또한 자사의 혁신이 쇼핑을 편하게 만드는지, 아니면 소매업체와 쇼핑객에 혼란만 안겨주는지도 파악할 수 있다. 이 두 프로그램 모두 고객에게 무엇이 필요하냐고 물어보는 것이 아니라, 그들이 하는 행동을 관찰하고 통찰을 찾기 위해서였다.

P&G는 멕시코에서 저소득층 소비자 가정을 직접 방문해 실시한 관찰조사 결과 경제력 부족으로 세탁기 사용 대신 손빨래를 하고, 물을 많이 쓰는 것에도 부담을 느낀다는 사실을 발견했다. 당시 멕시코 시장의 60퍼센트는 저소득층이 차지하고 있었다. P&G는 이에 대한 소비자의 불편을 해소하고 새로운 가치를 줄 수 있는 방법을 모색하다가 2008년 마침내 물과 헹굼 시간을 절약할 수 있는 농축 제품을 선보였다. 제품은 6단계 세탁 과정(세탁, 헹굼, 헹굼, 유연제 첨가, 헹굼, 헹굼)을 3단계(세탁, 섬유유연제 첨가, 헹굼)로 줄여주었다. 바로 '다우니 싱글 린스'라는 제품이다. 이

제품은 멕시코 저소득층의 90퍼센트가 사용하는 섬유유연제로 자리매김했다.

세계 최초 섬유유연제인 다우니도 소비자의 일상을 관찰해 탄생한 제품이다. 제2차 세계대전이 끝난 뒤로는 합성세제 사용이 보편화되어 누구나 집에서 깨끗하게 빨래를 할 수 있게 됐다. 문제는 합성세제가 옷을 깨끗하게 하는 동시에 옷감을 뻣뻣하고 거칠게 만든다는 점이었다. 특히 옷을 건조기에 넣고 돌리면 옷 주름과 정전기가 심해져 새로 빨래한 옷을 입는 것이 오히려 불편하게 느껴졌다. P&G는 이러한 문제를 해결하고자 섬유 표면과 물의 마찰에 대한 연구에 착수했고, 섬유를 부드럽게 풀어주고 정전기를 방지하여 깨끗이 빨래한 옷을 입는 소비자들의 상쾌지수를 높여주는 다우니를 개발하기에 이르렀다.

그러나 다우니의 제품 혁신은 여기에서 끝나지 않았다. 섬유유연제는 세탁이 끝나고 헹굼 사이클이 시작되기 전에 넣어야 했고, 그 타이밍을 놓치는 소비자들이 많았다. 이에 P&G는 다양한 유형의 섬유유연제를 선보였다. 섬유유연제를 중간에 따로 신경 쓰지 않아도 되는 볼형 다우니나, 건조기에 함께 넣고 돌리면 정전기도 잡아주고 뻣뻣함도 해결해주는 시트형 다우니 등이 그 예다.[24] 1998년 출시된 세계 최초의 섬유 탈취제 페브리즈 역시 관찰조사의 도움을 받은 제품이다.

제약회사의 사례도 있다. 1986년 미국의 한 제약회사는 심장병과 협심증 치료용 약물을 개발하기 시작하였다. PDE-5라는 효소를 억제하면 혈관 저항과 혈소판 응집이 줄어든다는 사실을 발견한 연구진은 3년간 수백 가지의 화합물을 시험했다. 마침내 1989년 12월 PDE-5 효소를 강력히 억제하는 유망 물질인 '실데나필'이란 성분을 발견하기에 이르렀다. 연구진은 이 실데나필을 협심증 치료제로 개발하기 위한 임상실험에 착수했다.

하지만 1992년 임상실험 과정에서 흥미로운 현상이 하나 발견됐는데, 실데나필을 투여한 환자 중에서 '발기'라는 부작용이 나타난 것이다. 해당 부작용으로 인해서 협심증 치료제 개발은 큰 위기를 맞게 되었다. 하지만 연구진들은 부작용으로 인해서 해당 신약 개발을 중단하기보다는 꾸준히 부작용 자체를 관찰하기 시작하였다. 이를 관찰하던 연구원은 점차 연구 방향을 발기부전으로 맞추기 시작했다. 마침내 1998년 세계 최초의 발기부전 치료제가 출시되었다. 이는 바로 '비아그라'이고, 이 회사는 세계 최대의 제약회사로 성장한 화이자이다.[25]

앞서 말한 해외 기업들만 관찰조사를 진행하는 것은 아니다. 국내의 삼성전자와 LG전자 또한 이러한 관찰조사 트렌드에 동참하고 있다. '클럽 드 셰프'는 삼성전자가 세계적인 셰프들의 노하우를 가전제품에 담겠다며 2012년 6월 꾸린 프로젝트다. 여기에는 미슐랭 가이드 최고점인 '미슐랭 3스타'와 프랑스 정부가 인증하는 요리 기능장을 획득한 셰프들이 참여한다.

클럽 드 셰프의 연중 가장 중요한 일정은 멤버들에게 직접 삼성 가전제품으로 요리를 해보도록 하는 워크숍이다. 삼성전자는 이 행사를 통해서 단순히 제품을 기증하는 것이 아니라, 학생과 교수진이 삼성전자의 주방가전 용품을 사용하는 모습을 관찰하며 이 관찰된 행동 VOC를 신제품 개발에 반영한다.

이윤철 삼성전자 생활가전사업부 상무는 "최고 명장들이 오븐 손잡이를 잡고 열어 팬을 집어넣는 동작과 온도를 맞추는 노하우 하나하나가 제품을 만드는 데 귀중한 팁이 된다"라고 설명했다. 셰프의 요리 비법을 열심히 받아 적고 따라 하는 소비자들 사이에도 직원들이 배치돼 대화와 행동을 관찰했다. 한 직원은 "한 소비자가 오븐을 켜는 버튼을 못 찾아 헤매는 모습을 봤다. 사소한 문제점까지 찾아내 후속 제품에 반영하는 게 목표"라고 말했다.[26]

'가전은 LG'라는 공식이 있을 만큼 국내 생활가전 시장에서 LG전자의 위상은 확고하다. 하지만 이러한 LG전자에도 시련의 시간이 있었다. 2000년대 중반 LG전자에는 골칫거리가 하나 생겼다. 바로 고객의 특별한 클레임이 없음에도 불구하고 LG 세탁기에 대한 고객만족도가 낮아지고 매출액이 떨어지는 현상이 나타난 것이다. 문제는 이와 관련해 실시한 설문조사에서 소비자들이 한결같이 '사용하는 데 큰 불편함이 없다'고 대답했다는 것이다.

LG전자는 이러한 설문조사에서 나타나지 않았던 자사 세탁기의 문제점을 '관찰 기법'을 통해 확인할 수 있었다. LG 세탁기를 사용하는 각 가정에 직접 카메라를 달아 세탁 과정을 관찰해 보니 주부들은 모두 까치발을 한 채 힘들게 세탁물을 꺼내고 있었다. 이러한 불편함이 습관화되어 있어서 설문에서는 그 불만이 드러나지 않았던 것이다. LG전자는 곧바로 세탁기의 높이를 낮췄고 이를 통해 고객 만족도와 매출 모두를 되찾을 수 있었다.[27]

LG전자는 이후에도 계속해서 관찰 기법을 활용했다. 북미 세탁기 사업을 진행하면서 현지 소비자를 대상으로 한 관찰조사 결과를 통해 '고객들이 대용량을 원하고, 알레르기 케어 등 건강 관련 케어에 관심이 높으며, 소음과 진동에 민감하고, 시간과 에너지 절약을 원한다는 사실'을 알아냈다. 이 결과를 토대로 LG전자는 디자인과 기술을 선도하며 놀라울 정도로 시장 점유율을 높일 수 있었다.

세탁기뿐만이 아니다. 2010년 LG전자에서 출시된 매직스페이스 냉장고의 경우, 냉장고 개발 연구원들이 고객의 집에 직접 찾아가 고객들이 실제 냉장고 사용 시 냉장고의 각 칸에 어떤 상품을 넣는지 세세히 조사하고 기록한 결과를 통해, 홈바 공간(매직 스페이스)을 키웠고, 냉장고 문을 여닫는 횟수를 줄여 냉기 손실을 막는 제품을 개발했다고 한다. 우리가 알고 있는 '가전은 LG'라는 공식은 바로 이러한 치열한 관찰조사를 통한 '소비자에 대한 이해'가 기반이 되었던 것이다.

하지만 이러한 몇몇 성공 사례에도 불구하고, 관찰조사는 국내 실무에서 잘 활용되지 못하고 있다. 첫 번째 이유는 국내에서 이뤄지는 관찰 조사가 짧고 피상적인 수준이라는 점이다. 예를 들어 마케팅 연구 등에서 흔히 '참여관찰 방법'이라고 소개하는 방법은 실제로 '소비자의 집에 찾아가서 서너 시간 동안 면담을 하면서 약간의 관찰도 하는' 식으로 이루어진다. 이는 이 장에서 논의하는 참여관찰에 속한다고 보기는 어렵다. 연구 대상자와의 지속적이고 깊이 있는 관계에 기반을 두고, 한 사회를 심층적으로 이해하려는 인류학적 참여관찰 방법과는 거리가 있기 때문이다. 이와 같이 짧고 피상적인 조사 방법은 대상자의 행동에 대해 피상적인 결론을 낼 수밖에 없다.

두 번째 이유는 방대한 양의 데이터를 분석하고 의미를 해석해야 하기 때문에 시간과 비용이 많이 소요되어 기업에서 조사 자체를 꺼린다는 점이다. 관찰이 불가능한 상황이나 행동이 있을 수 있고, 응답자의 행동양식이 변하기 쉬우며, 행동을 정확하게 기록하고 분석하는 것이 어렵고, 관찰자의 주관이 개입되어 응답자 심리 상태 추정의 객관성 및 타당성이 낮을 우려가 있다는 것이다.

세 번째 이유는 피조사자들에게서 이른바 '호손 효과Hawthorne effect'가 나타난다는 것이다. 개인들이 자신의 행동이 관찰되고 있음을 인지하게 될 때 그들은 자신들의 행동들을 조정하고 순화한다. 이렇게 되면 정확한 조사 결과가 나올 수 없다.

새로운 세대를 관찰할 수 있는 두 가지 방식

위에서 살펴본 것과 같이 관찰조사 또한 많은 문제점이 있음에도 불구하고, 어떤 사람이 무엇을 원하는지 알아볼 수 있는 최선의 방법은 그가 하는 행동을 지켜보는 것이다. 번거로움을 꺼리는 새로운 세대를 조사하기에도 이는 여전히 효과적인 방법이다. 이에 다음의 두 방식이 효과적일 수 있다.

첫 번째 방법으로는 기업의 담당자 혹은 조사자가 별도의 체계적인 조사 설계 과정 없이, 담당 세대가 하는 활동에 직접 참여하는 것이다. 미국의 유명 식품회사 프리토레이의 마케팅 부사장이자 브랜드 책임자였던 루디 윌슨은 밀레니얼 세대를 이해하기 위해 본인이 직접 많은 시간을 투자해 X-Box 콘솔 게임을 플레이했다. 그는 "다들 10대 시절을 보냈으니 본인들이 밀레니얼 세대를 충분히 안다고 생각하죠. 하지만 밀레니얼 세대의 10대와 당신의 10대는 많이 다릅니다. 물론 조사 자료는 많지만 진짜로 밀레니얼 세대를 이해하려면 그들과 함께 시간을 보내야 해요"라고 말했다.[28]

나 또한 이 책을 쓰기 전, 90년대생들의 삶의 모습을 이해하기 위해서 그들의 다양한 활동에 참여하였다. 예를 들어, 가끔씩 대학 현장에 나가서 진행하는 취업 특강의 경우, 나는 직무 소개 및 취업 팁을 알려주는 동시에 공무원 열풍에 대한 그들 스스로의 평가와 기업 문화에 대해 원하는 방식들을 알 수 있었다. 평소 노량진 부근 카페에서 작업을 하면서 공무원이나 기타 시험을 준비하는 카공족들을 관찰하고 직접 인터뷰하기도 하였다. 또한 90년대생 길드원들과 함께 '마비노기 영웅전'과 같은 게임을 플레이하기도 하였으며, '배틀그라운드'를 비롯한 최신 인기 게임은 보이스채팅을 하며 그들의 언어를 직접 듣기도 했다.

관찰조사가 실제로 실행하기 어려운 활동일 필요는 없다. 단지 그들에 대한 관심을 지금보다 조금 더 가지고 새로운 세대의 활동에 참여하는 것이면 충분하다. 이러한 활동을 통하여 얻을 수 있는 이점은 명확하다. 새로운 세대에 대한 내부자적 시각을 얻을 수 있다는 점과, 세대의 말과 행동의 전반적인 맥락을 확인할 수 있다는 점이다.

두 번째 방법은 해당 세대를 직접 기업 활동에 참여시키는 것이다. 젊은 나이대의 사원을 채용할 수도 있고, 대학생이나 기타 학생들의 임시적인 파트타임 참여 활동을 독려할 수도 있는 것이다. 이 방식은 첫 번째 방법보다 훨씬 더 용이하고 효과적일 수 있다. 이러한 참여 활동은 반드시 채용을 전제로 할 필요도 없다. 스타벅스가 운영하는 '마이스타벅스리뷰'는 스타벅스의 모바일 주문 시스템인 '사이렌오더'를 통해 주문, 결제하는 마이 스타벅스 리워드 회원을 대상으로 진행되는 모바일 설문 조사 프로그램이다. 마이스타벅스리뷰는 응답 건수가 론칭 1년 만에 100만 건을 돌파할 정도로 인기다. 중요한 점은 스타벅스가 고객들의 의견을 수집하는 데 그치지 않고, 이를 실제 운영에 반영하고 있다는 것이다. 실제 고객 의견을 토대로 한 많은 신제품이 출시됐다. 스타벅스가 2017년 출시한 카페인이 없는 '캐모마일 애플티'는 과일 콘셉트의 비커피 음료를 개발해달라는 고객들의 요청에 의해 탄생한 제품이다. 스타벅스의 인기 음료 메뉴 중에 하나인 '자몽허니 블랙티'의 경우도 원래는 2016년 시즌 한정 음료로 출시되었던 제품이다. 이후 계속 판매해달라는 고객들의 요청에 따라 스타벅스는 이 음료를 상시 판매 음료로 변경 전환해, 현재도 스타벅스 매장에서 연중 만나볼 수 있게 됐다. 드라이브 스루 매장에서 음료 주문 시 포장이 불편하다는 의견에 대해서도 기능이 개선된 포장재로 변경, 매장에 비치하기도 했다. 사이렌오더 역시 많은 고객들의 불편 사항과 개선 아이디어를 토대로 주문 메뉴 다양화, 전자 영수증 발행 등 지금도 계속 업그레이드하고 있다.[29] 2018년 후반 스타벅스 전국 매장에 도입된 '종이 빨대'의 색깔이 녹색이 아니라 흰색인 이유도 바로 '위생적으로 보인다' 등의 이유로 스타벅스의 고객들이 선택한 결과이다. 국내에서 스타벅스의 성공 요인은 수없이 많을 것이다. 하지만 우리가 스타벅스의 성공 요인을 따라 한다고 해서, 그와 같은 성공을 담보할 수는 없을 것이다. 하지만 그와 같은 성공의 모든 부분에 숨어 있는 '젊은 고객의 목소리를 듣기 위한 세심한 노력과 프로세스의 개선'은 닮아갈 수 있을 것이다.

4장
90년대생이 기성세대가 된 날

아날로그와 디지털 사이에 낀 마지막 세대

 2024년 기준에서 봤을 때는 90년대생을 더 이상 젊은 세대라고 보기에 무리가 있다. 2024년 기준으로 1990년생의 나이는 한국식 셈법으로 따졌을 때 '35세'가 되니 마냥 젊다고는 할 수 없다. 절반 이상의 90년대생은 이미 30대에 들어섰으며 회사 안에서도 사원, 대리와 같은 주니어급이 아닌, 과장 이상의 시니어급 중간관리자의 단계로 진입했다. 언론 기사를 보면, 90년대생이 간부급 중간관리자를 넘어 기업의 별이라고 불리는 임원에 오르는 경우도 심심치 않게 발견할 수 있다. 이제 90년대생이 신세대가 아닌 기성세대가 되는 것이다.
 표준국어대사전에 따르면, 기성세대는 '현재 사회를 이끌어가는 나이가 든 세대'로 정의되어 있다. 이 문맥을 그대로 따르면

10년 단위 대한민국 총 출생아 수 및 증감 현황

세대	70년대생	80년대생	90년대생	2000년대생
총 출생아 수(명)	8,987,639	7,210,366	6,870,604	4,966,957
전기 대비 출생아 수(명)		-1,771,273	-339,762	-1,903,647
증감률(%)		-19.7	-4.7	-27.7

기성세대는 구세대 혹은 꼰대 세대와 같은 맥락으로 읽힐 수 있다. 하지만 임의적인 문맥을 제거하면 기성세대는 말 그대로 '이미 만들어진' 혹은 '이미 이뤄진' 세대라는 뜻이다. 그렇기 때문에 기성세대로 진입했다는 것에 특별한 의미 부여를 할 게 아니라, 인생의 한고비를 지났다는 정도로 받아들였으면 좋겠다.

하지만 한 가지 분명한 것은 90년대생이 앞으로 사회를 이끌어 가는 세대가 될 것이라는 점이다. 이것은 나의 개인적이고 자의적인 감정에서 비롯된 말이 아니라, 이미 확정된 인구통계학에서 비롯된 결론이다.

『2000년생이 온다』에서 제시한 것과 같이, 90년대생과 2000년대생의 가장 확실한 차이점은 그 수가 다르다는 것이다. 사실 이 책에서 80년대생과 90년대생이 공통적으로 저출산(합계출산율 2.1명 이하)으로 인하여 인구수가 적다고 했지만, 이것은 무엇보다도 에코붐 세대로서 많은 수의 출생자가 기본이 되는 미국의 밀레니얼 세대와 비교했을 때 적다고 이야기했을 뿐이다. 2000년대생들은 최초의 초저출산 세대로서, 1990년대생과 비교하면 무려 27.7%가 급격하게 줄어들었다. 이 수치는 1970년대생과 1980년대생 사이의 차이인 19.7%를 가뿐하게 뛰어넘는다. 90년대생은 그 숫자부터 2000년대생과 2010년대생을 압도할 수밖에 없다. 우리나라의 인구수가 꾸준한 비율로 감소했을 것이라는 일반적인 믿음과는 다르게 1980년대생과 1990년대생의 출생아 수 차이는 고작 4.7%에 불과하다. 이 때문에 정치적·사회적으로 주력은 2000년대생 이후 세대가 아닌 1990년대생 이전의 세대가 될 것이다.

물론 이 같은 사실이 마냥 반길 일만은 아니다. 주력 세대로 취급을 받을 만큼 앞으로 시대적 숙제를 더 많이 안고 살 수도 있기 때문이다. 일례로 초저출산을 넘어 국가 소멸까지 걱정하고 있는 대한민국의 인구 문제에 있어서, 매년 60만 명 이상이 출생한 마지막 세대인 1990년대생들이 아이를 낳지 않으면 대한민국은 끝장이라는 기사(예를 들면 《한국일보》의 2022년 10월 21일 기사 "다시 '90년대생이 온다' … 저출생 반등")들이 심심치 않게 보도되고 있다. 이에 대해 1991년생 오하라 씨는 "평소에 맡겨둔 것도 없으면서 갑자기 대한민국의 마지막 희망이라니 황당하기 그지없다"라는 반응을 보였다. 이처럼 대한민국의 정치적·사회적 이슈가 생겨났을 때, 그저 뒤의 세대보다 많이 태어났다는 이유로 어떤 과제를 떠맡는 일이 앞으로도 심심치 않게 발생할 것이다.

세대를 이야기하다 보면 '낀세대'라는 표현이 등장한다. 낀세대란 '기성세대와 신세대 사이에 있는 세대를 비유적으로 이르는 말'로서, 통상적으로 이 말은 어른 대우도 받지 못하고, 신세대에게 제한적으로 허용되었던 치기 어린 행동도 하지 못하는 무척이나 억울한 세대에 진입했다는 의미로 사용된다. 그래서인지 우리 사회의 수많은 세대는 자기 스스로를 낀세대라고 표현하며 자기 세대만이 지니고 있는 십자가와 시대적 불운에 대해 하소연하곤 한다. 이러한 상대적인 셈법 안에서는 70년대생, 80년대생, 90년대생, 2000년대생 모두가 낀세대에 속한다.

하지만 90년대생은 단 하나의 기준에 있어서는 분명히 특정 세대 사이에 끼어 있을 가능성이 크다. 바로 100% 아날로그 시대와 100% 디지털 시대의 틈바구니에 끼어 있는 것이다. 물론 아날로그와 디지털이 각각 과거와 미래를 의미하는 것은 아니다. 이 둘의 차이는 신호 처리 방식의 차이일 뿐이다. 신호를 연속된 선으로 표현하는 것이 아날로그라면, 최소 단위를 가지는 이산적인 수치를 사용하여 나타내는 것이 디지털이다. 하지만 20세기 말에서 21세기로 넘어가는 시점에서 상당수의 전자제품과 매체는 디지털화가 진행됐고, 2000년대 후반 등장한 스마트폰이 빠르게 대중화되면서 디지털 기술은 주류가 됐다.

20세기 말에 태어난 90년대생의 경우, 완전한 디지털 인간이라고 보기는 힘들다. 가령 2023년 국내 세대별 조사에 따르면 90년대생의 85% 이상은 일차적으로 피쳐폰을 경험한 후에 스마트폰으로 넘어간 반면, 2000년대생은 66% 이상이 아이폰과 갤럭시 같은 스마트폰을 인생의 첫 휴대폰으로 사용했다고 답했다.

즉, 90년대생은 적어도 한 번쯤은 아날로그 방식의 매체 혹은 제품을 경험하고 지금의 디지털 시대로 넘어왔다고 보는 편이 정확할 것이다.

100% 아날로그에 익숙한 인간은 '선'이라는 표현에서처럼 모든 것이 딱딱 떨어지는 방식이 아닌 비정형적인 방식으로 세상을 이해한다. 반대로 100% 디지털에 가까운 인간은 1부터 100까지 숫자로 딱딱 떨어지는 정형적인 세상에 익숙하다. 만약 아날로그 인간이 한국인의 '정'이라는 감정에 익숙한 유형이라면 디지털 인간은 그 반대일 것이다. 아날로그 인간에게는 융통성, 혹은 인간적이라는 단어가 어울리지만 디지털 인간은 법과 원칙 혹은 시스템이 더 익숙할 것이다. 이 양쪽은 각자 뚜렷하게 구분되는 장단점을 지니고 있다. 그러니 어느 쪽이 정답이라고 말할 수는 없고, 해답은 그 중간 어디에서 찾아야 할 것이다.

90년대생의 경우는 100% 아날로그도 아니지만, 100% 디지털에 속하지도 않을 것이다. 20세기 마지막에 태어난 이들은 인구통계학적으로는 그 전 세대인 80년대생들과 공통점이 있지만, 그다음 세대인 2000년대생의 원칙적인 사고를 더 잘 이해할 수 있다. 이러한 아날로그와 디지털의 중간에 속하는 하이브리드형 인류가 될 가능성을 가진 자들이 바로 '현대 사회를 이끌어 가는 세대'가 될 90년대생이라고 생각한다.

커뮤니케이션을 반대로 해보자

가장 중요한 것은 90년대생이 현대 사회에서 새롭게 일어나고 있는 소통의 갈등을 중재할 가능성이 높다는 사실이다. 물론 특정 세대에게 양극단에 있는 세대를 중재할 의무는 없다. 가령, 과거의 사고방식에 젖어 있는 70년대생 이전의 최고 경영층과 새로운 시대의 사고방식에 익숙한 2000년대생이 갈등을 일으켰을 경우, 이 문제를 푸는 일은 당사자들이 직접 해야 할 일이지, 중간에 낀 90년대생과 같은 특정 세대가 나서서 소통의 문제를 풀어야 할 필요는 없다.

하지만 상대적으로 '융통성'이라고 표현할 수 있는 전통적인 20세기 아날로그적 사고방식과 '규칙'이라고 표현할 수 있는 21세기의 디지털적 사고방식 모두를 머리로 이해하고 있는 세대라고 한다면, '중재자'까지는 아니더라도 문제의 핵심을 파악하고 우선순위를 정하는 방식으로 이 문제를 슬기롭게 극복할 수 있는 힌트를 제공할 수 있다.

커뮤니케이션에는 다양한 구성 요소가 있지만, 그중에서 가장 핵심이 되는 세 가지를 꼽는다면 다음과 같다. 첫 번째는 바로 콘텐츠(메시지)이다. 콘텐츠는 소통을 통해 전달하려는 내용을 의미한다. 두 번째는 전달 방식(맥락)이다. 이것은 전달하고자 하는 내용을 어떤 톤과 맥락으로 전달했는지를 나타낸다. 마지막 세 번째는 사람(송신자/수신자)이다. 즉, 소통의 메시지를 나누는 사람이 누구냐에 대한 내용이다.

그렇다면 원칙주의자 입장에서 냉정하게 봤을 때, 위의 3가지 커뮤니케이션 구성 요소 중에서 가장 중요한 요소는 무엇일까? 그것은 바로 '콘텐츠(메시지)'이다. 적어도 소통에 있어서 그 중심이 되는 메시지가 맞는지 틀린지를 명확하게 따져봐야 하는 것이다. 하지만 우리 사회에서 보통 소통의 오류가 발생했을 때 사람들은 어디부터 문제를 삼을까? 그렇다. 바로 그 말을 하는 '사람'을 보게 된다. 기본적으로 사람은 감정적인 동물이기 때문에 이것은 일종의 본능에 가까운 반응이다.

예를 들어 회사 회식 자리에서 일어나는 이슈에 대해서 생각해 보자. 이 책에서 주요 배경인 2010년대에는 문제가 주로 '회식에 참여하느냐 참여하지 않느냐'에 맞춰져 있었다. 즉, 이는 개인적인 사유로 팀 전체 회식에 참여하지 않는 행동이 옳은지 그른지 정도였다. 하지만 그로부터 10여 년이 지난 지금의 2020년대에 회식 참여 여부는 큰 이슈가 되지 않는다. 보통 저녁 회식이 근무 시간 이후라면 그 회식 참석을 강제할 수 없다는 인식이 생겨났고, 급작스럽게 잡히는 회식은 사라졌으며, 자율적 회식의 틀 안에서 메뉴 또한 상사가 아닌 사원들이 희망하는 메뉴로 정해지기 시작했다.

이제 새롭게 일어나는 문제는 다음과 같다. 개인적인 사유로 모든 팀원이 참여하기로 한 회식에 불참하는 것까지는 괜찮은데, 다음 날 회사에 와서 '소문을 듣자 하니, 어제 비싼 메뉴로 회식을 했다고 하던데, 자기 몫의 회식비를 챙겨달라'고 요구하는 상황이다. 이 상황에서 보통 상사들은 가장 먼저 그러한 무리한 요구를 한 팀원에게 인간적인 실망감을 나타내기 마련이다. 그 이후에는 갈등 상황이 표출되곤 한다. 이것은 딱히 잘못된 대응이라고 말할 수는 없다. 앞서 언급했듯이 갈등 상황에서 '사람의 태도'를 먼저 바라보는 것은 우리의 본능과 같은 것이기 때문이다.

하지만 위와 같은 갈등 상황의 문제점을 정확하게 파악하고자 결심했다면, 한 번쯤은 커뮤니케이션 순서를 바꿔보는 것을 추천한다. 그것은 바로 '사람'을 먼저 보는 것이 아니라 '콘텐츠' 자체의 옳고 그름을 판단하는 것이다. 가령, 위에서 언급한 '내가 참여하지 않는 회식비(회의비)에 대해서 1/N의 권리를 주장'하는 이슈를 냉정하게 바라봤을 때, 진짜 문제는 사람의 태도가 아니라 '그의 주장 자체가 옳지 않다'는 점이다. 회사의 재무나 회계 준칙을 잘 모르는 이 입장에서는 회식비를 의미하는 부서 회의비가 팀원의 숫자로 균등하게 나뉘어 있을 거라 생각할 수 있지만 이것은 착각이다. 외국계 기업과 IT 스타트업에서 오랫동안 CFO 활동을 해온 플랜바이비 신효섭 대표는 이 이슈와 관련하여 "회의비는 애초에 팀원의 숫자에 맞춰 1/N로 맞춰져 있는 것이 아니라, 사업의 규모와 팀의 성격에 맞춰 배정되어 있는 것이다. 이를 잘 알고 있는 스타트업 리더들은 기민하게 회식 전에 이를 알려서 불필요한 갈등은 사전에 조율한다"라고 말한다. 결국 소통할 때의 핵심은 순서를 콘텐츠(메시지), 전달 방식(톤/맥락), 사람(송신자/수신자)으로 진행한다는 것이다. 이러한 방식은 원리 원칙을 중시하는 지금의 세대 뿐만 아니라, 명확한 팩트 기반 소통을 하는 현시대에도 적합하다. 그리고 (어찌 보면 사람의 본능과 반대되는) 이러한 소통의 순서를 조절할 수 있는 역할은 아날로그와 디지털의 특성 모두를 이해하는 90년대생에게 가장 적합할 수도 있다.

하지만 역시 문제는 지나친 사람들이 있다는 것이다. 소통 문제에 있어서 메시지가 맞는지 틀렸는지 먼저 원칙적으로 판단해야 한다는 말이, 원칙에만 맞으면 모든 문제가 해결된다는 말이 될 수는 없다. 원칙을 우선하는 소통이 점차 자리를 잡으면서 "맞는 말은 모두 가감 없이 그대로 해도 상관없다"라는 잘못된 인식이 퍼지고 있다. 원칙에 맞는 말이라도 욕설과 함께 내뱉을 수는 없다. 모든 진실이 반드시 잔인할 필요는 없다. 아무리 맞는 말이라고 옳게 해야 한다. 만약 향후 자신의 관점에서만 사로잡혀 지나친 이들이 발생한다면 이들을 중재할 수 있는 이들은 시대의 중심에 있는 바로 당신이 될 것이다.

우리는 그렇게 어른이 된다

90년대생들은 이제 모두 성인의 관문을 지나, 하나둘씩 기성세대의 영역으로 넘어오고 있다. 그렇다면 이들은 모두 어른이라는 존재가 된 것일까?

만화 『주술회전』에 등장하는 나나미 켄토는 주인공인 이타도리 유지에게 어른이 되는 과정을 아래와 같이 설명한다.

> 당신은 그간, 여러 번 사선을 뛰어넘었습니다. 하지만 그걸로 어른이 된 건 아니에요. 베개 밑에 빠진 머리카락이 늘어나거나, 좋아하던 야채빵이 편의점에서 자취를 감추는 등, 그런 작은 절망들이 겹겹이 쌓여 사람을 어른으로 만드는 겁니다.

어른이란 말 그대로 '다 자란 사람. 또는 다 자라서 자기 일에 책임을 질 수 있는 사람'을 의미한다. 하지만 우리는 살면서 어른이란 단순히 만 19세가 넘거나, 일정 이상의 나이가 들면 자연스럽게 부여되는 자격이 아니라는 것을 알게 된다. 90년대생도 마찬가지다. 과거에 신세대 혹은 신인류라고 불렸던 그들도 자연스럽게 신세대라는 타이틀을 다음의 세대에게 물려주게 되었지만, 그렇다고 해서 모두가 사선을 뛰어넘어 자기의 일을 곧이곧대로 책임질 수 있는 어른이 된 것이 아니다. 우리는 모두 앞으로 죽는 날까지 작은 절망을 넘어가며 성장하고 살아간다. 그런 의미에서 어른이란 대단한 존재가 아니다. 그저 작은 절망들이 넘치는 하루를 담대하게 받아들일 줄 아는 존재가 되는 것이다. 반대로 단순히 나이를 먹었다고 해서 모두가 꼰대가 되는 것도 아니다. 시대의 흐름을 받아들이지 못하고 구시대적 혹은 시대착오적 사고를 유지하는 이들만이 꼰대라는 이름의 시대착오적인 인간으로 남는 것이다.

과거 신세대라는 타이틀을 가지고 있던 지금의 90년대생들은 현시대를 이해하는 어른이 될 기회를 잡았다. 그다음의 세대 그리고 모든 세대와 함께 조화를 이루며 살 수 있는 방법은 사실 어렵지 않다. 그것은 우리가 유치원 때 배웠던 기본을 유지하는 것 그리고 기존의 선배들이 잘못했던 부분을 반복하지 않는 것이다. 우리는 이 모든 것을 이미 알고 있다. 단지 실천하기 어려운 것이다.

21세기에 태어난 우리의 다음 세대는 실수를 두려워할 것이다. 왜냐하면 그들은 이미 실수를 최소화할 수 있게 성장했기 때문이다. 적어도 그들에게 책임지지 못할 "실수를 두려워하지마"라는 손쉬운 조언을 하지 말자. 실수는 원래 두려운 것임을 솔직히 인정하자. 단지, 삶에 있어서 어쩔 수 없이 실수가 반복될 수밖에 없음을 그리고 우리가 조금씩 어른이라는 목표로 가기 위해서는 거기에서 교훈을 얻을 수밖에 없다는 사실을 이야기해 주자.

그리고 90년대생이 그토록 싫어했던 '그놈의 MZ타령'이 반복되지 않도록, 세대로 사람을 분석하기보다, 그 세대 안에 있는 한 사람 한 사람을 정확히 보는 노력을 해보자. 그러다 보면 적어도 우리는, 다음 세대를 잘파 세대(Z세대와 알파 세대를 묶는 용어로 우리나라에만 있다)로 퉁치는 일만은 피할 수 있을 것이다.

에필로그
혼자 이룰 수 있는 건 없다

내가 처음으로 1990년대생 친구들의 삶에 관심을 가진 것은 2012년 봄날 우연한 기회로 대학생들과 어울리게 된 순간부터였다. 당시 나는 그들이 나누는 대화의 대부분을 이해하지 못하고 눈만 멀뚱멀뚱 뜨고 있었다. 그들이 사용하는 '일코', '머글', '졸귀', '덕밍아웃'과 같은 줄임말을 대부분 이해하지 못한 나는 세대 간격이 벌어졌다는 사실을 깨닫게 되었고, 당시 회사의 신입 사원 교육 담당이라는 직무에 충실하고자 그들의 언어 습관을 파악하는 것부터 시작하여, 그들을 들여다보게 되었다. 그렇게 90년대생들을 관찰한 지 어느새 6년이 되었다. 2014년 말에 책의 주요 뼈대는 완성했지만 하루가 다르게 변해가는 세상 탓에 90년대생들이 열광하는 콘텐츠의 내용과 트렌드도 빠르게 변해갔다. 그래서 책 내용은 전면 수정을 할 수밖에 없었다.

이 책을 통해 무엇보다 90년대생들이 놓인 사회적인 맥락을 살펴보고 이들의 역량을 조직에서 어떻게 성공적으로 활용할 수 있는지, 이들이 우리 사회의 새로운 소비자로서 어떠한 특징이 있는지, 이를 공략하기 위한 방안은 무엇인지 알아보려 애썼다. 개인적인 바람은 국내 기업의 HR 담당자를 비롯한 모든 직군의 중간 관리자들이 새로운 세대에 대한 진정한 관심을 보여주었으면 하는 것이다. 이 책에서 제시한 모든 HR 및 마케팅적인 대안은 사실 그들을 향한 진정성 있는 관심이 없이는 무의미하다. 그동안 우리는 새로운 세대를 정확히 이해하고 문제를 해결하려는 시도를 해본 적이 없다. 이 책을 시작으로 기성세대들의 심화된 연구를 통한 다양한 맞춤 해법이 나오기를 소망한다. 만약 당장 이와 같은 노력을 쏟을 여건이 되지 않는다면 일상에서 그들의 이야기를 들어주기만 해도 좋다. 쉽지는 않겠지만 우선 내가 하고 싶은 말을 줄이고, 그들의 생각을 듣고 행동의 이면을 관찰해 볼 필요가 있다.

　이 책은 공무원을 바라고, 호갱이 되기를 거부하는 90년대생이라는 큰 틀에서 그들 세대에 대한 정의와 해석을 진행했다. 이를 위해 기본적으로 국내외의 다양한 통계를 활용했다. 일부 '글로벌 종합사회조사GSS: General Social Survey'와 같이 매년 반복적이고 지속적인 조사를 통해 사회의 주요 흐름을 포착하는 것에 도움을 줄 수 있는 통계 지표를 활용하였지만, 통계청의 기본 지표 외에 국내에서 90년대 출생자를 대상으로 진행한 장기적인 조사 데이터베이스가 없었다는 점은 아쉬운 부분이다. 이를 보완하기 위해 다양한 직군의 90년대생들을 인터뷰하고 관찰조사했다.

이 책에서는 90년대생의 일반적인 특성을 서술하려 했지만, 물론 일반화할 수 없는 것이기도 하다. 대학의 문턱을 넘어가지 않고 빠르게 취업 전선에 뛰어드는 길을 택한 90년대생의 꿈과 이상향은 다를 수 있다. 지금도 많은 90년대생들이 공무원의 길을 택하고 있지만, 같은 시기에 다른 누군가는 창업의 길을 꿈꾸기도 하고, 또 누군가는 전통적인 형태의 회사에서 근무하고 싶어 한다. 세대가 지날수록 사회 구성원들은 다양한 삶의 방식을 추구하고 있다. 그러니 불확실성이 더 높아진 세대라는 'X세대'의 정의는 70년대생들보다 90년대생들에게 더 들어맞을 수도 있겠다.

또한 이제는 90년대생뿐 아니라 2000년대 출생자들에 대한 이해가 필요한 시점이기도 하다. 중국에서는 링링허우零零后, 미국에서는 Z세대, I세대, 홈랜드 세대 등으로 불리는 세대 말이다. 처음 90년대생을 마주했을 때처럼 이들을 마주하면 혼란에 빠질 것이다. 내년부터 대학교에 입학하고 차세대 직원이 될 이들이 기존 세대에 비해서 디지털 세상에 익숙하겠지만 구체적으로 구직 활동과 소비 생활에 있어서 어떤 모습을 보일지 상상하기란 쉽지 않다. 오로지 한 가지 자명한 것은 나와 같은 80년대생뿐 아니라 지금의 90년대생들도 낯선 그들에게 신세대의 타이틀을 내어주고 그들을 이해하기 위해 애써야 한다는 것이다.

우리가 받은 사회의 혜택과 따스한 호의는 반드시 사회를 향해, 모두를 향해 돌려주고 나누기 위해서 우리는 오늘의 아픔을 내일의 땀과 꿈으로 넘어선다.

이 문장은 내가 학창 시절 공부하던 한 어학원의 철학 이념에 적혀 있던 글귀다. 나는 이 책을 쓰면서 가끔 이 글귀를 되뇌곤 했다. 우리의 삶은 같은 길을 돌고 도는 원형과 같이 보이지만, 실상은 조금씩 위로 올라가는 나선형의 모양을 취하고 있다고 믿는다. 기성세대가 되면서 느끼는 진리는 이 세상 속에서 나의 힘 하나로 이룰 수 있는 것은 아무것도 없다는 것이다. 나는 기존 세대의 호의와 사회적 혜택을 통해 지금까지 자라왔다고 생각하고, 다음 세대가 더 나은 세상으로 나아갈 것이라고 믿는다. 그들에게도 그런 믿음을 주고 싶다.

이 책은 사랑하는 아내 지혜의 도움이 없었다면 세상에 나올 수 없었을 것이다. 아내는 이 책의 첫 번째 독자인 동시에, 흐트러진 부분을 고쳐주고 방향을 잡아주는 든든한 편집장이기도 했다. 그리고 이 책이 나오기 전후에 태어난 나의 두 딸 지아와 지연에게도 고맙다는 말을 꼭 전하고 싶다. 언제쯤 아빠의 책을 읽을 수 있을 정도로 성장할지는 잘 모르겠고, 가급적 더 이상 크지 않고 지금처럼 나의 말벗이 되어주기를 바라는 마음도 있다. 하지만 이 글을 쓸 때부터 언젠가 이 맺음말을 읽게 될 때까지 한순간도 사랑의 마음을 버리지 않을 것임을 알려주고 싶다.

몇십 년 뒤에 집 안 구석에서 빛도 보지 못한 채 '아빠가 말이야, 이런 책을 내려고 했단다' 정도의 허풍거리로 남을 뻔했던 글을 책으로 태어날 수 있도록 도와준 카카오 브런치스토리와 웨일북 담당자 여러분들에게도 무한한 감사를 전한다.

그리고 지도교수이신 KAIST 김영걸 교수님을 비롯하여 나를 가르쳐주고 지지해주신 모든 은사님들과, 10년이 넘는 근무 기간 동안 나를 키워주고 영감을 준 CJ그룹 선배 여러분들에게 감사의 인사를 전하고 싶다.

마지막으로 이 책의 완성을 위해 인터뷰에 적극적으로 참여하고 본인의 이야기를 들려준 동국대학교 마술동아리 Masic(Lotus) 후배 여러분 모두와 그들의 지인 분들, 중국에서 유학을 와 나에게 중국의 생생한 세대 이야기를 전해준 쥬링허우 조심열 님과 CJ제일제당 멘티 여러분들, 개인 정보 보호를 위하여 글 안에서 임모 씨, 김모 씨 등으로 표현할 수밖에 없었던 90년대생 찬호, 동옥, 민성, 종석, 지선, 현수, 종현, 태호, 승태, 승현, 윤지, 준희, 무진, 지애, 가연, 재용, 만흥, 성준, 준수, 지원, 지환, 준석이에게도 정말 고맙다는 인사를 전하고 싶다.

주

1부

1) 최미랑, "청소년도 직업 고를 때 '수입'보다는 '안정성'", 《경향신문》, 2018.1.13.
2) 최희석, 나현준, "이유있는 공시 열풍, '박봉은 옛말, 좋은건 다 누려", 《매일경제》, 2018.4.5.
3) 지그문트 바우만, 리카르도 마체오, 『지그문트 바우만, 소비사회와 교육을 말하다』, 현암사, 2016, p.93.
4) 최지용, "회계학 이수해야 졸업? '두산, 대학이 뭔지 몰라'", 《오마이뉴스》, 2011.3.19.
5) 한혜란, "기업, 신입 사원 뽑을 때 '경력' 가장 많이 본다", 《연합뉴스》, 2014.8.6.
6) 장강명, 『당선, 합격, 계급』, 민음사, 2018. p.70.
7) 임지훈, "하반기 채용기업 2곳 중 1곳, '이공계 인재 원해'", 《세계일보》, 2018.9.6.
8) "2017년 가계금융복지조사", 통계청·한국은행·금융감독원 공동 발표 자료, 2017.12.
9) 김벼리, "대졸 백수보다 '공딩(공무원시험 준비하는 고교생)'이 훨씬 낫죠!", 《중앙일보》, 2016.3.12.
10) 문유석, 『개인주의자 선언』, 문학동네, 2015, p.118.
11) Martin Kohli, Die Institutionalisierung des Lebenslaufs: Historische Befunde und theoretische Argumente. Kölner Zeitschriftfür Soziologie und Sozialpsychologie 37 (1985), 전상진, 『세대 게임』, 문학과지성사, 2018, p.43. 재인용.
12) 카를 만하임, 『세대 문제』, 책세상, 2013, p.58.
13) 한영인, "'세대론'은 끝났다", 《한국일보》, 2014.1.16.
14) "The MetLife Study of Gen X: The MTV Generation Moves into Mid-Life", MetLife Mature Market Instiute, 2013.4.
15) 전성호, 「어디로 튈지 모르는 럭비공 같은 X세대」, 『20대의 정체성』, 살림출판사, 2006, p.45.

16) 조용준, "신세대, 그들이 말하기 시작했다",《시사저널》, 1994.5.5.
17) 전성호,「새천년 시대의 주역 Y세대」,『20대의 정체성』, 살림출판사, 2006, p.59.
18) 안소영, "'밀레니얼 세대' 주요 소비층 부상… 美 유통업체, 20~30대에 맞춤 서비스",《조선비즈》, 2017.10.10.
19) "Demographic Profile – America's Gen Y", MetLife, 2009. Retrieved, 2016.6.9.
20) Michael Dimock, "Defining generations: Where Millennials end and post-Millennials begin", Pew Research Center, 2018.3.1.
21) Juliet Lapidos, "Wait, What, I'm a Millennial?",《The New York Times》, 2015.2.4.
22) 조창완, "중국 세대를 구분하는 '링호우', 이게 뭘까요?",《오마이뉴스》, 2014.6.25.
23) 유진석,「어른 된 '소황제' 알아야 중국인 지갑 열 수 있다」, 삼성경제연구소, 2013.9.
24) 권오은,「90后(지우링허우)의 주요 소비패턴 특징 및 시사점」, 대외경제정책연구원, 2016.2.29.
25) 홍찬성, "中 소비시장 진출하려면 '쥬링허우'를 잡아라",《머니투데이》, 2012.7.7.
26) 정은지, "中 '지우링허우' 소비자, 똑똑하거나 성가시거나",《뉴스1》, 2014.4.27.
27) 양정대, "중국 공무원시험 2666대 1까지",《한국일보》, 2017.11.12.
28) 이창구, "재수·삼수는 'NO' 공무원 안 해도 'OK'…중국엔 공시족 없다",《서울신문》, 2016.11.18.
29) 전재권, 박정현,「북경 상해 서울 20대의 가치관 비교」, LG Business Insight, 2015.7.8.
30) 제인린, "지원자 0명, 중국 공무원 시험 외면당한 까닭은?",《더퍼스트》, 2017.4.5.
31) 이연주, "한국에서 인기 있는 공무원, 미국에서는…",《조선일보》, 2016.8.5.
32) 이기훈,『청년아 청년아 우리 청년아』, 돌베개, 2014, p.14.
33) 지그문트 바우만, 리카르도 마체오,『지그문트 바우만, 소비사회와 교육을 말하다』, 현암사, 2016, p.71. 전상진,『세대 게임』, 문학과지성사, 2018, p.82. 재인용.
34) Margaret Mead,『Culture and Commitment: A Study of the Generation Gap』, Natural History Press, 1970, p.87.
35) 김주완,『풍운아 채현국』, 피플파워, 2015, p.165.
36) 이용, "어린이 생활言語 거칠어지고 있다",《경향신문》, 1984.5.14.
37) "서울啓星校 高成柱교사 國校어린이들 隱語조사",《동아일보》, 1983.9.30.
38) 김형기, "그들만의 암호, 10대들의 은어",《경향신문》, 1999.7.20.
39) 손정아, 정지원, "교수님은 신조어를 얼마나 아실까?",《덕성여대 신문》, 2017.9.18.
40) 송혜진, "줄임말 넘쳐나는 요즘… '별다줄'이라는 말까지 나왔다",《조선일보》,

2017.3.18.
41) 백승찬, "3분 안팎에 읽을 수 있는 초단편 서비스 출시",《경향신문》, 2017.10.16.
42) "기승전병", 네이버 지식in 오픈국어.
43) 박형재, "유튜브, 인플루언서, 밀레니얼… 세 가지 키워드를 말하다",《더피알》, 2018.10.12.
44) 김태균, "나무위키 10년, 유머로 키운 잡학지식의 숲",《연합뉴스》, 2017.3.13.
45) 「한미일독 기업의 채용 시스템 비교와 시사점」, 대한상공회의소, 2013.5.
46) 이종구, 김홍유, 「삼성 공채의 사적 전개과정과 한국 취업문화 기여도 분석에 관한 탐색적 연구」, 『기업경영연구』 Vol.31, 2009.
47) 윤석만, "학종은 어쩌다 괴물이 됐나",《중앙일보》, 2018.5.17.
48) 마이클 J. 케이시, 폴 비냐 저, 유현재, 김지연 역, 『트루스 머신』, 미래의창, 2018, p.22.
49) 신승희, "압박면접 경험자, 기업평가 두 배 이상 나빠져",《베리타스》, 2017.1.13.
50) 손석호, "구직자 83% '왜 면접에서 떨어졌나요?'",《경북일보》, 2018.5.24.
51) 이보배, "롯데, 불합격자에 면접 전형별 평가 '피드백' 따뜻한 배려 호평",《뉴 데일리》, 2017.6.8.
52) 진 트웬지, 김현정 옮김, 『#i세대』, 매일경제신문사, 2018, p.256.

2부

1) 이연백, "'고객 제일' 중국 최대 전자상거래 업체 알리바바 그룹",《인민망》한국어판, 2013.5.5.
2) 이인묵, "마윈(馬雲·알리바바 창업자)의 成功學 '청년의 힘을 믿어라'",《조선비즈》, 2014.9.22.
3) 노승욱, "세계 최대 전자상거래 기업 '알리바바' 中 쇼핑(온라인) 70% 장악…이베이·아마존도 '항복'",《매일경제》, 2018.2.19.
4) Trevor Noah, "Mock Millennials All You Want. Here's Why They Give Me Hope",《TIME》, 2018.1.4.
5) '2015 경제총조사', 통계청.
6) 안의식, "中企 상징 '9988'의 함정",《서울경제》, 2018.4.19.
7) 「2017년 대학 진로교육 현황조사 결과」, 한국직업능력개발원, 2017.12.14.
8) 김나한, "조기 퇴사자 '직무 적성 안 맞아'의 진심은",《중앙일보》, 2017.6.16.
9) 허승, 방승호, "정부, 중소기업 취업 청년에 '대기업 임금' 맞춰준다",《한겨레》, 2018.3.15.

10) 강영운, "직장인 열에 아홉 '회사에 꼰대 있다'…꼰대語 1위는 '어딜 감히'", 《매일경제》, 2017.2.22.
11) 창의적 리더십 센터(Center of Creative Leadership)의 'How to Be the Boss without Being the B-word(Bossy)' 체크 리스트 참조, 수정.
12) 김경철, "신세대 직장인 이피족 등장", 《한국일보》, 1990.8.27.
13) 김경은, "워라밸을 아십니까?", 《경향신문》, 2017.7.28.
14) "일과 삶의 균형: 경영의 새 화두", 삼성경제연구소, 2006.6., "여가생활백서", 문화체육부, 2008.
15) "일하는 방식과 문화를 바꿔라!", 고용노동부, 2014.1.
16) 신승희, "직장인 10명 중 7명, '한 달에 한 번 이상 야근'", 《베리타스 알파》, 2017.12.19.
17) 마이클 코켄, "우선 칼퇴라는 말부터 버립시다", 《허핑턴포스트코리아》, 2014.5.14.
18) 정옥주, "바늘구멍 뚫고 입사했지만… 30대그룹 근속연수 고작 '9.7년'", 《뉴시스》, 2014.4.30.
19) 윤진식, "한국 기업들 '부지런한 비효율의 함정'에 빠졌다", 《한국경제》, 2014.7.23.
20) 최성진, "'주 52시간 근무' 시대 시작됐다…휴일근로, 연장근로에 포함", 《한겨레》, 2018.7.1.
21) 방현덕, "'건강위해 주4일만 근무해야' 英저명 의학자 주장", 《연합뉴스》, 2014.7.2.
22) 임화섭, "페이지 구글 CEO, '노동시간 감소가 대세' 지적", 《연합뉴스》, 2014.7.8.
23) 박석원, "꿈의 '주3일 휴무' 현실되는 일본", 《한국일보》, 2017.1.19.
24) 김소연, "주 4일 집중해 근무, 생산성 높아졌어요", 《한국일보》, 2018.7.22.
25) 이주혜, "'죽어도 못 보내' 퇴사 거부하는 일본 기업들… 일손 부족 탓", 《이투데이》, 2018.9.19.
26) 구마시로 도루 지음, 지비원 옮김, 『로스트 제너레이션 심리학』, 클, 2014, p.12.
27) 서승욱, "취직 잘 되는 일본… 70년간 이어져온 채용 신사협정도 깨질 판", 《중앙일본》, 2018.9.4.
28) 김강래, "채용방정식 달라졌다… 스타트업 전성시대엔 프로젝트별 고용이 대세", 《매일경제》, 2014.7.8.
29) 신형철, "유튜브 운영하다 잘릴까봐… '디지털 부업' 눈치보는 직장인들", 《서울신문》, 2018.8.30.
30) "90后管理：一场不可避免的'代际战争'", 2014年 4月号, LG China Insight,

2014.5., 번역 기사.
31) 석남준, "얼차려·철야 행군… 군대야, 신입 사원 연수야?",《조선일보》, 2012.1.22.
32) 김효실, "슈퍼마리오 직업? 유민상 햄버거? 점심때 퀴즈 '잼심시간'",《한겨레》, 2018.7.11.
33) Michael Bourne, "We Didn't Eat the Marshmallow. The Marshmallow Ate Us.",《The New York Times》, 2014.1.12.
34) 양민경, "미국 군대으로부터 배우는 밀레니얼 인재 관리법",〈HR 블레틴〉 2018.7.20.

3부

1) Casper, C., Homeward bound. Restaurant Business, 1996. 95(10): p. 165-179
2) 정열, "패밀리레스토랑의 몰락… 2030 '같이갈 사람도, 돈도 없어요'",《연합뉴스》, 2017.3.1.
3) 윤수희, "그 많던 빕스·아웃백은 어디로 갔을까?",《뉴스1》, 2018.7.5.
4) 신수정, "민원서비스 패러다임 바꾼 120다산콜센터",《동아일보》, 2011.1.15.
5) 맹하경, "난 '배터리 거지'가 되고 싶지 않다",《한국일보》, 2017.11.15.
6) 정성일 트위터(@cafenoir_me), 2010.8.5.
7) 임수연, "CGV 영화산업 미디어포럼, 관객의 고령화 현상 두드러져",《씨네21》, 2017.12.15.
8) Sonny Dickson, "Will iPhone Theater Mode Prevent (Or Encourage) Phone Users Ruining Your Movie Theater Experience?", 2017.1.4.
9) 송혜영, "다이슨 가전제품, 한국에만 비싼 이유… 독일·미국에선 절반",《전자신문》, 2015.4.6.
10) 이종호, "맥도날드가 점차 사라지는 진짜 이유",〈서울경제〉, 2018.5.3.
11) 양승주, "ㄱㅇㄷ, ㅃㅂㅋㅌ 싹뚝, 축약의 시대",《조선일보》, 2018.8.24.
12) 김한솔, "'ㄷㅇ? ㅇㅂㄱ'… 두뇌 '풀가동' 해도 해석 불가라는 요즘 편의점 케이크 이름",《인사이트》, 2018.8.13.
13) 우예진, "아마존 2021년까지 무인 편의점 '아마존 고' 3,000곳 오픈 예정",《베타뉴스》, 2018.9.30.
14) 김예슬, "성큼 다가온 무인점포 시대, 국내 상황은?",《앱스토리 매거진》, 2018.10.4.
15) 이현주, "'신선도·맛 잡아라'… 가정간편식시장 '포장기술' 전쟁",《파이낸셜뉴스》, 2018.1.5.
16) 김보라, 안효주, "새벽배송·프리미엄·스토리텔링… 3박자 갖춘 'HMR 신흥 강자

들'",《한국경제》, 2018.9.12.
17) 문병곤, "네이버 넘어뜨린 유튜브 성장비결 본격해부", 사건in, 2018.9.3.
18) Bill Carter, "In the Tastes of Young Men, Humor Is Most Prized, a Survey Finds", 《The New York Times》, 2012.2.9.
19) 김효정, "포장 뜯어 보면 속은 텅텅 이런 '창렬'한 식품!",《주간조선》, 2014.9.8.
20) 원성윤, "'창렬푸드' vs '혜자푸드'",《허핑턴포스트코리아》, 2014.11.13.
21) 이덕주, "뛰는 투썸·이디야… 나는 스타벅스",《매일경제》, 2018.4.11.
22) Jack Neff, "It's the End of 'Marketing' As We Know It at Procter & Gamble",《AdAge》, 2014.6.30. (http://adage.com/article/cmo-strategy/end-marketing-procter-gamble/293918/)
23) Mika EunJin Kang, "P&G 글로벌 브랜드 최고 책임자 Marc Pritchard: 광고주들이 사막을 헤매던 시대는 끝났다",《Inspired by Mika》, 2014.7.8., (http://alleciel.com/2014/07/08/the-drum-procter-gamble-marc-pritchard)
24) 이상규, "남편 담배냄새 못마땅한 아내, 어느날 놀라운 일이…",《매일경제》, 2013.8.1.
25) 강건일, "발기부전 치료제 '비아그라' 탄생의 비밀",《한겨레》, 2013.3.26.
26) 김지현, "미슐랭 ★★★셰프들, 삼성과 무보수 협업 왜?",《동아일보》, 2014.3.31.
27) 고승연, 정슬기, "소비자의 마음, 95%는 숨겨져 있다",《매일경제》, 2012.3.23.
28) 제이 프롬, 크리스티 가튼,『밀레니얼 세대에게 팔아라』, 라온북, 2015, p.71.
29) 김은지, "'100만 고객이 스타벅스 바꿔' … 마이 스타벅스 리뷰 100만건 돌파",《한국금융신문》, 2017.2.26.

90년생이 온다
아날로그와 디지털의 가운데에 선 마지막 20세기 인간

초판 1쇄 발행 2024년 3월 31일 (1부~2,000부)
초판 2쇄 발행 2025년 4월 15일 (2,161번~3,160번 스티커 부착본)

지은이 임홍택
펴낸이 최지혜

마케팅 최문선
디자인 THISCOVER

펴낸곳 도서출판 11%
출판등록 2023년 6월 19일 제2023-00016호
주소 서울특별시 마포구 월드컵북로400 서울경제진흥원 5층 출판지식창업보육센터 제12호
전화 070-8286-7911
팩스 02-6442-7911
이메일 11pro@11pro.kr
홈페이지 11pro.kr

ISBN 979-11-985205-4-8 (03320)

* 이 책은 2018년~2021년 웨일북에서 발행된 도서와 같은 작품으로 내용은 동일하나 세부적인 차이가 있을 수 있습니다. 본 책 및 위 기간 동안 발행된 책의 저작권은 모두 저자에게 귀속돼 있습니다.
* 책값은 뒤표지에 있습니다.
* 잘못된 책은 구입하신 곳에서 바꾸어 드립니다.